DIDÁCTICA Y CURRÍCULUM:
DE LA MODERNIDAD A LA POSTMODERNIDAD

© Antonio Bolívar
© Ediciones Aljibe, S.L., 2008
  Tlf.: 952 71 43 95
  Fax: 952 71 43 42
  Pavia, 8 - 29300-Archidona (Málaga)
  e-mail: aljibe@edicionesaljibe.com
  www.edicionesaljibe.com

I.S.B.N.: 978-84-9700-459-6
Depósito legal: MA-1674-2008

Maquetación: Equipo de Ediciones Aljibe
Cubierta: Raúl Castro Durán

Imprime: Imagraf. Málaga.

Cualquier forma de reproducción, distribución, comunicación pública o transformación de esta obra sólo puede ser realizada con la autorización de sus titulares, salvo excepción prevista por la ley. Diríjase a CEDRO (Centro Español de Derechos Reprográficos, www.cedro.org) si necesita fotocopiar o escanear algún fragmento de esta obra.

Antonio Bolívar

DIDÁCTICA Y CURRÍCULUM:
DE LA MODERNIDAD A LA POSTMODERNIDAD

EDICIONES
ALJIBE

ÍNDICE

INTRODUCCIÓN 11

PRIMERA PARTE: LA DIDÁCTICA COMO DISCIPLINA: HISTORIA Y RESIGNIFICACIÓN ACTUAL 15

CAPÍTULO I: EL SABER PEDAGÓGICO Y LAS CIENCIAS DE LA EDUCACIÓN 21
1. Desarrollo y tematización de las Ciencias de la Educación 23
2. Pluralidad y disciplinarización en las Ciencias de la Educación 29
3. Especificidad transversal 34
4. La Didáctica y las Ciencias de la Educación 36

CAPÍTULO II: UNA DELIMITACIÓN HISTÓRICO-CONTEXTUAL .. 39
1. Arqueología del saber: Didáctica y Currículum 40
2. La Didáctica en el programa de la modernidad 43
3. Configuración variable según países y contextos 50

CAPÍTULO III: DELIMITACIÓN DISCIPLINAR DE LA DIDÁCTICA . 59
1. Una perspectiva semántica 61
   1.1. Conceptualización de la Didáctica 64
   1.2. Enseñanza y aprendizaje: ¿una relación causal? 66
2. Delimitación de tradiciones disciplinares: Didáctica y Currículum 69
   2.1. Enseñanza y Currículum: distinción y relaciones 70
   2.2. Integrar en un marco común el cómo metodológico y el qué (contenidos) 72

CAPÍTULO IV: AMBITOS Y CAMPOS DISCIPLINARES: DIDÁCTICAS ESPECÍFICAS 77
1. Reconfiguración y desarrollo del campo disciplinar de la Didáctica 78
2. Didácticas especiales/"específicas" 81
3. Dos formas actuales de dar identidad a las didácticas específicas 85
    3.1. El Conocimiento Didáctico del Contenido 86
        3.1.1. Un conocimiento base para la enseñanza 87
        3.1.2. El conocimiento del contenido 88
        3.1.3. Conocimiento Didáctico del Contenido y didáctica específica 92
    3.2. La transposición didáctica 95
4. Revisión, limitaciones y nuevos desarrollos del programa..................... 99

CAPÍTULO V: UNA DELIMITACIÓN EPISTÉMICA 105
1. Doble dimensión del conocimiento didáctico... 106
2. Hacia una resignificación de la Didáctica en nuestro tiempo y contexto 112
3. De omisiones y agendas: Revalorizar el currículum-en-acción y la metodología de enseñanza en el aula 118
    3.1. Cambios de "segundo orden" en lugar de "primer orden" (aula)... 119
    3.2. Las reformas educativas y la psicologización de las metodologías didácticas 120
    3.3. Crítica interna a las metodologías 122

SEGUNDA PARTE: EL CURRÍCULUM COMO CAMPO DE ESTUDIO Y PRÁCTICA PROFESIONAL 125

CAPÍTULO VI: CONCEPTUALIZACIÓN DEL CURRÍCULUM 131
1. Un marco para comprender las diversas dimensiones del currículum ... 134
    1.1. El currículum como ámbito de la realidad.. 136
    1.2. El currículum como campo de estudio 137
2. El currículum como ámbito de la realidad educativa: Diversas dimensiones bipolares 139
    2.1. El currículum como curso de estudios *versus* curso de la vida 140
    2.2. El currículum como contenidos planificados *vs.* el currículum como experiencias vividas 142
    2.3. El currículum como producto (documento) *vs.* como proceso contextualizado 144
    2.4. El currículum como intención *vs.* realidad 146
    2.5. Grandes ejes que delimitan el currículum 146
    2.6. Distintos niveles de realización del currículum................................ 147

CAPÍTULO VII: LA CONSTITUCIÓN DEL CURRÍCULUM COMO ÁMBITO DE ESTUDIO Y PRÁCTICA PROFESIONAL 155
1. Desarrollo del currículum como campo de estudio 157
   1.1. La tradición empírico/técnica 157
   1.2. Reorientar el campo curricular: de la teoría a la razón práctica 162
   1.3. Polémica sobre la ruptura o desarrollo entre Schwab y Tyler 166
   1.4. El movimiento reconceptualizador en teoría del currículum 168
2. Teoría crítica del currículum 174
   2.1. Configuración 175
   2.2. Sucesivos núcleos de preocupación 177
       2.2.1. Primera fase (años setenta): Reproducción 178
       2.2.2. Segunda fase (años ochenta): Emancipación 179
       2.2.3. Tercera fase (noventa): Autocrítica y cruce de caminos 180
   2.3. Recomposición de la teoría crítica 182
3. Constitución y desarrollo del currículum en España 185
   3.1. Momento tecnológico: El currículum sin nombrarlo (1970-1982) . 188
   3.2. Los años 80: Transición y ascensión 190
   3.3. Los noventa: Apogeo como ortodoxia curricular 195
   3.4. La entrada en el nuevo milenio: ¿cómo queda el discurso curricular? 199

CAPÍTULO VIII: LA TEORÍA DEL CURRÍCULUM EN NUESTRA CONDICIÓN POSTMODERNA 203
1. Características del postmodernismo en la teoría del currículum 205
2. Las aspiraciones emancipadoras ante el reto postmoderno 213
3. Recomposición de la teoría curricular 217
4. El currículum como curso de la vida y las identidades del profesorado 219
5. Dilemas de nuestro presente acerca de qué currículum escolar y cómo organizarlo 223
   5.1. Un currículum para formar ciudadanos 226
   5.2. El "fin del currículum" bajo la presión por los resultados 230

REFERENCIAS BIBLIOGRÁFICAS 233

INTRODUCCIÓN

Este libro, en su desarrollo, combina un discurso académico de investigación con un nivel propio de ensayo sobre el origen, desarrollo y estado actual de los campos temáticos de la Didáctica y el Currículum. Pretende hacer una revisión de la tradición didáctica así como de lo que ha dado de sí en el ámbito hispánico el discurso curricular, para dirigirse a qué puedan resignificar en nuestra condición postmoderna. Da cuenta, dentro de unos límites razonables, de los *corpus* de conocimiento, constituidos en determinadas tradiciones históricas, con que contamos hoy en Didáctica y Currículum. Recoge, por tanto, el estado de la situación en la teoría e investigación en este ámbito, dibujando un cierto mapa que, combinando la perspectiva española y la internacional, pueda delinear grandes líneas que configuran el Área de Didáctica y Currículum.

El territorio de la Didáctica y el Currículum se están recomponiendo en los últimos años, tanto a nivel internacional como por lo que hemos aprendido de lo que ha sucedido en las dos últimas décadas en nuestro país. Es, por eso —creo— momento oportuno para hacer una revisión de las "herencias, deudas y legados", por decirlo con palabras de esa gran didacta argentina que es Alicia de Camilloni. El final de siglo nos ha dejado, ante el nuevo milenio, con una cierta *crisis de identidad*, embarcándonos en la búsqueda de identidad propia o, mejor, en la reconstrucción de la preexistente. Lo que precisamos ya no es legitimidad epistemológica (estrategia demasiado moderna, una vez que los recursos fundacionalistas han perdido credibilidad), sino —más bien— recoger narrativamente el relato del legado recibido para proyectarlo en el futuro; pues la identidad es primariamente narrativa, como ha puesto de manifiesto Ricoeur.

Por eso, en estos tiempos de reivindicaciones identitarias, no está fuera de lugar relatar el *corpus* de conocimientos, a nivel de nuestro tiempo, que han configurado la ciencia y el arte de la enseñanza, como primera forma de reconocimiento en un nivel, de reivindicación en otro, de la identidad. Ahora que, en el ámbito anglosajón, se está produciendo un renacimiento de la Didáctica europea ("Didaktik-renaissance", como dicen en el área alemana) o, al menos, propugnando una conjunción con la tradición curricular anglosajona, estamos en España en una coyuntura adecuada para revisar la tradición recibida, su conjunción con la curricular, y *resignificar* la Didáctica, como bien dicen los colegas sudamericanos, en función de las nuevas demandas de la práctica.

Toda una venerable tradición, que inaugura Comenio, ha situado la Didáctica en la tarea de proporcionar métodos eficaces para enseñar algo. Pero desde aquella pretensión de "enseñar todo a todos" a nuestra realidad actual han pasado muchas cosas. Procedente de un proyecto académico, dentro de los límites que nos hemos impuesto, hacemos una descripción y revisión de este ámbito disciplinar. Hemos querido con este libro recoger la *"agenda" clásica y actual de la Didáctica,* para poder también –con "nuevas miradas", diríamos hoy– plantear nuevas agendas en el campo y práctica de la Didáctica y el Currículum, contribuyendo a hacer "visible" a nivel discursivo lo que ya está en el ámbito de la práctica. Entendemos la Didáctica como una teoría de las prácticas de enseñanza que, a su vez, reconstruye dichas prácticas a la luz de las teorías de la enseñanza.

En lugar de adoptar un tono epistemológico, ya intentado en otras ocasiones (Bolívar, 1995), prefiero –en esta ocasión– tomar un enfoque sociohistórico, trazando una cierta cartografía genética del campo. En las primeras líneas de la presentación a mi texto anterior, expresaba mis dudas sobre si "la pasión por la epistemología de la enseñanza, convertida en las dos últimas décadas en el mundo académico en uno de los órganos de concentración de nuestro masoquismo más refinado, haya tenido relevantes consecuencias de interés" (pág. 9). Buscando el reconocimiento científico añorado se han cometido tantos errores (aplicar los cánones de la filosofía de la ciencia natural a un campo que –obviamente– no pertenece a las ciencias de la naturaleza, como si todavía pudiera pretender una ciencia unificada) que, creo, excepto los efectos academicistas, en poco han contribuido a potenciar la teoría y práctica educativa; tampoco –en gran medida– su reconocimiento académico, que vendría por el buen trabajo realizado, más que por los preámbulos epistemológicos. Ello no obsta –y algunos trabajos míos anteriores, además del citado, así lo muestran– para reconocer el papel ejercido en su momento por la reflexión epistemológica: clarificación de líneas de análisis e investigación.

Además, en estos tiempos de modernidad tardía, la teoría fundamentadora del conocimiento, que se inicia con Descartes, ha perdido credibilidad. Como ya puso de manifiesto magistralmente Richard Rorty (*La filosofía y el espejo de la naturaleza*), en el corazón de la vieja epistemología cartesiana hallamos el proyecto "fundacional"; por lo que superar la epistemología significa abandonar el fundacionalismo, es decir la creencia de que "una supuesta ciencia será válida sólo si sus hallazgos superan este test (credenciales de todas las pretensiones de verdad), de lo contrario se apoyará en arena. Sólo la epistemología puede aclarar qué convierte las pretensiones de conocimiento en válidas y en qué grados de validez última pueden aspirar a descansar", como dice Charles Taylor (1997), precisamente en un ensayo titulado "La superación de la epistemología".

En cierta medida, pretendo mostrar (como es propio de un trabajo académico), en este caso, mi conocimiento acerca de dónde venimos y a dónde vamos, a partir de un análisis del presente. Sustituyo pues, deliberadamente, el planteamiento legitimador o epistemológico, que creo ya no precisamos, por el genealógico, arqueológico o histórico, más propia de este final de siglo y comienzo de milenio. En un sentido derivado del concepto de Foucault, pretendemos mostrar cómo se han constituido los ámbitos discursivos, desplegando algunos de los elementos claves que han contribuido a configurar los campos didáctico y curricular. Compartimos, a este respecto, el mismo criterio de una mente lúcida como Antonio Nóvoa (1998), que señala que:

> *"Después de un tiempo marcado por la tentativa de legitimación según los criterios de las ciencias exactas, el campo científico de la educación siente también una necesidad de historia. Su renovación es función de una reflexión que pretende elucidar no solamente los recorridos del pasado, sino también la manera en que este pasado ha llegado hasta el presente, influenciando completamente nuestros lenguajes, nuestras categorías de pensamiento y nuestras maneras de abordar los problemas educativos"* (pág. 123).

En este sentido, nos importan los "marcos referenciales" como el horizonte de sentidos, que guían nuestras formas de pensar, sentir y juzgar. Dichos marcos forman parte de una determinada tradición histórica y, como tal, ha dado lugar a comunidades discursivas, que describimos. Además, conviene destacar lo que podemos llamar con Tony Becher la *cultura de las disciplinas académicas*. Éstas se configuran por la organización de la vida profesional de los grupos particulares que las practican, modos particulares de trabajar e identificarse, que determinan las comunidades de conocimiento y los criterios epistemológicos de las formas de conocimiento que emplean.

Por lo demás, finalmente, agradezco, de una parte, la ayuda para publicaciones concedida por la Consejería de Innovación, Ciencia y Empresa de la Junta de Andalucía, sin la cual este libro difícilmente habría visto la luz pública. Por otra, a Rafael Bautista, director de Ediciones Aljibe, con quien ya he editado varios libros, por su actitud receptiva a mi propuesta para editar este libro. En nombre propio y de otros colegas quiero reconocerle la deuda que la educación española tiene con la, ya larga, labor de edición que desde Archidona lleva a cabo, en un mundo cada vez más complicado y globalizado.

PRIMERA PARTE

LA DIDÁCTICA COMO DISCIPLINA: HISTORIA Y RESIGNIFICACIÓN ACTUAL

> *"Existe todavía una clara controversia acerca de si la Didáctica existe como teoría de la enseñanza, según una tradición europea secular; si se confunde con la Psicología educacional, según la tradición norteamericana de la primera mitad del siglo XX; o si debe ser reemplazada por sus objetos de conocimiento, en particular el Currículum"* (Camilloni, 1996: 22).

La Didáctica General, en las dos últimas décadas, se ha visto –en gran medida– silenciada tanto por el discurso de la psicología educacional o de la "instrucción" como por el enfoque curricular, que han pretendido acaparar su campo. El enriquecimiento aportado por el currículum queda oscurecido, para algunos, cuando la importación se ha hecho de modo mimético, sin resituar debidamente, unas tradiciones anglosajonas ajenas a nuestra condición europea. Entre la reivindicación identitaria de una teoría de la enseñanza, su absorción por una teoría del aprendizaje (como se pretende desde la psicología de la instrucción o psicología educacional), y cambiar su objeto de estudio por el currículum, querríamos abogar por retomar –a la altura de nuestro tiempo– lo que es/deba ser una teoría y práctica de la enseñanza, no aceptar su reducción a la teoría del aprendizaje (psicología educacional americana), y conjuntar la aportación curricular anglosajona con la Didáctica europea.

En España, actualmente, esta tarea la juzgamos necesaria, tras la apropiación e imposición por la Administración Educativa, con motivo de la Reforma educativa de los noventa, de una determinada "ortodoxia" curricular o "jerga" psicopedagógica para la práctica educativa (Rodríguez Diéguez, 2001). Este "modelo curricular", en general, no ha funcionado entre el profesorado y en los centros, en gran medida también por haber importado el modelo, pero no –lo que es imposible– la tradición histórica y geográfica en que se inscribía, que justamente le daba su sentido y papel. De este modo, ha resultado ajeno a nuestra cultura pedagógica y tradición didáctica, quedando –más bien, por ello– como una nueva retórica (Bolívar y Rodríguez Diéguez, 2002). Esto justificaría la *necesidad de resignificar y revitalizar el conocimiento didáctico* de la enseñanza, pues –siendo una demanda de la práctica– si no se proporciona desde la Didáctica, se buscará en otros ámbitos (como de hecho ya ha sucedido con la "psicología de la educación").

Es, por lo demás, una línea de revisión que inicié hace unos años con una evaluación de lo que habían dado de sí los estudios curriculares en España, y que proseguimos con la coordinación conjunta de una diccionario temático sobre la Didáctica, con el propósito explícito de revitalizar –tras unos tiempos de silencio– la tradición y el saber didáctico (Salvador Mata, Rodríguez Diéguez y Bolívar, 2004). Al final de un largo período personal trabajando en torno al currículum, recapitulando sobre los problemas prácticos que ha tenido la implementación y desarrollo de la reforma LOGSE, me encuentro profesionalmente reconceptualizando si algunos de estos problemas se hayan debido a haber cometido errores en la traslación poco "filtrada", por nuestra cultura pedagógica, de la tradición curricular.

Esto se une a la *amplia recomposición* a que, en las últimas décadas, se ha visto sometido el saber pedagógico, tanto por razones internas o disciplinares como externas o sociales.

Algunas razones de la "recomposición" a que nos referimos, que harían necesaria la tarea de una cierta sistematización del saber didáctico, serían:

1. A nivel discursivo, la Didáctica se ha visto asediada por la psicología educacional o de la "instrucción", que ha pretendido acaparar su campo, en un modo de importación o traslación que antes criticábamos. Esta fundamentación psicologista de la enseñanza convierte la práctica docente en una aplicación derivada de las prescripciones psicológicas, perdiendo su propia autonomía. De ahí que, como veremos, en lugar de seguir defendiendo la dualidad enseñanza-aprendizaje, sea más oportuno centrar la tarea en las teorías de la enseñanza o el currículum, subordinando a ellas las teorías del aprendizaje.

2. Si bien la introducción del enfoque curricular ha supuesto nuevos modos de pensar la educación, para el profesorado ha quedado limitado al formato difundido por la Administración. Este "modelo curricular" no ha funcionado en general en los Departamentos y en los Centros, como puede explicar un enfoque cultural. Nuevas propuestas de cambio, si no van acompañadas de los contextos originarios que les daban sentido, son embebidas por las culturas heredadas. Y, en este segundo caso, que en gran medida ha sido el nuestro, quedan –más bien– como una retórica, jerga o burocracia.

Justamente, frente al discurso monopolizador de la enseñanza por parte de la psicología educativa, o de su no tratamiento por el enfoque curricular, se está dando –en el ámbito anglosajón– un *aggiornamento de la tradición didáctica centroeuropea* (Westbury, Hopmann y Riquarts, 2000; Vásquez-Levy, 2002) en la medida en que puede aportar una dimensión clave, ausente del discurso curricular: el trabajo docente y discente a nivel de aula. No en vano ha sido Walter Doyle uno de los protagonistas de este proceso.

3. Si el centro como organización se constituyó en los ochenta como unidad básica de cambio, dejando el trabajo en el aula en un segundo plano, dependiente del trabajo conjunto, en una cierta vuelta, ahora volvemos a hablar de la necesaria *recuperación del aula* y de los procesos de enseñanza y aprendizaje. Los cambios organizativos a nivel de centro escolar (y el currículum –como propuesta educativa– se dirige a este nivel) no han tenido el suficiente impacto en las prácticas docentes en el aula. Pero, en último extremo, una buena educación sucede cuando se desarrollan procesos de enseñanza más enriquecedores a nivel de clase. Por eso mismo, estamos en un momento de revalorizar al primer plano el nivel del aula. De este modo, el nivel curricular se juega en el didáctico. No obstante, acumulando las lecciones aprendidas a nivel de centro, el aula ahora está anidada en otros muchos entornos, procesos y relaciones; por lo que si éste es el núcleo, para mejorarlo hay que actuar paralelamente en los otros.

Finalmente, recapitulando lo anterior, podríamos decir que la Didáctica reúne la paradoja de ser, por una parte, el primer campo disciplinar de la educación que se constituye e institucionaliza en la modernidad (Ratke, Comenio, Herbart) dentro de lo que después sería el amplio espectro de las "Ciencias de la Educación" y, por otra, el riesgo reciente que ha sufrido de quedar absorbido bajo el ámbito anglosajón del *currículum* (donde no existía como tal) o por la *psicología de la instrucción*. Por eso, algunas (Camilloni y otr., 1996) han hablado de ser, actualmente, "una disciplina en busca de su identidad". No obstante, el reconocimiento de la identidad se asienta, en primer lugar, en el amplio *corpus* de conocimientos que históricamente han configurado la disciplina; en el *aggiornamento* actual de la enseñanza a nivel de aula, y en el propio renacimiento de la didáctica europea en el ámbito anglosajón. En este contexto, situados –como estamos– a caballo entre ambas tradiciones, podemos formular ahora una síntesis valiosa, incorporando la perspectiva curricular a la tradición didáctica recibida, situar en el lugar que corresponde a la psicología de la instrucción, para –en fin– impulsar nuevos modos de enfocar y tratar la enseñanza. Todo ello, creemos, conduce a la necesidad de *reconfigurar el campo epistemológico y práctico de la Didáctica desde diferentes frentes*, que delimitaremos en los capítulos que siguen.

CAPÍTULO I

EL SABER PEDAGÓGICO Y LAS CIENCIAS DE LA EDUCACIÓN

La emergencia y evolución como campo disciplinar del saber pedagógico es paralelo al desarrollo de los sistemas públicos de enseñanza, particularmente en interacción con las reformas escolares. La denominación francesa de "Ciencias de la Educación", al tiempo que una revalorización científica de su estatus, expresa también la disolución del saber pedagógico que la modernidad (desde Comenio a Durkheim, pasando por Kant y tantos otros) hizo de la educación. La pedagogía se dispersa, pues, en un conjunto de saberes por un lado, que reclaman su propio estatus disciplinar; por otro, pretende ver reconocido en la Academia dicho carácter científico mediante la aplicación de disciplinas ya constituidas.

La producción de un discurso científico en educación, de modo sumario, podemos dividirla en tres períodos, a los que nos referiremos: a) fines del XIX, con la constitución de *una* ciencia de la educación, b) los años 20 del siglo pasado con la emergencia de la "Educación nueva" y de la*s* Ciencia*s* de la Educación en plural, y c) los años sesenta, con el renacimiento francés (y su traslación mimética, y –por tanto– poco crítica, al español) del proyecto de *"Sciences de l'Éducation"*.

No pretendo volver aquí a las discusiones, un tanto nominalistas o metapedagógicas, sobre cuántas ciencias de la educación, sus relaciones, diferencias o estatus, un tanto improductivas. Estos planteamientos de fronteras, así como sus paralelos de definir un objeto, método o territorio propio, son actualmente improductivos. Coincido con Rui Canário (2005) en que "el problema de las fronteras en las ciencias sociales no es, actualmente, una forma fecunda de situar el problema ni resuelve la tensión entre la unidad de lo social y la diversidad de sus modos de abordarla, constitutivo de este campo desde sus orígenes" (pág. 25).

En esa perspectiva, prefiero entrar en otro nivel de abordaje y discusión, desplazando la cuestión de lo que constituye una ciencia, por la de disciplina, viendo su genealogía, su constitución disciplinar y epistemológica, aún cuando ambas vayan relacionadas (Toulmin, 1977). Una mirada crítica sobre el proceso de cómo se constituyen los saberes pedagógicos, lejos de su naturalización enclavándolos en el proceso de producción social. Como dice Nóvoa (1998: 123): "es imposible comprender el recorrido histórico de las ciencias de la educación sin referirse a los lugares de contextualización institucional, de trabajo científico y de utilización profesional de los conocimientos".

Además, me importará lo que podemos llamar la *cultura de las disciplinas académicas* (Becher, 2001), configuradas por la organización de la vida profesional de los grupos particulares que las practican, que determinan las comunidades de conocimiento y los criterios epistemológicos de las formas de conocimiento que emplean. Hay pues, más allá de criterios internos, socioinstitucionalmente una interconexión entre culturas académicas y naturaleza del conocimiento desarrollado. Desplazaré, pues, el lado epistemológico por el de la sociología del conocimiento científico, en la línea inaugurada por Robert Merton, ahora revitalizada.

La multirreferencialidad epistémica de las llamadas Ciencias de la Educación no ha dejado de ser un problema para constituir un campo disciplinar propio, en la añoranza de superar esta "minoría de edad" científica con la configuración de una única "Ciencia de la Educación". Un conjunto de tensiones afectarán, desde sus inicios a la actualidad, en esta disciplina híbrida, situada entre la filosofía de la educación y las ciencias sociales emergentes (psicología, sociología, economía, historia, antropología); entre los discursos normativos y los explicativos; en fin, entre la educación en general y las pedagogías y didácticas diferenciadas. Sin embargo, defenderé, que la educación es –más que una disciplina– un campo de estudio, que puede ser estudiado desde distintos ámbitos disciplinares. Por eso, la constitución de las Ciencias de la Educación como un campo científico propio es fruto, de un parte, de un conjunto de prácticas profesionales y conocimientos correspondientes; de otra, de la contribución de disciplinas científicas ya establecidas anteriormente. Su especificidad transversal es, pues, constitutiva del campo, lo que las hace "epistemológicamente frágiles, híbridas o incluso dudosas" (Charlot, 1995: 20).

Por otra parte, desde una mirada lejana recapituladora, la terminología de "Ciencias de la Educación", trasladada de Francia –paralelamente a su surgimiento– y habiendo gozado durante un tiempo de general predicación; baste –además del giro anglosajón– la constitución administrativa de Áreas de conocimiento en la Universidad para que –en gran medida– se haya abandonado, aún cuando perviva a nivel nominalista (por ejemplo, como nombre de las Facultades correspondientes en Andalucía), sin haber cuestionado o reconceptualizado lo que haya dado de sí, como se ha hecho en el caso portugués, o por qué debía ser abandonado. Por eso, para replantear y situar esta cuestión, acudiré ampliamente al contexto francés.

1. DESARROLLO Y TEMATIZACIÓN DE LAS CIENCIAS DE LA EDUCACIÓN

De entrada, entendemos como "disciplina" un dominio organizado de investigación, conocimientos y prácticas. Puede tener distintos niveles de generalización, tales como matriz disciplinar, ámbitos o campos. Más que defender el carácter disciplinar de cada una de las Ciencias de la Educación, creo estamos ante un campo de estudio (y acción profesional) que puede ser analizado desde distintas "lentes" disciplinares, que –a su vez, por un proceso de "disciplinarización"– pueden dar lugar a una segunda "identidad" de disciplina cuando, de modo sistemático, alcanzan un saber sustantivo sobre la educación (caso de la sociología de la educación o psicología de la educación).

Las Ciencias de la Educación surgen como resultado del desarrollo de sistemas públicos de enseñanza y la consiguiente institucionalización de la formación de docentes, junto a la redefinición y diferenciación del campo de las ciencias sociales. Se asiste así, a fines del XIX y primeras décadas del XX, bajo formas y apelaciones múltiples (pedagogía, paidología, psicopedagogía, pedagogía experimental, etc.), a la emergencia de un campo nuevo, de contornos fluidos y con anclajes múltiples. Como todo campo disciplinar comienza a tener cátedras, departamentos, diplomas, asociaciones y congresos científicos (Hofstetter y Schneuwly, 2002b). Este movimiento es, a la vez, transnacional, aún cuando las configuraciones y temporalidades estén sensiblemente diferenciadas. Así, en las Normales de muchos países empieza a introducirse, con varias horas, un curso de pedagogía y administración escolar. La introducción de las ciencias de la educación en el ámbito universitario sería posterior, como vamos a ver.

Las *Ciencias de la Educación*, configuradas históricamente en Francia, tienen una larga historia, que –en gran medida– va unida a la escuela pública republicana, especialmente a Émile Durkheim, ideólogo de dicha escuela y primer Catedrático de Ciencia de la Educación y Sociología en la Sorbona (1902). En efecto a fines del XIX, en casi todas las Facultades de Letras de Francia, comienza una enseñanza titulada *Science de l'Éducation* (en singular), dirigida a los maestros de enseñanza primaria y profesores de liceos. Además de racionalizar las prácticas pedagógicas bajo el método científico, se trata de inculcar a los maestros las bases de la moral laica y del civismo, como nueva "religión civil" de la III República.

Esta "Ciencia de la Educación", como ha mostrado Gautherin (2002a), no surge como una "ciencia" nueva para estudiar los fenómenos educativos al modo de las ciencias positivas, sino que fue establecida por los republicanos para construir una ciudadanía acorde con los valores de la República. Más que responder a una demanda o de mejorar las prácticas pedagógicas, se trató de legitimar la obra escolar de la República con la gratuidad de la escuela pública, la obligación de la escolarización y la laicidad de la enseñanza (1882). Justo un año después de la ley de la laicidad, se va estableciendo en diversos municipios y universidades una *Science de l'éducation*, orientada a la moral cívica laica, prestando un servicio al Estado republicano (Gautherin, 2002 b). A la vez que se extiende la escuela pública a toda la población se requiere elevar el nivel de formación de los maestros, al tiempo que legitimar la obra escolar de la República.

Durkheim, como Catedrático en la Sorbona de la nueva materia, además del objetivo prioritario de extender la nueva moral laica, desde la óptica de Jules Ferry, pretende constituirla en una disciplina universitaria: la *Ciencia de la Educación*. Comenzaba su curso (1902-3) sobre *La educación moral*, sosteniendo las tesis siguientes:

> *"Pero si la pedagogía no es una ciencia, tampoco es un arte. El arte, en efecto, está compuesto de hábitos, de prácticas, de habilidad organizada. El arte de la educación no es la pedagogía, es el saber hacer del educador, la experiencia práctica del maestro [...]. La pedagogía es, pues, algo intermedio entre el arte y la ciencia. No es arte, porque no constituye un sistema de prácticas organizadas, sino de ideas relativas a esas prácticas. Es un conjunto de teorías. Por ese lado se aproxima a la ciencia. Sólo que mientras las teorías científicas tienen por único objeto expresar la realidad, las teorías pedagógicas tienen por objeto inmediato guiar la conducta"* (Durkheim, 1902: 65-66).

En Durkheim, esa "Ciencia de la Educación" será, en gran medida, la Sociología que va a proporcionar la base de la educación moral laica. Frente a la tendencia anterior de hacer de la educación una "psicología aplicada", Durkheim establece que depende de la sociología más estrechamente que de cualquier otra ciencia. La observación de los hechos sociales, que son hechos morales, deberá servir como guía para la acción. La nueva moral laica, por su parte, tras el declive progresivo de la religión, como soporte tradicional de la moral, debe fundarse ahora en bases racionalistas propias. En el propósito de hacer una ciencia de la moral, en lugar de una moral deductiva, derivada de principios, habrá que partir de los "hechos morales". Ciencia de la Educación, basada (y reducida) a la Sociología, y todo ello al servicio del ideal educativo republicano. En cualquier caso es sobre el marco positivista donde, al modo de las ciencias empíricas, se pretende construir una Ciencia de la Educación. La emergencia, pues, de la(s) Ciencia(s) de la Educación se vincula, en este primer caso, con la pretensión de que la Sociología sea la verdadera Ciencia de la Educación. Antes (Herbart) y posteriormente será la Psicología la que pretenda monopolizar el saber en educación.

Un *segundo momento*, bajo el nombre en plural (*Sciences de l'Éducation*) tiene lugar en los años veinte con la creación (1912) del Instituto Jean-Jacques

Rousseau de "Ciencias de la Educación" en Ginebra, que llegará a constituirse en el núcleo aglutinador de la llamada "Educación Nueva". Así los justificaba Claparède:

> *"El proyecto de un Instituto de este género deriva de una doble constatación: de una parte, la preparación psicológica y pedagógica de los maestros es insuficiente; de otra parte, ninguna medida ha sido tomada para asegurar los progresos y desarrollos de la ciencia de la educación. Estas dos lagunas son las que nuestro Instituto pretende reformar y mejorar".*

A la fundamentación sociológica anterior, ahora retoma su fuerza la psicología, en la posibilidad de hacer una "pedagogía experimental" mediante la observación y la experimentación, según proponía Claparède. El paso del singular al plural no es un simple cambio de palabras, responde a un cambio epistemológico. Se pretende configurar, a partir de y junto a los saberes de otras ciencias (psicología del niño, psicología experimental), a partir de la observación sistemática y la experimentación.

Tras la primera Gran Guerra, la meta es lograr una regeneración social mediante una "educación nueva", que aplique las soluciones de la ciencia psicológica (Piaget, Claparède, Bühler, Baldwin), en una escuela "a la medida" del niño. Entre otros, el libro compilado por Rita Hofstetter y Bernard Schneuwly (2006) indaga en la relación entre la Escuela Nueva y las ciencias de la educación, viendo los vínculos entre este movimiento de renovación y el surgimiento de un discurso científico de la educación. Sin embargo, el éxito de la expresión "Ciencias de la Educación" es escaso, ni en Francia, España o Portugal se utiliza en el período entre guerras. En cualquier caso, el discurso de las Ciencias de la Educación tiene efectos en la nueva profesionalización de los docentes, cuyas prácticas quedan sometidas al poder legitimador de las nuevas ciencias.

Tendríamos así las siguientes etapas, según Nóvoa (1998: 144):

Años 1880	Años 1920	Años 1960
Consolidación de los *sistemas nacionales de enseñanza*	Desarrollo de la *escuela de masas.* "Escuela nueva"	Fenómeno de la *explosión escolar*
Constitución de la *Science de l'Éducation*	Invención de las *Sciences de l'Éducation*	Renacimiento de las *Sciences de l'Éducation*

En una *tercera etapa*, el resurgimiento bajo la denominación (en plural, ahora) de las *Sciences de l'Éducation* se produce en torno a los sesenta, coincidiendo con la expansión de los sistemas educativos y su democratización, precisando –entonces– nuevas respuestas en una racionalización de la enseñanza y el concurso de distintas ciencias. Específicamente, los trabajos de una Comisión ministerial (entre cuyos participantes sobresale Maurice Debesse) sobre la Reforma de la Enseñanza Superior dieron lugar a un Decreto (11/02/1967) por la que se introdujo una Licenciatura y Doctorado en "Ciencias de la Educación", tomada del *Institut des Sciences de l'Éducation* que existía (desde 1912 por Claparède) en la Universidad de Ginebra, como ha dado cuenta Mialaret (1992).

Con la toma de conciencia que supone la crisis de mayo de 1968, se apuesta por lograr una cientificidad en educación en una perspectiva multidisciplinar, pensando que la formación del especialista en Ciencias de la Educación requiere el conocimiento de diversos campos disciplinares de base o aplicados a la educación. Retoma, por tanto, el motivo positivista en su constitución, aún cuando ya no sea sólo la Sociología o la Psicología *la* Ciencia de la Educación. En Francia, como ha analizado Best (1998), la palabra "pedagogía" no ha "sonado" bien, siendo frecuentemente desvalorizada o relegada al saber práctico de los maestros. En ese contexto, se recurre a "Ciencias de la Educación".

Se pretende un reconocimiento por la institución universitaria de su capacidad de producir saberes relativamente autónomos, contribuyendo a una formación "científica" de los docentes, reconociendo la pluridisciplinariedad del campo educativo. La educación se constituye en objeto de conocimiento científico, se incluye en las ciencias sociales y será a partir de estas como se constituyan las referidas ciencias. No obstante, desde entonces, se suscita el debate epistemológico, un tanto empantanado, de si hay una o varias ciencias de la educación y cuál es su especificidad. Los trabajos producidos en tal sentido, en general, carecen hoy de valor. Pero, independientemente de esta cuestión, es preciso reconocer la influencia que el discurso de ciencias de la educación tiene a la hora de conformar el currículum de formación de docentes. Los nuevos planes de estudio acogen, en las distintas materias, las nuevas disciplinas.

Tras los 25 años, la pedagogía francesa ha realizado una reevaluación de lo que ha significado el proyecto. Así el Ministerio de Educación y Cultura creó en 1992 una "Comisión de reflexión sobre las Ciencias de la Educación". Años después, Bernard Charlot (2001) resumía el espíritu de la Comisión con estas palabras: "Dejemos de hacer epistemología de nuestros fantasmas de Ciencias de la Educación y analicemos lo que las Ciencias de la Educación han sido y han hecho, así como lo que ellas están actualmente en condiciones de ser y hacer". Con motivo de esos 25-30 años de la creación en las Facultades de Letras de los estudios de Ciencias de la Educación se ha producido todo un amplio debate en diversos revistas pedagógicas (*Revue Française de Pédagogie*, núm. 120, 1997; *Cahiers Pédagogiques*, núm. 334, mayo,1995), congresos y libros (Froment, 2000; Marcel, 2002). El apoyo que –de un lado– la multirreferencialidad de ciencias le ha podido prestar, le hace perder –por el otro bando– la autonomía epistemológica, y –sobre todo– en último extremo de esta reevaluación está la cuestión de su contribución en la formación práctica de los docentes.

Entrada y agotamiento en España

En España entra y se generaliza con motivo de la Reforma de los setenta y se institucionaliza, tanto en los planes de estudio (asignatura "Introducción a las Ciencias de la Educación") de las Facultades, como en una nueva institución educativa (Institutos de Ciencias de la Educación), creados en 1970. En las Facultades de Filosofía y Letras, el llamado Plan Suárez de 1973, en el Primer Ciclo de Estudios Universitarios, creó una división denominada de Filosofía y Ciencias de la Educación que, con el tiempo, en algunas universidades dio lugar a una Facultad independiente. En esos años también se editan múltiples obras, entre las que destaca la traducción del "Tratado de Ciencias de la Educación", editado por Mialaret-Debesse (publicado en Francia en seis tomos, con motivo de su introducción universitaria en 1969). Por lo demás, en ese momento, también se extiende y adopta en los restantes países. Portugal (*Ciências da Educação*) o Italia (*Scienze di Educazione*). Aunque la expresión alemana es similar (*Erziehungswissenschaft*), sus orígenes son otros. En el ámbito anglosajón, por el contrario, se emplea *Educational Studies* o *Educational Research*.

No se ha hecho en España, que conozcamos, un análisis serio (crítico y retrospectivo), por parte de la comunidad que antes lo adoptó, de lo que ha dado de sí la importación francesa de "Ciencias de la Educación". Parece ser que son las decisiones administrativas las que dictan la adopción o abandono. La oportunidad de su introducción, en una curiosa mezcla de lo francés y el enfoque tyleriano de programación curricular, no se discutiría: una vez salidos de la postración que habían tenido las ciencias pedagógicas en el franquismo, dentro de la tecnocracia y desarrollo (positivista), se buscaba un reconocimiento profesional, y una forma de lograrlo era certificar su cualificación científica, al menos nominalmente. La introducción del ámbito curricular, y el consiguiente giro al mundo anglosajón, hace –en poco tiempo– olvidar aquello de que antes se hablaba.

A la vez, cuando se estaba institucionalizando y debatiendo lo que significaba el modelo de "Ciencias de la Educación", el debate fue cortado de raíz, una vez se impone un "modelo administrativo" por el que se dividen las antiguas "Ciencias de la Educación" en tres Áreas de Conocimiento. Ya los problemas suelen perder el carácter teórico, –excepto en requerimientos academicistas– para plantearse a nivel más "materialista" y local de qué materias pueden ser apropiadas por cada Área. La coexistencia de varias disciplinas que, bien enfocada, podía haber sido muy productiva para una investigación pluridisciplinar, es "cortada" institucionalmente con el modelo organizativo de "Áreas", que se instaura a partir de la LRU. Esto ha provocado incluso extremos de ignorarse mutuamente lo que se hace y trabaja en unas Áreas u otras del ámbito educativo, y a "acotar" ámbitos o territorios de trabajo específicos en una especie de "tribalismo" (Becher, 2001). Del régimen de comunidad, con sus problemas, se ha pasado al menos deseable de la separación; la necesaria distinción de ámbitos ha llevado a la separación de los actores.

La pluridisciplinaridad constitutiva de las Ciencias de la Educación ha tenido, en el ámbito francés (Suiza y Canadá incluidas), importantes consecuencias en su proceso de disciplinarización. Por un lado (negativo), hace más delicado su pleno reconocimiento como campo disciplinar autónomo, pero (positivo), en revancha, permite beneficiarse de los avances científicos de otras disciplinas, integrando sus aportaciones para renovar el campo, definir nuevos ámbitos y problemáticas propias de investigación. En el juego de esas tensiones y fusiones se ha ido configurando el campo y ha marcado su evolución posterior. En cualquier caso, cabe entender que las llamadas Ciencias de la Educación estarían constituidas por un conjunto de ciencias sociales que permiten pensar, desde diversos ángulos, la educación: psicología, antropología, historia, sociología, economía, ciencia política, etc. Así Charlot (1995) dice:

"Se puede dar de las Ciencias de la Educación una definición simple: están constituidas por un conjunto de disciplinas que, en interacción permanente, producen saberes sobre las situaciones, prácticas y sistemas de educación y formación. Pero una tal definición deja de lado la cuestión esencial: la de las fronteras y de la unidad de una disciplina que está construida en un amplio campo de prácticas y saberes, con el que no se confunde" (pág. 14).

Los requerimientos administrativo-políticos junto con la necesidad de atender necesidades socio-profesionales, en muchas ocasiones, han ido en detrimento de su reconocimiento como disciplina científica. Por otro, como vamos a ver a continuación, una renovada voluntad de emancipación de las disciplinas base de referencia ha impedido situar debidamente su pluridisciplinariedad constitutiva. Como recientemente reflexionaba Gaston Mialaret (2007), más que ver las Ciencias de la Educación como la utilización o aplicación de una u otra disciplina en un campo de la educación, otra posición epistemológica es:

"Analizar la realidad educativa a partir de puntos de vista diferentes y complementarios y adoptar una actitud 'multi-referencial'. No hay que confundir el hecho de utilizar un método o técnica con el hecho de que las ciencias de la educación pertenezcan necesariamente a la disciplina a la que se refiere el método o técnica. [...] Para nosotros la situación es clara: las ciencias de la educación están constituidas por el conjunto de disciplinas que observan, estudian, analizan científicamente las situaciones educativas, sus condiciones de existencia, su evolución... Afirmar su unidad no significa rechazar su colaboración con otras disciplinas del campo científico actual" (págs. 61-62).

2. PLURALIDAD Y DISCIPLINARIZACIÓN EN LAS CIENCIAS DE LA EDUCACIÓN

En términos generales, una disciplina está formada por un corpus de conocimientos teóricos, por procedimientos de investigación y por una práctica profesional acumulada. Aquí quiero subrayar el componente institucional y sociohistórico. Una disciplina se define por una comunidad, redes de conocimiento y comunicación, una tradición, estructura conceptual, modos de investigación y –entre otros– cuerpos profesionales especializados en la producción sistemática de nuevos conocimientos. Las instituciones académicas le suelen reconocer una estructura organizativa o departamental propia, tiene órganos de difusión (nacional e internacional) específicos, gozando igualmente de una credibilidad académica, solidez intelectual y pertinencia de contenidos. Cuenta, por lo demás, con una conjunto de soportes institucionales (cátedras, departamentos, asociaciones, congresos científicos, apoyos editoriales, titulaciones especializadas, etc.). Como señala Becher (2001):

> *"Las actitudes, actividades y estilos cognitivos de las comunidades científicas que representan una determinada disciplina están estrechamente ligados a las características y estructuras de los campos de conocimiento con los que esas comunidades están profesionalmente comprometidas. Podríamos aventurarnos más aún y señalar que en el concepto de disciplina ambos están tan inexplicablemente conectados que cualquier intento de imaginar una división nítida entre ellos resulta improductivo"* (págs. 38-39).

Las comunidades académicas de cada disciplina están configuradas tanto por la *naturaleza epistemológica* de las cuestiones que tratan como por la influencia de los *grupos académicos* más cercana y de la sociedad en general. Una disciplina está –así– constituida por un campo de conocimiento, pero en igual medida por los grupos académicos asociados a él. El componente epistemológico, en nuestro mundo actual, no puede ser disociado del sociológico o institucional. De este modo, una disciplina no es sólo un área de estudio o de conocimiento, sino una comunidad de investigadores y profesores que comparten un ámbito de indagación intelectual y de discurso. Como tal, implica una tradición heredada compartida, un lenguaje con sus conceptos especializados, una infraestructura de libros, artículos e informes de investigación, un sistema de comunicación entre los miembros y cuenta con medios para enseñar e iniciar a otros (McCulloch, 2001).

La profesora Rita Hofstetter y Bernard Schneuwly (2001), del Equipo "Histoire de sciences de l'éducation" de la Facultad de Psicología y de Ciencias de la Educación de la Universidad de Ginebra, han propuesto el concepto de "proceso de disciplinarización" para describir cómo un ámbito de conocimiento llega a convertirse en disciplina científica (prácticas efectivas de producción de conocimientos científicos, progresiva profesionalización e institucionalización académicas, transformaciones conceptuales y socioprofesionales que acompañan el proceso). La historia interna de un campo disciplinar debe complementarse, pues, con la historia "externa", que condiciona las demandas y recepciones sociales de dichas producciones. En este *proceso de disciplinarización* (o institucionalización) se trata de indagar, en períodos de larga duración, la manera en que progresivamente ciertos intelectuales, investigadores e instituciones se especializan y profesionalizan, favoreciendo que las problemáticas estudiadas se redefinan, haciendo emerger nuevos ámbitos, con sus respectivas comunidades sociales y científicas.

Una comunidad disciplinar es igualmente la institución que trasmite conocimientos elaborados, forma, inicia y socializa a los profesionales que operan en su seno (Hofstetter y Schneuwly, 2001: 25). Una vez alcanzado dicho estatus, la disciplina define las reglas que regulan su funcionamiento, dependientes del sistema disciplinar en su conjunto. Las disciplinas, entonces, se constituyen históricamente, fruto de procesos de especialización, diferenciación e institucionalización, que conjuntamente configuran su "proceso de disciplinarización". Según ellos, cinco dimensiones definen una disciplina o campo disciplinar:

1. *Base institucional. Profesionalización de la investigación.* Un campo disciplinar supone un progresivo sostén institucional, que es garantía para poder establecer instituciones y cuerpo de profesionales especializado en la producción sistemática y transmisión de nuevos conocimientos.
2. *Construcción de objetos de conocimiento.* Dicha producción de conocimientos se hace sobre una serie de objetos reconocidos por los investigadores como que están dentro de su ámbito, aún cuando puedan ser compartidos con otros. La profesionalización de la investigación permite la elaboración y la renovación continua de conceptos y modelos teóricos constituyentes de objetos de conocimiento, así como de métodos de recogida y análisis de datos, lo que motiva el progresivo reconocimiento social y científico de la disciplina.
3. *Redes de comunicación.* La elaboración de conocimientos se realiza a través de redes especializadas de comunicación, principalmente por medio de publicaciones (revistas, series de obras especializadas, etc.), asociaciones de investigadores y profesionales de la disciplina en cuestión, y manifestaciones científicas (congresos, coloquios, seminarios, etc.).
4. *Socialización, formación de los nuevos miembros.* Una disciplina asume institucionalmente la función de transmitir los conocimientos elaborados: forma, inicia y socializa a los profesionales. Asimismo una disciplina tiene capacidad para determinar los criterios de legitimidad de su reproducción y de formar a sus relevos.

5. *Mecanismos de regulación, reglas y convenciones sociales.* Una disciplina define también las reglas a partir de las que se elaboran las convenciones sociales, se enuncian las condiciones de pertenencia, se distribuyen los roles, se media en los conflictos. Estos mecanismos de regulación sirven tanto para el interior de las instituciones en que se trabaja como para el exterior.

Justo porque estas dimensiones no están dadas como criterios de una vez por todas, sino que tienen un carácter evolutivo, una disciplina no se constituye como un final al que convergen teleológicamente todas las actividades, sino que son el resultado –siempre provisional– de un proceso de especialización, diferenciación e institucionalización, que constituye justo el *"proceso de disciplinarización"*, paralelo a su institucionalización. La disciplinarización no resulta de un proceso cuyo fin estuviera ya predefinido, que es preciso alcanzar progresivamente. Más bien, desde la sociología de la ciencia, se muestra que es preciso un análisis histórico que ponga de manifiesto las tendencias, conflictos, contradicciones, apoyos, etc., que han determinado el desarrollo y situación actual.

Los referidos, Rita Hofstetter y Bernard Schneuwly, en diferentes estudios (1998, 2002b), han analizado el origen, identidad y legitimidad de las Ciencias de la Educación. En principio, las ciencias de la educación, como derivadas de unas disciplinas originarias, son el resultado, dicen, de una "segunda disciplinarización", lo que no deja de provocar problemas epistemológicos. Su primera "disciplinarización" sería, obviamente, por referencia a las disciplinas (o matrices disciplinares) originarias (sociología, psicología, etc.). Las Ciencias de la Educación se edifican sobre este conjunto de saberes previos en torno a ámbitos disciplinares o profesionales previamente constituidos, en respuesta a determinadas nuevas demandas socioprofesionales o político-administrativas. Justamente en la medida en que son necesariamente pluridisciplinares, por situarse en la intersección de varias disciplinas con las que mantienen estrechas relaciones, su constitución es siempre inestable. En este sentido, en su momento, Pérez Gómez (1978) señalaba:

> *"Desde esta perspectiva, es fácil concluir el carácter subordinado y dependiente de las Ciencias de la Educación respecto a las ciencias y disciplinas que le suministran los conceptos, los modelos teóricos, las teorías generales, los modelos formales, los modelos de análisis empírico, y las técnicas de observación y medición. ¿Se reducirá, por tanto, la función de las Ciencias de la Educación a una mera recopilación, organización y estructuración de informaciones? ¿O, por el contrario, existe un espacio propio, específico, irreductible, que (...) supera dichos supuestos, configurando un objeto propio?"* (págs. 105-6).

Me parece que una buena respuesta es la de la "segunda disciplinarización" o lo que, siguiendo a Antonio Nóvoa (1991), voy a defender como disciplinaridad transversal. Continuando ahora de nuevo la argumentación de Hofstetter y Schneuwly (2001), cuestionando sus encuadramientos disciplinares y científicos y las relaciones que mantienen con otras ciencias sociales, así como los desafíos epistemológicos, han desarrollado la tesis de que:

> *El campo disciplinar de las Ciencias de la Educación es el resultado de dos tensiones dinámicas que, al mismo tiempo, son las condiciones de existencia de las disciplinas y condiciones de su evolución concreta:*
> 1. *Tensión entre adaptación a las demandas sociales ligadas a los terrenos educativos y búsqueda del reconocimiento científico. Esto supone, por un lado, distanciarse momentáneamente de la dimensión pragmática de la acción.*
> 2. *Tensión entre la autonomización de las disciplinas de referencia y la necesaria constitución pluridisciplinar de las ciencias de la educación.*

Por un lado, en efecto, en relación con la *primera tensión*, es evidente que el campo de las Ciencias de la Educación emerge, se constituye y transforma, en función de las diversas demandas sociales para capitalizar y teorizar el conocimiento necesario para garantizar una mayor eficiencia de los sistemas educativos o proporcionar respuestas demandadas para resolver determinados problemas prácticos. Estos campos disciplinares, por un lado, requieren la construcción de objetos de investigación, empleo de métodos de investigación comúnmente aceptados, comunicación y discusión de resultados de investigación, e instituciones académicas que reconozcan el campo.

Por otro, lo anterior está suponiendo unas prácticas académicas que implican una suspensión parcial de la intervención en la práctica y acción educativa, a cuya demanda deben también responder. La respuesta a la acción educativa no va siempre en paralelo a la distancia requerida por la investigación académica, lo que provoca escollos a superar. Cada uno de estos polos de tensión tiene su atracción y su riesgo potencial: la adaptación a la demanda social puede caer en sumisión, con el riesgo de confundir al investigador con el experto práctico, la construcción de conocimiento con la acción educativa, o apreciar los resultados de la investigación únicamente por su incidencia práctica.

Por su parte, *la segunda tensión* concierne a las relaciones del campo disciplinar y sus actores con las otras ciencias sociales. Si deben tender hacia una autonomía, por otro deben mantener una relación (siempre problemática) con las disciplinas de referencia (Psicología, Filosofía y Sociología, principalmente). Los escollos también aquí aparecen: una necesaria distancia con la disciplina matriz, en una reformulación del conocimiento matriz en función del objeto educativo, pero cuando esta autonomía se incremente hasta lograr una cierta independencia puede negarle su carácter científico o disciplinar propio.

Las Ciencias de la Educación se encontrarían así constitutivamente en un equilibrio inestable, presto a romperse, obligadas a redefinir y reconquistar su estatus.

La tentación u obsesión que atraviesa la constitución científica de las Ciencias de la Educación es: si se vuelcan por entero a las demandas del mundo de la práctica, corren el riesgo de perder su carácter teórico o científico; pero si lo abandonan, pretendiendo, como ha dicho Perrenoud (2001), "vender su alma al diablo para acceder a la verdad", pierden el objetivo para el que surgieron. Entre ciencia y técnica, carácter teórico y normativo, he ahí el dilema de las Ciencias de la Educación. Es verdad que ha habido intentos de superación. El principal ha sido todo el enfoque de Investigación-Acción, con sus diversas orientaciones, como intento de articular la teoría-práctica.

En la actualidad parece observarse una reestructuración interna del ámbito disciplinar, observándose una transformación profunda de su estructura y organización interna, así como del modo de producción y difusión de conocimientos. Vemos, por un lado, aparecer nuevos campos de investigación (didácticas específicas, educación intercultural, aprendizaje permanente, didáctica universitaria, educación social, etc.) que conllevan una *especialización creciente* de las disciplinas. Y, sin embargo, de modo paralelo, viendo lo que es la investigación educativa en el ámbito internacional, hay una *disminución progresiva* de la importancia que en otro tiempo tuvieron los enfoques disciplinares (sociología, psicología, filosofía), cuyos límites se disfuminan, abordándose los problemas de una forma interdisciplinar o no disciplinar (en el fondo, la interdisciplinariedad es un modo de "indisciplina", como dijera Hal Foster).

Si ha habido una pluralidad constitutiva en que la educación emerja como objeto científico, hoy nos encontramos –creo– en una fase en que estimamos insuficiente esta pluralidad para captar la especificidad propia del campo educativo. Otro tema, como es evidente, es que –pensado históricamente– el conocimiento científico de los objetos educativos se ha podido constituir gracias a las aportaciones de las llamadas, posteriormente, "ciencias de la educación": pensemos en Piaget en Psicología de la Educación, o en Bourdieu en el de la Sociología de la Educación. Si, como ya hemos señalado, en principio estas ciencias desempeñaron un papel de primer orden en dar cientificidad al fenómeno educativo, en una progresiva "segunda disciplinarización" de estas ciencias, se están constituyendo en disciplinas específicas.

Estamos actualmente, de este modo, en una *fase de transición*, en que se reconoce que la enseñanza ha de ser estudiada por derecho propio en su especificidad y no sólo desde una (o plural) lente disciplinar. El campo educativo no puede seguir siendo un campo de aplicación de conceptos y métodos de diversas ciencias. Comparto lo que dice Jaume Trilla (2007), como tesis de partida: si bien no es posible producir conocimiento sólido en educación sin estar bien equipado con los que se hace en esos otros campos (sociología, psicología o filosofía), la teoría pedagógica no puede ser una mera aplicación de esos otros campos, tiene que "hacer algo más" de lo que desde esos campos disciplinares se ofrece.

La relación de la Didáctica con estas ciencias es ambivalente. Así, es preciso reconocer que tiene "una deuda imposible de saldar" (Camilloni *et al.*, 1996: 19). Por una parte, el apoyo en la psicología le ha permitido –en los mejores casos– pretender convertirse en una disciplina científica. Por otra, justo este apoyo le ha impedido llegar a alcanzar una autonomía propia. De hecho, en gran medida, la Didáctica ha evolucionado en función de las teorías o programas de investigación en psicología. El asunto que nos concierne actualmente es cómo constituir unas disciplinas de la educación autónomas, lo que no impide una colaboración multidisciplinar con estas otras ciencias; o tal pretensión está viciada de raíz.

3. ESPECIFICIDAD TRANSVERSAL

Shulman (1988a: 5) ha mantenido que "la educación no es en sí misma una disciplina. Más bien, la educación es un campo de estudio". De modo similar, Richard Peters en su discursos inaugural en el Instituto de Educación de Londres mantenía que "la educación no es una disciplina autónoma, sino un campo, como la política, donde las disciplinas de historia, filosofía, psicología y sociología tienen aplicación" (cit. en McCulloch, 2001). Por su parte, Stephen Toulmin (1977) ha señalado que "cualquier tipo particular de objeto puede entrar dentro del dominio de varias ciencias diferentes", dependiendo del tipo de preguntas que se formulen sobre él. La cuestión es si el campo educativo –estudiado por diversas disciplinas– tiene una sustantividad propia, con una tradición empírica, conceptual y metodológica, o –más bien, lejos de un pretendido "etnocentrismo" de cada disciplina–, viendo lo que ha sido su desarrollo en nuestro siglo, sería más acertado defender una *especifidad "transversal"*.

Podríamos defender que la especificidad de las Ciencias de la Educación se delimita y afirma en razón de una doble referencia: (a) Por un lado, un conjunto de matrices disciplinares que son anteriores y constituyen una "primera identidad", (b) Un campo de prácticas sociales educativas, con relación al cual se desarrollan actividades investigadoras pertinentes. Es a través de un proceso de transferencia, al tiempo que de transgresión, de las disciplinas de origen, como podrá emerger una "segunda identidad" (nuevas temáticas y objetos de estudio), clave para una definición de "una especificidad transversal de las ciencias de la educación", que dice Antonio Nóvoa (1991).

Así nuevos temas/preocupaciones emergen en determinadas coyunturas histórico-sociales, que configuran problemáticas específicas, y que requieren –a su vez– metodologías acordes. En lugar, entonces, de defender una originariedad o primacía sin sentido; viendo lo que ha sido el progreso de la investigación educativa en las últimas décadas, la teoría educativa comparte los modos en que las restantes ciencias sociales explican y comprenden las prácticas sociales. Como, en relación –en este caso– a la Formación del Profesorado, dice acertadamente Lourdes Montero (2001b):

> *"Viendo la formación del profesorado como un cruce de caminos disciplinares que puede interesar y ser trabajada (de hecho lo es) por otros profesionales y especializaciones científicas. Es casi imposible que cualquier espacio de contenido se agote actualmente en el estudio que del mismo pueda realizar un sólo especialista. Cada vez hay menos espacios científicos en exclusiva y nos encontramos, más bien, con espacios compartidos (lo que genera otro tipo de problemas). Por tanto, cada vez es más difícil pretender delimitar el territorio de una disciplina porque múltiples diversificaciones internas se producen en su seno y, en simultáneo, confluyen en su conocimiento otras disciplinas diferentes a las clásicas"* (pág. 37).

Normalmente, a partir de una *problemática* de referencia, los investigadores educativos han construido su objeto de estudio, recombinando –a un nivel específico– elementos y dimensiones de campos y disciplinas sociales; al tiempo que –en los mejores casos– han logrado otorgarle una pertinencia social y una relevancia explicativa. Esta interacción de aportaciones de campos diversos no tiene por qué suponer pérdida de autonomía, pero sí un modo distinto –acorde con los tiempos actuales– de concebir a ésta última.

Lo interdisciplinar –decía Roland Barthes– no consiste en confrontar disciplinas ya establecidas, tomar un tema y citar a su abordaje dos o tres ciencias. Ni adición ni yuxtaposición, sino relevancia en la construcción de un campo y modo de investigación. Es –más bien– crear un objeto nuevo, a partir del cruce de varios campos disciplinares ("la interdisciplinariedad consiste en la creación de un nuevo objeto que llegue a ser ninguno", afirmaba Barthes). Creemos que, de este modo, se han constituido diversos nuevos campos disciplinares en educación: se configura un nuevo objeto de investigación, ya sea por nuevas demandas sociales (por ejemplo, problemática multicultural) o por quedar reorganizado a partir de fundamentos filosóficos y epistemológicos propios (por ejemplo, investigación narrativa); y transferir enfoques metodológicos de diversas ciencias sociales, que –al tiempo– pueda generar procesos prácticos de acción.

Una ciencia se define no sólo por su objeto, que no suele ser exclusivo, sino por los problemas que estudia y ayuda a resolver. Así, nuevos temas/preocupaciones emergen en determinadas coyunturas histórico-sociales, que configuran problemáticas específicas, y que reclaman –a su vez– metodologías acordes. En lugar, entonces, de defender una originariedad o primacía sin sentido; viendo lo que ha sido el progreso de la investigación educativa en las últimas décadas, la teoría educativa comparte los modos como las restantes ciencias sociales explican y comprenden las prácticas sociales. Normalmente a partir de una *problemática* de referencia los investigadores educativos han construido su objeto de estudio, recombinando –a un nivel específico– elementos y dimensiones de campos y disciplinas sociales, al tiempo que –en los mejores casos– han logrado otorgarle una pertinencia social y una relevancia explicativa. El asunto está, como señala Rui Canário (2005), en la posibilidad de la producción de un saber simultáneamente riguroso, específico y pertinente relativo a un campo social y profesional y dotado de una racionalidad propia.

4. LA DIDÁCTICA Y LAS CIENCIAS DE LA EDUCACIÓN

En su momento, cuando se introdujo el discurso de las "Ciencias de la Educación" en plural se distinguía entre a) las *Sciences de l'acte éducatif lui-même*, y b) las restantes, es decir aquellas que establecen las condiciones generales, periféricas, locales o mediatas de dicho acto. Mientras las segundas reciben la legitimidad de sus análisis en las matrices disciplinares originarias (sociología, psicología, etc.), las primeras adquieren su legitimidad de los análisis de la práctica educativa. Mialaret las definía como "el conjunto de disciplinas que estudian las condiciones de existencia, de funcionamiento y de evolución de las situaciones y los hechos de educación". En una clasificación que hoy consideraríamos discutible (el campo se ha "recompuesto", como ya hemos referido), pero –en cualquier caso– histórica y originaria para lo que aquí nos planteamos, Gaston Mialaret (1984: 82) establecía el siguiente cuadro:

| 1. *Ciencias que estudian las condiciones generales y locales de la institución escolar:*

Historia de la Educación
Sociología escolar
Demografía escolar
Economía de la educación
Educación comparada | 2. *Ciencias que estudian la relación pedagógica y el propio acto educativo:*

- Ciencias que estudian las condiciones inmediatas del acto educativo:
  Fisiología de la educación
  Psicología de la educación
  Psicosociología de los grupos reducidos
  Ciencias de la comunicación

- Ciencias de la didáctica de las diferentes disciplinas.
- Ciencias de los métodos y técnicas.
- Ciencias de la evaluación. | 3. *Ciencias de la reflexión y de la evolución:*

Filosofía de la educación

Planificación de la educación y teoría de los modelos. |

Sin entrar en el análisis crítico de la clasificación, como perteneciente al contexto francés (en un momento dado), no aparece propiamente la Didáctica, sino "de las diferentes disciplinas", por la particularidad francesa, donde la Didáctica no ha existido como sustantivo (*La Didactique*) sino como didácticas (*didáctiques*) de los contenidos. Por su parte, de acuerdo con la sociología histórica de la ciencia, podemos mostrar –dentro del amplio espectro de "Ciencias de la Educación"– la institucionalización temprana de la "Didáctica", con esa obra totémica fundadora (*Didáctica magna*), sin provenir de otra matriz disciplinar. No estaríamos, entonces, ante ciencia que se constituye como disciplina por la aplicación de una matriz disciplinar originaria, como las restantes Ciencias de la Educación.

La especificidad de la Pedagogía (y, en segundo lugar, de la Didáctica) frente a las Ciencias de la Educación en sentido amplio, es que éstas últimas son otras ciencias humanas o sociales que también estudian la educación, pero no tienen a ésta como objeto único irreductible. Al respecto, Adalberto Ferrández (2002a: 59) recuerda al respecto la distinción que el mismo estableció entre "ciencias pedagógicas" (Orientación, Didáctica y Organización Escolar), fundamentadas en la Pedagogía; y "Ciencias de la Educación" que tratan parcialmente de la educación. Por eso, los franceses suelen entender la Pedagogía como *la* ciencia de la educación, para distinguirla del conjunto de estudios *sobre* la educación. En cualquier caso, la Didáctica, no cabe duda, sería una de las disciplinas privilegiadas del *acte éducatif lui-même*, en ese sentido –frente a otras Ciencias de la Educación– no sería resultado de una *segunda disciplinarización*, aún cuando ha habido orientaciones que así la han convertido (dependencia o aplicación de la psicología de la educación o evolutiva). Y, por eso mismo, no es una Ciencia más de la Educación, junto a otras. En ese sentido, se puede asumir la declaración que, en su momento, formulaba Benedito (1987: 102) de que *"la única ciencia de la educación que trata globalmente los procesos de enseñanza y aprendizaje como un sistema de comunicación y relación con múltiples implicaciones, es la didáctica"*.

Mallart (2001), al plantear este tema de la Didáctica en la Ciencias de la Educación, dentro de las ciencias estrictamente pedagógicas o nucleares, sitúa: a) *Pedagogía general* (Teoría de la educación, pedagogía diferencial, pedagogía social y pedagogía experimental), y b) *Pedagogía aplicada* (Educación especial, Orientación escolar, Organización escolar, y Didáctica). Estas diversas ciencias, unidas a las no estrictamente pedagógicas con un carácter fundamentador (Filosofía de la educación, Sociología de la educación y Psicología de la educación, junto a la Historia de la educación y Educación Comparada), dice, no son "ciencias meramente auxiliares, sino disciplinas independientes pero en muchos casos próximas y útiles para progresar en el conocimiento del objeto propio de la Didáctica".

Actualmente, la fusión de la Didáctica y Organización Escolar con la Teoría del Currículum supone asumir casi la totalidad de la problemática educativa. Por ello, se han levantado voces llamando la atención sobre el hecho de que emplear la Teoría del currículum en sentido amplio, podría equivaler a una Teoría de la Educación, con lo cual dejaría de pertenecer –en la división artificial de Áreas de conocimiento existente en nuestro país– a la Didáctica (De la Torre, 1993: 142). Este posible peligro, pienso, no puede ser en razón de la defensa del *status quo* establecido, cuanto de la competencia para abordarla (que no se presupone, sino que se demuestra). De hecho esos intentos se han producido, por ejemplo, queriendo asumir el currículum desde la Teoría de la Educación.

La práctica y realidad de la enseñanza no es propiedad exclusiva de la Didáctica, requiriendo que otras ciencias de la educación también lo tomen como objeto de investigación. Hemos de reconocer que la complejidad del objeto de la educación excluye pensar que pudiera ser analizado desde una disciplina con pretensión hegemónica. Ahora bien, como ha resaltado Antonio Nóvoa (1991: 30) en un trabajo sobre el tema: *"defender la pluralidad no significa renunciar a la identidad, y no puede, de manera alguna, justificar la dispersión, la falta de rigor o la superficialidad científica"*. Pero sí le correspondería a la Didáctica la función de integrar, orgánicamente, las diversas aportaciones, justamente para constituir una teoría práctica y comprehensiva de la enseñanza (Garrido Pimenta, 2001).

La enseñanza, objeto de la Didáctica, como práctica educativa situada histórica y socialmente, se realiza en diversos contextos y, como parte de dinámicas que transcienden el propio acto de enseñar, debe ser estudiada también por las diversas áreas o disciplinas de las Ciencias de la Educación o Sociales. Siendo la enseñanza un dominio autónomo y especializado de la Didáctica, como plantea el didacta italiano Cosimo Laneve (1997), esto no excluye la necesidad de otras reflexiones más generales. La identidad no tiene por qué establecerse exclusivamente en las diferencias, también puede hacerse estableciendo vínculos armoniosos de familia.

En el ámbito francés, donde la reflexión didáctica se efectúa desde las didácticas específicas, algunos textos que quieren remontarse –a partir de ellas– a la Didáctica general (Raisky y Caillot, 1996; Jonnaert y Laurin, 2001), plantean dos grandes cuestiones en la relación de la Didáctica con otros campos de las Ciencias de la Educación:

1. Debate actual entre *la* Didáctica y *las* didácticas. Si bien las didácticas específicas tienen su propio campo conceptual y *corpus* teórico, es posible desarrollar una Didáctica general.
2. Debate actual entre la Didáctica y la Pedagogía. En el acto de enseñanza, la relación pedagógica –desde esta perspectiva francesa– se interesa por la relación entre profesor y alumnos; mientras la perspectiva didáctica lo es cuando su foco de atención son las actividades que contribuyen a relacionar óptimamente los saberes y su apropiación por los alumnos. Se trata de dos ángulos diferentes, aunque complementarios.

CAPÍTULO II

UNA DELIMITACIÓN HISTÓRICO-CONCEPTUAL

"La didáctica nació como una disciplina del método. Hoy muy pocas personas serían capaces de reivindicar esa función, pero también muy pocas serían capaces de señalar de manera fundamentada qué es lo que ha reemplazado exitosamente esa abandonada preocupación. La capacidad del desarrollo didáctico actual para influir en la mejora de las prácticas de enseñanza se relaciona con su posibilidad de plantear parámetros metódicos comunes para la realización de las tareas de enseñanza y componentes generales de la actividad de enseñar que puedan encuadrar la enorme cantidad de actividades que diariamente se realizan en las escuelas" (Feldman, 2000).

Hacer una "cartografía" de un campo disciplinar es, al tiempo, como mostró Foucault, hacer una "genealogía". En el sentido particular de "episteme" que le da Foucault, se trata de indagar –como dice en las últimas páginas de *La arqueología del saber*– "el conjunto de elementos formados de una manera regular por una práctica discursiva y que son indispensables para la constitución de una ciencia, aunque no estén destinados necesariamente a constituirla, se le puede llamar saber". En determinados momentos epocales se produce una determinada disposición que posibilita decir y ver de una determinada manera. Esto impediría, como ahistórico precisamente, hacer una historia de la didáctica, comenzando en griegos, romanos, Agustín de Hipona o Tomás de Aquino; si no se van estableciendo los oportunos "cortes epistemológicos".

De acuerdo con el referido enfoque que quiero dar a estas cuestiones en este texto, pretendo explicar –originariamente– por qué tratar los problemas educativos de la enseñanza desde el marco de la Didáctica ha llegado a ser propio de los países centroeuropeos, mientras que los anglosajones lo han planteado desde el Currículum. Esta delimitación también nos sirve para ver los problemas que pueda tener su importación a contextos sin arraigada tradición histórica. Con la clarividencia que tuvo, en su intervención en las Jornadas de Jaén, poco antes de su muerte, Adalberto Ferrández (2002b) señalaba que "el currículum ha entrado en el Estado español durante los años 80, pero 'con calzador', exentos de la cultura histórica que al respecto tuvieron los pueblos que adoptaron la Reforma y, quizá, las ideas de Calvino para estructurar la formación humana" (pág. 102).

1. ARQUEOLOGÍA DEL SABER: DIDÁCTICA Y CURRÍCULUM

El siglo XVI produce una nueva cartografía o reconstitución de la organización del saber pedagógico (currículum, didáctica, *syllabus*, disciplina, catequesis, contenido, etc.), que va a provocar tanto la emergencia del Currículum como de la Didáctica, tal como ha documentado Hamilton (1991), vinculando el surgimiento del currículum con el calvinismo y la regulación del nuevo orden social. Dos campos separados de prácticas emergen (Hamilton, 1999: 141):

a) Un nuevo mapa del conocimiento, con sus propios *corpus* de contenidos a enseñar, que se constituyen mediante la diferenciación, organización y representación del conocimiento, dando lugar a realinearlo en diferentes áreas y tópicos. Es decir, se trata de establecer *currícula*. Y, en paralelo,

b) la *enseñanza* reconstituye dichos conocimientos mediante la búsqueda de procedimientos que puedan hacer eficiente su transmisión, en modos que puedan ser enseñados. Estamos, pues, ante las condiciones de posibilidad que hacen posible la Didáctica.

De este modo, por un lado, el conocimiento precisa ser ordenado para su enseñanza en un orden particular, en un cuadro de contenidos, programa o "syllabus"; lo que provocará el surgimiento del campo del *currículum* en el XVI. A su vez, de modo paralelo, se produce otra transformación: *la emergencia de la Didáctica*. Antes del siglo XVI, como señala magistralmente Hamilton, era difícil distinguir entre la actividad de la "enseñanza" y la actividad de determinar "lo que es enseñado". La palabra latina *"doctrina"* venía a significar conjuntamente "enseñanza" y "aquello que se enseña"; es decir, las prácticas sociales de enseñanza y el conocimiento transmitido mediante la enseñanza son sinónimos. Enseñar había sido en la Edad Media la transmisión fiel, de modo reproductivo y ya organizado, de unas enseñanzas heredadas (por ejemplo, los comentarios a las obras de Aristóteles). Una nueva constelación de términos comienza a surgir a comienzos del XVI: "syllabus" (1500), "clase" (1519), "catecismo" (1540), "currículum" (1573), y "didáctica" (1613), que indican esta nueva relación entre el saber y su transmisión.

Justo la crisis de la escolástica, no sólo por razones de pensamiento, sino también porque su enseñanza se había vuelto "indigestible", y su suplantación por los *Studia humanitas*, va a estar en la base de la emergencia del discurso didáctico, por un lado, y del curricular, por otro. Se trata ahora, como problema, de determinar un currículum (que ya no viene dado solo por los libros conservados), y de un orden o método para aprenderlo, que deberá ser llevado a cabo por especialistas en el modo de enseñar. La disolución del canon educativo de las "septem artes liberales" obliga a una nueva selección y ordenación de los contenidos que, anualmente, configuren las carreras.

Ahora se desestabiliza dicha conexión (contenido-enseñanza), puesto que los libros heredados son sustituidos por libros de texto reconstituidos (invención y uso de la imprenta), y –por tanto– el *"cómo" enseñar comienza a divorciarse de "lo que se enseña"*. Con el tiempo, el primero sería más asimilado a la Didáctica y el segundo al Currículum. Sobre esta relación entre currículum (disciplina) y didáctica (método), comenta Hamilton (2003):

> *"La metodización ofrecía un atajo que conducía al aprendizaje. Del mismo modo, seguir una secuencia metodizada suponía seguir un cursus o currículum. Así, el rasgo definitorio de un cursus o currículum del siglo XVI no era su contenido (derivado de los textos), sino su metodización, la corrección y la ordenación que se han invertido en su elaboración"* (p. 195).

En efecto, una cosa es la identificación y organización de cuerpos de conocimiento (currículum) y otro la organización de los procedimientos más adecuados para una eficiente trasmisión. Si las prácticas sociales de enseñanza y aquello que se enseña habían sido sinónimos hasta el siglo XVI, su separación resulta crucial para la reconfiguración de nuevos campos de saber. Con ello se van generando dos campos de conocimiento, alrededor de 1600, asociados con "currículum" y "didáctica". Si bien cuestiones como ¿qué pueden o deben aprender los alumnos? son anteriores al Renacimiento, es en el siglo XVI, como analizan Hamilton y Gudmunsdotir (1994), con la aparición del término *currículum*, cuando esa cuestión se desplaza a esta otra: *¿en qué orden deben hacerlo?*

David Hamilton se pregunta, con razón, qué diferencia a estos dos campos y *corpus* de conocimientos, que empiezan a configurarse con motivo de la Reforma (calvinista) y el Renacimiento. El currículum se emplea –en sus primeros usos documentados– en las Universidades de Leiden (1582) y Glasgow (1633), como carrera de contenidos formalizados en la Universidad; la Didáctica representa una reconceptualización del *"methodus"* de la retórica y oratoria clásica (Cfr., *Institutiones Oratoria* de Quintiliano) que, en este momento, empieza a usarse como una forma de comunicar lo que debe ser enseñado. Esta "metodización" de la enseñanza, como lo llama Hamilton, dará lugar a la emergencia de la escuela moderna. El método viene a ser "la última rosca" del llamado "giro instructivo" que se produce en esta época. Como comenta Zufiaurre (2007):

"Este giro instructivo no sólo comprende reformar el catecismo, sino que incluye también la emergencia de la idea de un cuerpo de conocimiento fijo –un currículum– que puede ser descrito como una serie de descriptores de contenido (un syllabus) que, a su vez, el conocimiento contenido puede ser distribuido de una manera lineal, uno tras otro. Por estas transformaciones, el giro instructivo no solo constituye el comienzo de la escuela modernista, su impacto alcanza el siglo XX y, de alguna manera podríamos decir, llega a alcanzar el XXI" (p. 143).

Junto a lo anterior está la regulación del tiempo de enseñanza, de modo que institucionalmente pueda seguir una secuencia de estudios. Comenio situaba, como clave en el arte de enseñar todo a todos, la organización escolar (organización del tiempo y de los alumnos, materias de estudio) para conseguir de la escuela una "máquina" automática de enseñar: "distribuir rectamente el tiempo, dedicando las horas de la mañana a los estudios literarios, las de la tarde a la convivencia y a los negocios", dice en la *Pampedia* (Comenio, 1992: 225). Como ha subrayado Reid (2002b):

"A medida que la noción del simple paso del tiempo en relación con el aprendizaje se transformó gradualmente en otra, en la que se veía el tiempo como estructurado para contener una secuencia que se podía completar, 'currículum' adquirió una importancia institucional. La transformación se inició en las universidades europeas a finales del siglo XVI y principios del siglo XVII. Hasta entonces, el conocimiento se ofrecía y se adquiría según se presentara la oportunidad. No existía una noción fija de lo que se debía estudiar, quién debía estudiarlo, a qué edad, en qué orden o con qué resultados concretos. La posibilidad de moverse hacia la noción moderna de currículum dependió de una conjunción de factores sociales y técnicos" (p. 139).

Es curioso, al respecto, que una concepción armónica de la organización de la vida social (en este caso escolar) está en la matriz originaria de la modernidad: se debe imitar el "orden" del universo, concebido como geométrico y perfecto. Ambos, a su vez, se deben parecer a una máquina perfecta, como creación divina que son. El sueño de la razón era llegar a un universo calculable y controlable. Igual en la educación. Comenta Hamilton (1987: 26) sobre Comenio:

"Su fe en la eficacia administrativa era tan grande que incluso los maestros 'sin aptitudes naturales' serían capaces, decía, de usar sus métodos

'con aprovechamiento'. Además, tales maestros tendrían pocas responsabilidades pedagógicas: 'No tendrán que seleccionar sus propias materias, ni desarrollar sus propios métodos', sino que sólo tendrán que tomar el conocimiento que ha sido adecuadamente organizado para servirlo a sus alumnos" (pág. 26).

A su vez, Hamilton (1991) ha analizado –en paralelo al "currículum"– cómo surge el concepto y realidad de "clase", agrupando a los estudiantes por divisiones graduadas, según estadios de edad o de nivel de conocimientos. Las escuelas se subdividen en clases en una forma de escolaridad postmedieval. Justo entonces es preciso un currículum. Así, puntualiza Hamilton:

"Pero si la adopción de las clases dio origen a la idea de que 'todo aprendizaje tiene su momento y su lugar', también creó problemas de articulación interna. ¿Cómo ensamblarlas esas distintas fracciones de una escuela para administrarlas como un todo? Las tentativas del siglo XVI de dar respuesta a esa pregunta forman la base de la segunda parte de este capítulo: el surgimiento del currículum" (pág. 197).

Entonces, el currículum –en su propio origen– va unido a la organización escolar en sentido estricto: viene establecer y llenar el "orden" requerido en la enseñanza. Ésta, en tanto que es una práctica institucionalizada, se realiza en una organización formal.

El resultado de todos estos cambios en la recomposición de la "episteme" es que, por un lado, quedó determinada como tarea fijar un cuerpo de enseñanzas o contenidos (*currículum*), junto a ver los métodos mejores para su enseñanza (*didáctica*). Como es conocido, tratar los problemas educativos de la enseñanza desde la Didáctica es propio de los países centroeuropeos. En una práctica centralista de la educación, en efecto, las prescripciones curriculares quedan reservadas a nivel de la administración; la formación metodológica del profesor es principalmente la tarea del campo didáctico. Esto hace que, tal como nos ha llegado el concepto y campo de la Didáctica, se ha cifrado principalmente en el *cómo metodológico*, proporcionando formas para abordar mejor los procesos de enseñanza-aprendizaje. Por el contrario, "currículum" ha sido empleado en los países anglosajones, con una política curricular más descentralizada, para referirse –como cuestión previa– al *qué enseñar*, dentro de un marco amplio para organizar los elementos intervinientes en la educación.

2. LA DIDÁCTICA EN EL PROGRAMA DE LA MODERNIDAD

"Nos atrevemos a prometer una Didáctica magna, esto es, un artificio universal para enseñar todo a todos. Enseñar realmente de un modo cierto,

de tal manera que no pueda menos que obtenerse resultados. Enseñar rápidamente, sin molestia ni tedio alguno para el que enseña y ni para el que aprende. Antes al contrario, con el mayor atractivo y agrado para ambos" (Comenio, Didáctica magna).

"La didáctica nace en el siglo XVII y forma parte del proyecto social (la Reforma) que en la Ilustración y la Enciclopedia conforman el sentido de una educación general, para todos –ricos y pobres, hombres y mujeres, expresará Comenio–, cuya meta es lograr que todos lleguen al conocimiento. Así, la didáctica constituye un elemento básico en la utopía que la modernidad asigna a la escuela" (Díaz Barriga, 1998).

"Didáctica" es la transcripción latina de los correspondientes términos griegos (el verbo "didáskein" y el correspondiente sustantivo "didaskalía"). En las lenguas occidentales empezó a emplearse a comienzos del siglo XVII en Alemania (*Methodus didactica*) por Ratke (1571-1635), en el contexto de la Reforma luterana, hasta llegar, a mediados del mismo siglo, a la obra fundacional (*Didáctica magna*, 1632 en edición checa, y en 1657 la versión latina publicada en Amsterdam dentro de sus *Opera Didactica Omnia*) de nuestra disciplina por Comenio (1592-1670), como describen Martial (1984, 1985) y Nordkvelle (2003). En este contexto germánico, "Didaktik" es una reflexión sistemática sobre cómo organizar la enseñanza de modo que provoque un mayor desarrollo y aprendizaje de los estudiantes. Las obras fundadoras de la ciencia moderna (*Novum Organum* de Bacon y el *Discurso del Método* de Descartes) estarán en las bases también de la nueva metodología, propugnada por Ratke y Comenio.

Es enigmático en Comenio (1592-1670) que este obispo (por tres veces casado), de una facción de los protestantes moravos (*Unidad de los Hermanos Moravos*), conservadora, bíblica y antiimperialista, español-germano, defensor de la cosmología geocéntrica, sea –al tiempo– amigo de los espíritus más esclarecidos de su tiempo (Descartes, Mersenne, *Royal Society* de Londres, etc.), dando lugar a una obra tan progresista (educación democrática y emancipadora), dentro de la tradición husita. Desde dicha forma de pensar, compleja y ambivalente, todos los hombres han de ser educados e instruidos en todas las cosas, porque su destino es participar en la creación de un reino de Dios en la tierra. La educación cristiana, generalizada a todos los niños, contribuirá al advenimiento del reino perfecto de Cristo en la tierra. Esta orientación reivindicativa de cambios profundos en la relación entre saber-aprendizaje, a pesar de las reorientaciones posteriores, permanece como una línea valiosa a redescubrir en el presente.

La Didáctica es definida por Comenio (*Didáctica Magna*) como "el artificio universal para enseñar todas las cosas a todos, con rapidez, placer y eficacia". Desde entonces, esta meta inclusiva de conseguir *omnes omnia docere*, además de expresión del ideal pansofista, expresa la apuesta de extender la enseñanza a todos. Como tal, ha guiado todos los esfuerzos en este ámbito, ya sea confiando en un saber fundado científicamente, ya en el saber práctico, personal o artesanal del profesorado. La palabra latina *"ars"* tiene un significado equivalente al término griego *techne*; por lo que la Didáctica era representada como un método con un conjunto de prescripciones para enseñar eficientemente. La Didáctica como "artificium docendi", más que "arte de enseñar", sería la técnica de la enseñanza o metodología docente. Comenio la delimita como *"un método mediante el cual podía enseñarse a todos los niños la suma de todos los conocimientos y, al mismo tiempo, imbuirles en aquellas cualidades de carácter que fueran importantes para este mundo y para el otro"*.

La obra de Ratke, inspirado por la nueva metodología que se deduce del *Novum Organum*, propone una metodología intuitiva que siga y observe la naturaleza, con libros didácticos y escolares que facilitaran el trabajo de los maestros y alumnos. Con el propósito de renovar la estructura escolar del luteranismo, el Estado debe hacerse cargo de una escuela pública, obligatoria, gratuita y unitaria, posibilitando medios a los alumnos y formación al profesorado. Para disminuir los costes, el libro de texto adquiere una posición central, en lengua vernácula y con una metodología uniforme y planificada. Su objetivo es establecer, igualmente, un Método o "Arte de enseñar", proclamando veinte años antes que el pedagogo moravo (*Informe sobre propuestas pedagógicas reformistas*, 1613) la universalidad de su arte de enseñar (Hoff, 2004).

Como resalta Piaget (1957: 184), Comenio no sólo fue el primero en concebir en toda su amplitud una ciencia de la educación, sino que además la sitúa en el centro mismo de una "pansofía", una metodología universal. Ese carácter fundador, del que es consciente Comenio, aparece ya en el Prólogo de la obra: "Nos atrevemos a prometer una gran didáctica [...], un tratado completo para enseñarlo todo a todos. Y enseñarlo de manera que el resultado sea infalible". El currículum ha de ser común, lo diferencial pueden ser los métodos en función de su eficacia (y placer, como se puede ver en su *Orbis sensalium pictus*). Ese "todos" heterogéneo es, por naturaleza, capaz de aprender todo aquello en que deba ser educado.

Objetivo de la Didáctica es, en este sentido originario de Ratke y Comenio, tanto la planificación de la enseñanza como especialmente los métodos y la organización de la clase. Este nuevo sentido de "método", que magistralmente ejemplifica Descartes (que *"nos habrá de permitir acrecentar gradualmente nuestros conocimientos hasta situarlos poco a poco en el grado más alto que sea alcanzable"*), es común con Comenio. Díaz Barriga (1991: 19) señala que "una lectura cuidadosa de ambos textos nos revela algunas coincidencias dignas de ser señaladas", como la universalidad del método. Tanto Descartes como Comenio toman la base del método de Francis Bacon (*Novum organum*, 1620), a quien Comenio cita a menudo y sigue en su empirismo y sensualismo. Estamos ante una utopía social y educativa, basada justamente en la confianza ilimitada en las posibilidades del método. Así, en un determinado momento, afirma Comenio que *"no requiere otra cosa el arte de enseñar que una ingeniosa disposición del tiempo, los objetos y el método. Si podemos conseguirla, no será difícil enseñar todo a la juventud escolar, cualquiera sea su número".*

La Didáctica forma así parte del programa inclusivo con que surge la modernidad: la razón es, por naturaleza, igual en todos los hombres, proviniendo las diferencias del modo en que la emplean, como proclama Descartes en las primeras líneas de su *Discours de la mèthode* (publicado cinco años después de la edición checa de *Didáctica magna*). "Método", en sentido tradicional, era sólo un conjunto de procedimientos. Ahora adquiere un significado nuevo: formas de incrementar la eficacia. El referido nuevo sentido de "método", que ya inicia Descartes en 1628 (Cfr. *Reglas para la dirección del ingenio*) posibilita dicho cambio. La metodología didáctica forma parte, pues, del programa educativo moderno de lograr la igualdad entre los hombres. Podríamos decir que mientras Descartes fundaba el sujeto moderno, Comenio lo constituía pedagógicamente.

El *Discurso del método para dirigir bien la razón y buscar la verdad en las ciencias*, que aparece en 1637, empezó a concebirse en 1635, tras decidir no publicar su obra *El Mundo*, temeroso de correr la misma suerte que Galileo (condenado en 1633). Se puede considerar un prólogo en el que expone sus ideas filosóficas y metodológicas en forma autobiográfica, para mostrar que el método es aplicable a todos los campos del saber. Este problema del método era una de las cuestiones capitales en los comienzos de la Edad moderna. Ninguno de los grandes pensadores dejó de preocuparse por encontrar un nuevo camino que condujera a avanzar el conocimiento y a configurar la ciencia moderna. Así el *Novum organum* de Bacon (1620), el *Diálogo* de Galileo (1632), el *Discurso* de Descartes (1637) y la *Didáctica magna* de Comenio (1632). En la medida en que todos ellos se inscriben en las coordenadas del nuevo método de Galileo, cabe denominar a Comenio –como hizo A. Faggi en su libro de 1902– como *Il Galileo della pedagogia.*

En el segundo párrafo del *Discurso* Descartes afirma: "La razón, la única cosa que nos hace hombres y nos distingue de las bestias, está toda entera en cada uno de nosotros". Estando el buen sentido *"lo mejor repartido en el mundo"*, las posibles diferencias provienen de su empleo. De ahí la relevancia de un buen método para conducir la razón. Comenio (1992: 55), de modo paralelo, en su *Pampedia*, dice: "Los instrumentos de la educación han sido repartidos a todos los hombres [...]. Todo es igual para todas las gentes". Su ideal "pansófico" y su método se dirigen, como resalta Piaget (1957: 194-5), a "la afirmación del derecho a la educación para todos y en plena igualdad [...], se dirige a todos los hombres sin tener en cuenta las diferencias de condición social o económica, religión, raza o nacionalidad". En ese sentido, apostilla, cabe afirmar que "Descartes sería en el fondo el padre de la didáctica".

Muchos supuestos, en efecto, comparten Comenio y Descartes: un método universal para la adquisición y enseñanza de todos los conocimientos, la unidad del saber y la universalidad del método inductivo empírico (subrayado por Comenio), infalibilidad del método para llegar a la verdad, sin gran esfuerzo, principio pansófico de una ciencia racional universal con el proyecto cartesiano de una ciencia universal que pudiera elevar la naturaleza humana al grado más alto de perfección; método de análisis y síntesis, etc. De hecho, la *Didáctica magna*, a este nivel, no es otra cosa que el "discurso del método didáctico", que permitiría que todos lleguen al saber. Como reconoce Jacques Prévot (1981):

"La Didactica Magna, en el fondo, no es otra cosa que un Discurso del método pedagógico que partiría de la idea de que las luces de la razón, por la gracia divina, han sido dadas por igual a todos, pero que sus dueños no conocen el uso más que si uno se lo explica".

Esta coincidencia, por lo demás, sería la explicación de que ambos tuvieran interés por conocerse y –por mediación de Mersenne– se entrevistaran en el verano de 1642. Como describe Anna Heyberger (1928: 64), en uno de los mejores estudios sobre Comenio: "Un día de 1642 sus amigos acompañan a Comenio al pequeño castillo de Endegeest para reencontrarse con Descartes. Los dos sabios no difieren más que al comienzo de las cuatro horas: Descartes defiende los principios racionales de la filosofía, las 'verdades eternas', base de todo conocimiento; al contrario, Comenio sostiene que los conocimientos humanos son imperfectos e incompletos, y que la certidumbre sólo puede residir en la revelación divina. A pesar de esta profunda divergencia de puntos de vista, ambos se entienden maravillosamente, y se emplazan mutuamente a continuar el diálogo y a publicar sus investigaciones".

Además, es una curiosidad e ironía histórica que, en la misma ciudad (Leiden, Holanda), donde según Hamilton se emplea en su Universidad por primera vez la palabra "curriculum" (en latín, sin acentuar), sea donde –según los biógrafos (Kosik, 1993)– se entrevistara (julio, 1642) Comenio con Descartes, el filósofo que simboliza el racionalismo, donde se había retirado por su ambiente burgués y liberal. En esta ciudad, se publicó también *El Discurso del Método*, y cerca (Amsterdam) se publicará la edición latina de las obras completas de Comenio, que lo darán a conocer a toda Europa. Los jesuitas (y Descartes estaba muy influido por ellos), contrarreformistas, serían los que hicieran la "ordenación racional de los estudios", predominante desde entonces en el mundo centroeuropeo, frente a los anglosajones que adoptaron el formato "curricular".

Este eco moderno del programa inicial de Comenio ("enseñar todo a todos"), por señalar unos ejemplos actuales, se presenta en todas *aquellas posiciones que* mantienen que todo puede ser enseñado a todos, con tal de que se presente con la estrategia, metodología o forma adecuada. Así Jerome Bruner (1997) recuerda su antigua proclamación grandiosa de la acción didáctica con estas palabras:

> *"Por complicado que pueda ser cualquier dominio del conocimiento, se puede representar en formas que lo hacen accesible mediante procesos elaborados menos complejos. Esta conclusión fue lo que me llevó a proponer que cualquier materia se podía enseñar a cualquier niño a cualquier edad de una forma que fuera honesta; aunque lo 'honesto' se quedó sin definir, y me ha perseguido siempre desde entonces"* (pág. 13).

Es verdad, preciso es reconocerlo, que esta edad de la inocencia en el poder de la metodología, propia del momento en que escribió *El proceso de la educación* (1960), ahora cuarenta años después, se ha perdido o, mejor, complicado por la entrada de otras variables, contextos y teorías del aprendizaje y la enseñanza. No obstante, es algo que podemos seguir manteniendo. Así, Linda Darling-Hammond (2001), que precisamente estudió en escuelas con currículos diseñados en ese momento bajo el influjo de Bruner, en ese gran libro que es *El derecho de aprender*, continúa defendiendo el impulso democrático de la didáctica: *"En este planteamiento se parte del supuesto de que todos los alumnos pueden aprender. Lo que se necesita, y es preciso desarrollar, son aquellas estrategias didácticas y medidas organizativas que lo hagan posible"* (pág. 412).

Finalmente, a este respecto, cabe pensar que si la Didáctica *General* es hija del programa de la Modernidad, justamente cuando dicho programa entre en crisis (coyuntura postmoderna), también le afectará a la propia Didáctica. Los dispositivos y narrativas que han configurado la pedagogía en la modernidad, de los que forma parte la Didáctica, están sufriendo una imperceptible pero drástica mutación en nuestra postmodernidad. Por un lado, este modelo pedagógico de integración de las nuevas generaciones en un único orden homogéneo se ha visto seriamente cuestionado con el reconocimiento de las identidades culturales y las diferencias individuales. Por otro, esta narrativa del progreso continuo confía que –con la utopía humanista de la emancipación, y la metodológica de la Didáctica– se puede llegar a la igualdad humana. Dado que esto no se ha conseguido, volviendo a otro lado, se piensa no hay más salida que reconocer las diferencias y la diversidad. Entre una didáctica diferenciada (para enseñar todo a todos) y un currículum diferenciado, podría expresar el paso de las creencias modernas a las propuestas postmodernas. Como señala, como muestra de lo anterior, Mariano Naradowski (2008):

> *"Las dos cuestiones o falacias que se plantean en la actualidad respecto de esta aspiración inclusiva, que es un dato fundante de la educa-*

ción moderna, son las siguientes. La primera tiene que ver con el hecho de que, contrariamente a lo que solía creerse cuando se hablaba de igualdad a secas, no todos están en la misma posición de partida a la hora de acceder a la educación. 'Enseñar todo a todos', entonces, no se logra ofreciendo a todos lo mismo, y de la misma manera. La misma oferta suscita en diferentes sectores y en diferentes sujetos, experiencias y resultados disímiles.

La segunda es que la escuela, a la vez que iguala en sentido positivo, puede también actuar acallando lo diferente, excluyendo identidades que en lugar de ser reconocidas en su valor propio, en sus formas particulares de expresión, terminen siendo compulsivamente obligadas a mimetizarse con la finalidad homogeneizante que signó al sistema educativo en sus orígenes y que consiste básicamente en la imposición de una cultura única y el exterminio literal de otras formas culturales" (p. 21).

Pero la renuncia a enseñar "todo" (el currículum ha de ser adaptado o diversificado, al sentido propio de cada cultura, perdiendo el carácter de "cultura universalis" que señalaba Comenio en su *Pampedia*), minusvalora el papel del método. En la modernidad ilustrada, la identidad de los sujetos se consigue trascendiendo las pertenencias particularizadoras al entrar en la escuela. Los contenidos y los métodos han de ser universales. Es, en efecto, cuando accede toda la población a la escuela, cuando entran otras culturas que reclaman su reconocimiento y –en fin– cuando se generaliza el discurso de la "diversidad", cuando la Didáctica General empieza a tambalearse (o debe recomponerse) como un método válido para todos. El viejo ideal ilustrado de la *bildung*, como apropiación de la cultura universal y modulación propia, configurando a un individuo que elige imparcialmente por sí mismo, empieza a quedar –como, entre otros, han visto Adorno o Braudillard– fuera del horizonte.

La utopía racionalista de lograr la igualdad por la educación, configuradora de la Didáctica y –también– de la escuela pública, ha dejado –para bien o para mal– de ser creíble. Pero, digámoslo sin ambages, como matriz de la modernidad ha sido la base de la reivindicación igualitaria. Esta creencia aún la compartían, como hijos de la modernidad ilustrada y la idea de progreso (García Pastor, 2001), Binet y Simon que vanamente pretendieron un tratamiento "científico" de los "anormales". Habernos vuelto descreídos de tales proclamas, no supone dejar de ser precavidos ante los nuevos discursos de la diversidad, para que no encubran desigualdades, ni tampoco –desde el otro bando– hagan imposible la convivencia ciudadana. Ante la añoranza del currículum común moderno y el reconocimiento de las diferencias postmoderno, queda la alternativa didáctica de un tratamiento didáctico diferenciado.

3. CONFIGURACIÓN VARIABLE SEGÚN PAÍSES Y CONTEXTOS

Cada país tiene su propia historia y, en nuestro caso, existe una amplia variabilidad. Así, es escaso el empleo de Didáctica en inglés (ya sea como nombre –singular y plural– *didactics*, o –como adjetivo– *didactic*), si exceptuamos –por un lado– los países nórdicos, a mitad de camino entre la influencia anglosajona y alemana, y toda el área francesa de Canadá (Québec y Montreal), donde se emplea profusamente. A menudo su significado y campo ha sido –en gran medida– acogido bajo "*instruction*" o el adjetivo "*instructional*". Así se emplea "instructional methods" para el ámbito didáctico de los métodos de la enseñanza. Además, en el ámbito anglosajón, ha tenido –como adjetivo– en buena medida un significado peyorativo (pretencioso, pedante, en exceso accesible o simplificado). No obstante, dentro de la rehabilitación en el ámbito anglosajón, un diccionario de prestigio como el *Webster's* define "didactics" como "the art or science of teaching".

En **Francia**, se emplea como adjetivo, como sustantivo (La *Didactique*) no aparece hasta 1955 (*Dictionnaire Le Robert*). Como adjetivo, se aplica a todo aquello que es apropiado para (o tiene por finalidad) la enseñanza. En este uso adjetivo se asimila al conjunto de técnicas que contribuyen a enseñar, más que al acto didáctico. "Didactique" (nombre femenino) designa conjuntamente a) un cuerpo de prácticas donde se articulan las acciones de enseñanza y aprendizaje en el seno de una institución dada; b) una posible ciencia para comprender tales prácticas. En masculino (sustantivación del adjetivo, por reducción de la expresión "el mundo didáctico") permite designar el ámbito de la realidad donde ser realizan las prácticas y del que trata la ciencia; "le didactique". Por el contrario, la expresión que ha tenido una amplia difusión ha sido "les didactiques", como didácticas de los contenidos disciplinares. Por su parte, en su uso sustantivo, además, ha quedado –más bien– restringido a las disciplinas (didáctica de las disciplina escolares y, muy especialmente, de las matemáticas). La "Didactique générale" es el conjunto de principios normativos, de reglas o de procedimientos aplicables de igual modo a las diversas enseñanzas. Por ejemplo, las técnicas de individualización del aprendizaje relevante de su dominio. Durante largo tiempo, el término *metodología* ha sido preferido al de *didáctica* en razón de la ambigüedad de esta segunda palabra, sobre todo cuando se franquea las fronteras francesas. En lugar de *La Didactique*, más comúnmente se habla de *les didactiques* (Astolfi, 1997; 2001). Por eso, se usa normalmente en plural para designar la didáctica específica o diferencial de cada materia escolar (*didactiques des disciplines*). Como comenta Perrenoud (1999):

> "*La emergencia de las didácticas de las disciplinas orientadas a la investigación ha conducido a cuestionar la existencia misma de una didáctica*

general; tomar en serio la parte de saber (contenido) del 'triángulo didáctico' es obligarse a considerar sus contenidos específicos, disciplina por disciplina, e incluso campo por campo en el seno de una misma disciplina".

La Didáctica pues, en el ámbito francés, se constituye como metodología para la apropiación de los *contenidos* por los alumnos. Su asunto es definir las condiciones óptimas de transformación de las relaciones del aprendiz con el saber. Al poner el acento en la metodología para el mejor aprendizaje de los contenidos, se identifica con las didácticas disciplinares (especialmente en Secundaria, donde los contenidos adquieren un papel más relevante). En este contexto (y en otros dependientes, como Portugal o Canadá), la Didáctica se identifica con los saberes centrados en las "disciplines d'enseignement". De ahí, por ejemplo, que una de las más relevantes contribuciones en este ámbito haya sido la noción de "transposición didáctica" (Chevallard, 1991), noción que se centra exclusivamente en la transformación didáctica de los contenidos disciplinares. Como señala Develay (1997: 63), "desde el punto de vista didáctico, se considera que la especificidad de los contenidos es determinante para explicar los éxitos o fracasos. Por el contrario, el pedagogo se centra en las relaciones en clase entre alumnos, alumnos y enseñantes, etc.". Por esto justo se ha generalizado más el término de *pédagogie*, donde nosotros empleamos didáctica. Puede ser significativo reseñar la formulación que recogen Cornuy y Vergnioux (1992: 10 y 17):

"En el universo escolar, se entenderá por 'pedagogía' todo lo que concierne al arte de conducir y de hacer la clase, lo que releva lo que se ha podido llamar en otros momentos la disciplina, pero también la organización y la significación del trabajo. El ejercicio de este arte y la reflexión sobre sus recursos y sus fines están aquí asociados. [...] Más allá de la distinción de objetos (la clase, los saberes), es la preocupación educativa lo que distinguiría enseñar e instruir, y –por lo que concierne– a la pedagogía y la didáctica. En la instrucción (primaria), la Pedagogía; en la enseñanza (secundaria), con rigor, la Didáctica".

En los últimos treinta años, no obstante, la expresión "ciencias de la educación" se ha generalizado, tendiendo a absorber la de "pedagogía". De ahí que haya sido empleada esencialmente como adjetivo, no como nombre. Como señalan Bertand y Houssaye (1999: 34), "un examen de las definiciones provenientes del área francófona revela que pedagogía y didáctica se refieren a la misma realidad". De este modo, la primera edición del *Dictionnaire actuel de l'éducation* (París: Larousse, 1988) la define:

"Una disciplina del campo de la educación cuyo campo es sintetizar los componentes de una situación pedagógica. Una disciplina en el campo de la educación cuyo ámbito es la planificación, control, y cambio de las situaciones pedagógicas" (pág. 179).

Por su parte, Gaston Mialaret (1979), a fines de los setenta, la definía como "conjunto de métodos, técnicas y procedimientos de la enseñanza. [...] La didáctica pone principalmente el acento sobre los medios de enseñar, sobre el 'cómo hacer'" (pp. 159-160). En el ámbito francófono, se suele considerar la *pédagogie* como más general que la *didactique*, menos científica, siendo la Didáctica un subconjunto (ciencia auxiliar) de la pedagogía. El término "Didactique" se introduce, según describe Best (1988: 166-7), en medio de la crisis del término "pedagogía": "Los investigadores designan al estudio de la relación de los alumnos y profesores con los distintos conocimientos constituidos en disciplinas escolares con un *nuevo término, didáctica, tomado del vocabulario alemán de la educación*. Este término se aplica al conocimiento de la relación entre contenidos enseñados, los alumnos y el personal docente".

Se tiende a pensar que la pedagogía se cifra más en los fines educativos, por el contrario, la didáctica, en los programas y métodos. Es verdad que, dentro del triángulo pedagógico (alumno, profesor, contenido), la pedagogía tiene mayor incidencia en la relación profesor-alumno, mientras la Didáctica debía tenerla en la relación contenido-alumno, o –más ampliamente– en las interacciones pedagógicas entre los tres elementos de la terna. En cualquier caso, por el fuerte predominio que en Francia tienen las didácticas de las disciplinas frente a la didáctica general (que, como hemos señalado, suele asimilarse a la *pédagogie*), es el contenido de un campo disciplinar, y su metodología específica de enseñanza-aprendizaje el que diferencia a la Didáctica.

Portugal, como en España (por haber compartido ambas un largo período dictatorial que tuvo postergadas a las ciencias pedagógicas), ha conocido un desarrollo espectacular de las Ciencias de la Educación en las últimas décadas a nivel institucional (creación de Departamentos de Educación en Facultades como las de Ciencias, y de Facultades de Psicología y Ciencias de la Educación en 1980, Centros Integrados de Formación de Maestros y Escuelas Superiores de Educación). Sin embargo, la influencia anglosajona en unos casos, y –sobre todo– el predominio de la francesa, hace que la Didáctica sea entendida como "didáctica de las disciplinas", quedando su terreno bajo el ámbito de la Pedagogía. En el ámbito curricular, de modo similar a España, es reciente la introducción del concepto de currículum ("currículo", "teoria e desenvolvimento curricular") en la cultura educativa. No obstante, la década de 1990-2001 ha significado la consolidación de los estudios curriculares. En un documentado trabajo, J. E. Pacheco (2002, 2007) recoge un total de 510 trabajos de esa década, referidos al campo curricular: evaluación, contenidos, currículo y autonomía, currículo de las distintas etapas, investigación, formación de profesorado y currículo, políticas curriculares, organización curricular, planificación, etc. Esos estudios se incrementan a 843 hasta 2005.

Alemania, cuna de la Didáctica, como ha planteado, entre otros, Jürgen Oelkers (2006), es un "caso extraño", porque hasta los años '60 (después de la Segunda Guerra Mundial) estuvo dominada por tendencias filosóficas diltheyanas y neokantianas, siendo muy tardía la entrada de las ciencias de la educación modernas. La didáctica, además de como una teoría de la enseñanza (*Unterrichtstheorie*), se ha entendido tanto como una teoría de los contenidos de formación como de los planes de enseñanza (*Theorie der Bildungsinhalte und der Lehrplans*), junto con la metodología de enseñanza. El término "Bildung", de difícil traducción en otros idiomas (Ipland, 2001), suele traducirse por "autoformación", o –como dijo Adorno– es la cultura en la medida en que el sujeto la ha adquirido. Es el cultivo de la humanidad en el individuo, por la adquisición de la cultura heredada a través del largo proceso formativo. Es la formación espiritual de una personalidad cultivada e integrada en el seno de su comunidad popular, como quiso recoger la expresión "Geisteswissenschaftliche Pädagogik" (Pedagogía como ciencia humana o del espíritu), tan en boga en gran del siglo XX (Tröhler, 2004). La educación es una de las humanidades en las Facultades filosóficas y no una ciencia empírica.

Los contenidos de la *Bildung* se identificarían con el currículum en sentido amplio, mientras que su selección y secuenciación en la planificación del aula se asimilarían con la Didáctica. En este universo de discurso, la Didáctica puede ser concebida como la ciencia cuyo objeto de estudio es la planificación (organizada e institucionalizada) de las condiciones que hacen posible el aprendizaje de la *Bildung* (Seel, 1999). En un sentido amplio, define Klafki (1976):

> *"El dominio de la investigación y de la teorización en la Didáctica, en el amplio sentido de esta palabra, es el complejo total de decisiones, presupuestos, fundamentos y procesos de la decisión sobre todos los aspectos de la enseñanza".*

Sin remontarse hasta Herbart, cabe señalar –donde aparece el primer concepto teórico actual de Didáctica– la obra de Erich Weniger (*Theorie der Bildungsinhalte und des Lehrplans*, publicada en 1930), donde se entiende la Didáctica como la teoría de los contenidos de formación y de planificación del aprendizaje (Weniger, 2000). En un momento de grave crisis social y –por tanto– educativa, como era 1930, Weniger propone una estrategia para restablecer el control social en el campo educativo mediante la formalización y racionalización del proceso de toma de decisiones sobre los contenidos curriculares (Sander, 1996), como –por otra parte– estaban haciendo al otro lado del Atlántico Bobbit o Tyler. En la conmoción del nazismo surge la *"bildungstheoretische Didaktik"*, modelo dominante después de la Guerra Mundial en el pensamiento didáctico, dentro de la llamada "geisteswissenschaftliche Pädagogik". La didáctica es entendida como una reflexión sistemática sobre cómo organizar la enseñanza de manera que pueda provocar el desarrollo individual del alumno (Hopman, 2007). Pero si bien este modelo podría contribuir a plantear problemas teóricos de la educación, resultaba inservible para la tarea docente del aula. Por ello, como primera reacción, la "lerntheoretische Didaktik" (la didáctica como una teoría de la enseñanza y del aprendizaje) y la *"informationstheoretische Didaktik"* (la Didáctica como una teoría de la transmisión de información y cambio de conducta) fueron los intentos de construir una investigación pedagógica y didáctica "empirisch-analytische".

La obra de Blankertz (1969) sobre "teorías y modelos de la didáctica", según Ewald Terhart (2003), llegó a constituirse en paradigma del tratamiento de la "didáctica general". Dos grandes orientaciones establecía Blankertz: a) El enfoque hermenéutico, centrado en torno al concepto de *Bildung*; y b) el enfoque técnico-empírico, centrado en el proceso de enseñanza aprendizaje. Esta situación, paradigmáticamente estable, sólo alterada con la defensa práctica de unos métodos específicos u otros, empezó a cambiar, en primer lugar, por el modelo crítico-constructivo y, más recientemente, por el enfoque constructivista, llevando a algunos a pensar en una "didáctica constructivista".

Un papel clave desempeña Wolfgang Klafki, el más importante didacta alemán en la segunda mitad del siglo pasado. La Didáctica como teoría de los contenidos y plan educativo permitía discutir la selección y fundamentación de los contenidos. En ese contexto (Schaub y Zenke, 2001: 44-5), el trabajo de Klakfi (1995) de 1958 ("El análisis didáctico como núcleo de la preparación de la clase") se convirtió en fundamento de reflexión para varias generaciones de profesores. La salida a la oposición, antes reseñada, entre la corriente "geistesvissenschaftliche Pädagogik" y la "empirisch-analytische Pädagogik", se produce –basándose en la Escuela de Frankfurt– con su reformulación, en una combinación de los métodos empíricos y hermenéuticos, con la crítica de la ideología (Klafki será uno de los principales representantes).

Mientras tanto comienza a ser importada la teoría del currículum de sus fuentes angloamericanas y suecas, que "no ha tenido problemas para ser integrado con una reelaboración de la Didáctica" (Sanders, 1996: 16), por Robinsohn (1967, en n. 20), Blankertz (1969) o Klafki (1976, 1974). Como describe Uljens (2001), frente a la Pedagogía General (*Allgemeine Pädagogik*), de larga tradición en los países germánicos,

> *"la Didáctica es al tiempo considerada como una subdisciplina independiente de la educación, que de modo unificado trata conjuntamente de la teoría del currículum y de los métodos de enseñanza. Para algunos teóri-*

cos, el contenido de la enseñanza tiene su punto de partida en la Didáctica, especialmente dentro de la teoría de la educación centrada en la formación (Bildungstheoretische Didaktik). Para otros, el problema de los métodos de enseñanza así como la teoría del currículum constituye la tradición de la Didáctica" (pág. 203).

Justamente la inserción, desde Otto Wilmann, de la Didáctica dentro de la tradición teórica de la "Bildung" permite integrar sin especiales problemas la problemática curricular con una reelaboración de la Didáctica. Como afirma Menck (1998: 25), "para mí, ese es uno de los eslabones de enlace entre *Didaktik* y curriculum". En efecto, una Didáctica centrada en la *Bildung*, tiene en su base la determinación de qué contenidos educativos, con qué estructura y selección, deben formar parte de las tareas de enseñanza (Gudmundsdottir y Grankvist, 1992). De este modo, Currículum y Didáctica se pueden integrar sin dificultad. A su vez, en la medida en que la Didáctica como metodología es una teoría de la planificación de la enseñanza (*Lehrplan*), también puede integrarse con algunas de las versiones más extendidas de la teoría curricular.

Un uso exclusivo del concepto de "Didáctica" y derivados (*Didaktik, Fachdidaktik, didaktische,* etc.), en los últimos años está siendo sustituido por "curriculum". Este último, aunque utilizado en el siglo XVII, en su caracterización actual, según Klafki (1986: 45): *"fue introducido en la República Federal Alemana en 1967, basándose en la terminología americana y en el uso lingüístico de alcance internacional. No designa un campo temático de la 'didáctica' claramente delimitable por razón del contenido o de la metodología, sino que acentúa determinados aspectos del conjunto de cuestiones que se englobaban antes, y muchas veces también hoy, bajo el término de 'didáctica'"*.

La tradición alemana en teoría de la educación se mueve dentro de la propuesta hermenéutica de Dilthey de ciencias del espíritu (*Geisteswissenschaft*), que floreció en el período entreguerras de la República de Weimar. De acuerdo con el análisis de Tröhler (2003) el discurso de las "ciencias del espíritu" está basado en un dualismo (empírico/espiritual, pluralidad/unidad, interno/externo), propio de la metafísica protestante (el punto de vista del "geist"). En este contexto, frente a los intentos de una pedagogía experimental (Lay, Meumann), la teoría de la enseñanza tiene que basarse en una teoría de la formación humana (*Bildungstheorie*). Justo esta perspectiva, como acabamos de resaltar, es la que hace que pueda ser congruente/complementaria con la "teoría del currículum", que ha defendido igualmente la necesidad de legitimar la enseñanza (Gartz, 1993), acentuando al tiempo la planificación de la enseñanza. De hecho la "vuelta" a emplear el término "curriculum" no ha presentado especiales problemas en el contexto alemán. Ya en la primera mitad de los setenta W. Klafki propone que el currículum debe ser subsumido en el término más general de Didáctica. Se consideraba que la Didáctica y la teoría del currículum constituían ámbitos paralelos de la misma disciplina.

Englund (1997) ha hablado, en relación con **Suecia**, de un concepto *restringido de didáctica*, centrada en –dado un determinado contenido– los procesos de enseñanza y aprendizaje del alumno de dicho contenido, y basada en la psicología cognitiva. En su lugar, el *concepto ampliado de didáctica* se relaciona con la teoría del currículum, que se ha desarrollado en Suecia en las últimas décadas en tres fases sucesivas: sociología de la educación tradicional (eficiencia de la escuela), nueva sociología de la educación (control social, legitimación y reproducción social del conocimiento escolar), y la construcción del conocimiento escolar (como determinado histórica y socialmente). La Didáctica en Suecia se desarrolló pues en las últimas décadas en dos direcciones separadas: una basada en la psicología cognitiva, la otra en la teoría del currículum. Si bien la primera ha hecho relevantes contribuciones sobre el aprendizaje de los contenidos disciplinares, no lo han inscrito debidamente en un contexto curricular: "se necesita un cambio de una discurso didáctico puramente psicológico a otro que incorpore una dimensión suplementaria social e histórica" (Englund, 1997: 273). Por su parte la teoría curricular entra en Suecia de la mano de la nueva sociología de la educación (Bernstein o Bourdieu), que hacen Daniel Kallós y Ulf Lungren, a comienzos de los setenta.

De modo similar a España, e incluso más acentuado, **Italia** ha conservado toda la tradición didáctica, donde se ha generado un amplio conocimiento didáctico en diversas monografías y manuales. Existe una *Società Italiana di Ricerca Didattica* (SIRD), que agrupa a los principales profesores universitarios interesados en promover la investigación y reflexión de temas didácticos. En uno de los primeros momentos, A. Visalberghi (1978) proponía que "el concepto de currículo se debe recuperar también en nuestra literatura pedagógica y escolar, sobre todo porque permite ampliar enormemente el campo de intervención de la acción didáctica", abogando, no obstante, por no limitarse a importar conceptos, sin adaptarlos a la situación de cada país. Además, en Italia se ha logrado una conjunción del currículo, como punto de encuentro, entre el programa oficial y la programación de cada centro o docente, de la que se hizo eco –con caracteres propios– el profesor Zabalza (1987: 14 y ss.)

En los países europeos (Italia, España, nórdicos) la didáctica tuvo como objeto principalmente la metodología (*didáctics* o *pedagogy* en los países anglosajones se refieren al arte de enseñar, o las metodologías en los países mediterráneos), sin ser objetivo central el análisis de los contenidos. Por eso, tal como nos ha llegado el concepto se podría decir que, mientras que Didáctica se ha cifrado en el *cómo*, "currículo" se ha centrado en el *qué*. Ese *cómo metodológico,* bajo la poderosa influencia sistematizadora de J. F. Herbart (1776-1814), se convierte en dependiente de las teorías del aprendizaje. Principio fundamental de su concepción es el siguiente: "La pedagogía, como ciencia, depende de la filosofía práctica y de la psicología. Aquélla muestra el fin de la educación; ésta, el camino, los medios y los obstáculos" (Herbart, 1935: 9). En este sentido la influencia de Herbart, que ocupa en Königsberg la cátedra de Kant, va a ser decisiva.

Por su parte, en todos los **países iberoamericanos** ha sido donde, junto a la primera "entrada" del currículum anglosajón en el ámbito del español, más fuerte se conserva la tradición didáctica, y también donde mayor revitalización se está haciendo de la disciplina (particularmente en Argentina, Brasil y Méjico). Las propuestas para una nueva significación y reconceptualización de la Didáctica en nuestro tiempo son de sumo interés.

La tradición teórica en Didáctica en **España** es débil. Tras el exilio provocado por la guerra civil, hasta los años setenta, en que se genera toda la literatura sobre programación que, sin saberlo, ya era curricular; la Didáctica no alcanzó una teorización propia. Así, en el capítulo VIII que le dedicaba García Hoz, en su ordenación de los saberes pedagógicos (*Principios de pedagogía sistemática*), la Didáctica es caracterizada como una "ciencia parcial" dentro del proceso educativo cuyo espacio, como "ciencia técnica", no debe rebasar. La Didáctica debe limitarse a la enseñanza (aprendizaje e instrucción), y no aspirar a teorizar sobre la educación, objeto de la Pedagogía. Es, pues, una ciencia auxiliar de la Pedagogía, a la que concierne todo lo referido a los medios de enseñar, al cómo hacer; ámbito al que debe restringirse para no "pisar" campos ajenos. Esta reducción de la Didáctica a metodología (en sentido pedagógico, no epistemológico), estimo, ha sido la peor contribución que se ha podido hacer a la Didáctica, abocándola a una dimensión tecnológica, falta de discurso propio.

Un manual muy empleado en aquellos momentos (Nerici, 1973) aconsejaba que "es una disciplina orientada en mayor grado hacia la práctica, constituida por un conjunto de procedimientos y normas destinados a dirigir el aprendizaje" (pág. 57); o que en cualquier caso, argumentaba otro manual de gran influencia (Alves de Mattos, 1964), era relegado (vagamente) a la filosofía de la educación. Concentrándose en los medios se olvidó cuestionar o fundamentar críticamente los fines mismos. A medida que se discutan los fundamentos psicológicos de base así como la propia eficiencia, se habría conducido a un cierto callejón sin salida. Fue entonces, cuando el campo curricular afloró una amplia avenida, no descubierta.

En los años 1960-75, "empirismo" *versus* "espiritualismo" llegaron a ser dos orientaciones básicas de las ciencias de la educación, de modo parecido a la referida oposición que se había dado en Alemania entre la "Pedagogía empírico-analítica" y la Pedagogía como "ciencia humana". En un conjunto de especificaciones se argumentaba que la Didáctica no es ciencia y tecnología, "pero está en camino de serlo", creyendo que se puede construir una "ciencia de la enseñanza", que, con una complejización progresiva de modelos, pudiera integrar todas las variables. Es lo que, en una buena imagen, Philippe Meirieu ha simbolizado como el sueño de un gran ordenador donde pudiéramos introducir todas las variables (y los modelos complejizados con sucesivas flechas querían simbolizarlo), que nos permitieran obtener, en función de los objetivos previamente definidos, las acciones precisas e incontestables a realizar.

La llamada "pedagogía por objetivos", extendida al calor de la reforma educativa de 1970 y su fiebre programadora, fue nuestro primer modo de introducción de la teoría curricular, en una forma particular de entenderla. Si, por un lado, fue un primer intento de, oponiéndose al espiritualismo anterior, hacer de la Didáctica un conocimiento científico, también –a la larga– continuó privando a la Didáctica de explicitar una dimensión teórica fuerte, que había sido también una de sus señas de identidad desde Herbart. Ello posibilitó la crítica, fundada o no, que se hizo, con amplio eco, a la teoría curricular, en versión tyleriana (Gimeno, 1982).

Ello explicaría, comentaba extrañado José Fernández Huerta (1990), como si hubiera una "obsesión persecutoria", que en los *Diseños Curriculares Base* de 1989 la palabra "Didáctica" hubiera desaparecido, empleando –en alguna ocasión– los adjetivos ("didáctica/s" y "didáctico/s"). En cierta medida, como he analizado en otro escrito (Bolívar, 1998: 88), la salida curricular, o su fundamentación psicológica se la "había ganado" la propia Didáctica. Recluida a los problemas normativo-prácticos de un lado, y –por lo que me importa ahora– situando la psicología del aprendizaje como base fundamental de la acción docente (no es preciso recordar que la fundamentación piagetiana había sido realizada años antes por los propios didactas). Si, como comentaba Fernández Huerta, en el escrito citado, "su renuncia es su problema"; cabría volver la cuestión a que tal renuncia no era fortuita, era un camino ya preparado.

CAPÍTULO III

DELIMITACIÓN DISCIPLINAR DE LA DIDÁCTICA

La Didáctica comprende un amplio cuerpo de conocimientos, teorías y propuestas prácticas, acumuladas históricamente, sobre las diferentes dimensiones de los *procesos didácticos* (enseñanza-aprendizaje). Le ha importado especialmente investigar y determinar qué metodologías pueden contribuir a una mejora de dichos procesos, en modos que potencien, según el ámbito, la acción docente, alumnos y contenidos en que se desenvuelva. Su tarea es, pues, los procesos de formación, cuando estos son intencionados o planificados y socialmente organizados, con el objetivo de provocar el aprendizaje y desarrollo personal o profesional de los sujetos (De la Torre, 1993: 54).

En realidad, como se verá posteriormente, bajo "didáctica" agrupamos muchas cosas. Pero, por emplear en tono simulado un término kuhniano, la *"matriz disciplinar"* de la Didáctica está formada –como ya hemos narrado– por una tradición configurada históricamente, compuesta de un *corpus discursivo* sobre la práctica de la enseñanza; así como un conjunto de modos aceptados de producir legítimamente conocimiento sobre dicho campo. Este "código disciplinar" de la Didáctica, como otras disciplinas, puede ser analizado desde una perspectiva semántica, epistemológico-racional, y social-histórico. En un trabajo sobre el tema, M. Debauvais (1989: 407) señala que es preciso diferenciar estos niveles: "a) las cuestiones del vocabulario y de traducción de una lengua a otra; b) las cuestiones epistemológicas, que dependen de la filosofía de las ciencias; y c) las circunstancias societales e institucionales".

Schwab (1973), en un estudio clásico sobre la cuestión, entiende que los caracteres que definen una disciplina son: a) los *límites* del campo disciplinar, b) las formas de proveer evidencia así como la metodología legítima dentro del campo de investigación, que Schwab llama *sintaxis*; y c) la identificación de conceptos básicos que guían la investigación y dan lugar a generalizaciones de distintos tipos, que asocia con la *estructura sustantiva*. Así, la "estructura sustancial" o conceptual de un ámbito "determina qué preguntas nos plantearemos en nuestra indagación, las preguntas determinan qué datos deseamos hallar, nuestros deseos a este respecto determinan qué experimentos llevaremos a cabo" (pág. 5). Por su parte, la estructura sintáctica determina las partes que comprender, y especialmente el papel o función que cumple cada parte, y cómo se relacionan unas con otras.

Un campo disciplinar, como hemos descrito al principio, es el resultado de tensiones y dinámicas que, al tiempo que constituyen la condición de existencia del campo, condicionan también la evolución concreta que haya tenido. Así, las tensiones de ajuste entre las necesidades socio-profesionales y las político-administrativas con su reconocimiento como disciplina científica; la tensión entre voluntad de emancipación de las disciplinas de referencia y el postulado de una pluridisciplinariedad constitutiva. Como bien ha visto Pierre Bourdieu (1995), el campo de las ciencias sociales se encuentra en una situación paradójica para constituirse científicamente. Si, por un lado, pretende que se le reconozca el monopolio del discurso legítimo y una representación científica de dicho ámbito, en concurrencia con otros científicos sociales; por otro, debe enfrentarse a otros agentes sociales externos (escritores, políticos, periodistas, sociedad en general) o internos (docentes, administradores, alumnos), que tratan de imponer su visión del mundo educativo. *"Ésta es una de las razones que hacen que no puedan obtener tan fácilmente como otros campos el reconocimiento del monopolio del discurso legítimo sobre su objeto, que reivindican por definición pretendiendo una cientificidad"*, dice Bourdieu (1995: 4).

Es imposible comprender los problemas disciplinares, sin referencia al encuadre institucional del trabajo científico y a la utilización profesional de los conocimientos. Por tanto, los conflictos en ciencias sociales no sólo son de naturaleza propiamente científica, también provienen del ámbito político-social, que quiere imponer una determinada concepción/visión del campo, en nuestro caso, educativo. La ciencia tiene unos *usos sociales*, por lo que los campos científicos, argumenta Bourdieu (1997), son el lugar de enfrentamiento de dos formas de poder: el "capital científico", entendido como el lugar que ocupa en las instituciones científicas, y el "capital específico", que reposa sobre el reconocimiento de sus colegas. La innovación científica, entonces, no sucede sino en contestación con los presupuestos vigentes, siendo los investigadores innovadores los más combatidos por la propia institución.

No hay campos disciplinares fijos o constituidos de una vez por todas. De hecho, están en constante reformulación y reequilibrio. Son también factores históricos e institucionales, como defendió Toulmin, los que determinan la constitución de campos disciplinares. En una analogía evolutiva, Toulmin (1977) explica los cambios disciplinares como una variación y selección, de acuerdo con unas condiciones ecológicas:

> *"Si las disciplinas intelectuales comprenden poblaciones en desarrollo histórico de conceptos, como las especies orgánicas comprenden organismos, podemos entonces considerar cómo la interacción de factores de innovación y de selección mantiene su unidad y su continuidad característica. Así como las poblaciones orgánicas forman distintas especies, y no agregados sin estructurar, porque los 'niños ecológicos' disponibles imponen unidad y continuidad suficientes a la población a pesar de la continua diversificación de organismos individuales, así también el equilibrio entre la innovación intelectual y la selección crítica divide todo nuestro repertorio de conceptos en 'conjuntos' reconocibles representativos de distintas disciplinas, a pesar de la continua aparición de novedades intelectuales dentro de cualquier conjunto particular"* (pág. 151).

1. UNA PERSPECTIVA SEMÁNTICA

La Didáctica es hoy, dentro de la Pedagogía (si obviamos decir "Ciencias de la Educación"), un área de estudio, investigación, generación de conocimiento y práctica. Tiene como objeto de estudio la *enseñanza*, tanto en su realidad práctica como social. Si se ha mantenido la ambivalencia de centrarse como objeto en los procesos de enseñanza-aprendizaje, dada la pérdida de autonomía que ha tenido –al ser dependiente de las diversas y cambiantes teorías psicológicas del aprendizaje–, diversos didactas (el italiano Laneve, las argentinas Alicia Camilloni o Edith Litwin, o el mejicano Díaz Barriga) reivindican como foco teórico de la didáctica *la enseñanza, no el aprendizaje*, sobre el que el investigador y los prácticos han de poner la atención. El aprendizaje es objeto de otros sectores científicos, mientras la enseñanza (con todos los factores y contextos implicados) es objeto de la Didáctica. En lugar de entender la enseñanza en función del aprendizaje, como hipótesis teórica, cabe darle la vuelta y proponer el aprendizaje como una función de la enseñanza. La enseñanza no es, entonces, un apéndice del aprendizaje *(Psicología)*.

Hay significados de enseñanza (como logro, éxito, o intencionalidad) que suponen (o llevan implícito) la idea del aprendizaje, aunque también –como describe María Pla (1993: 86-90)– hay otros (relación entre personas o conocimiento compartido, también como comportamiento normativo) que no suponen el aprendizaje. Esto debiera conducir a contemplar a la vez los dos ejes del acto didáctico: desde el que enseña y desde el que aprende, señala.

Si durante mucho tiempo hemos proclamado (y continuamos) que el objeto de la Didáctica son "los procesos de enseñanza-aprendizaje", visto lo que ha sucedido en estas décadas (que la enseñanza se ha convertido en dependiente de las teorías del aprendizaje), este principio es hoy "un obstáculo para la comprensión, la explicación y la formulación de la normativa didáctica" (Camilloni *et al.*, 1996: 27). Por ello, se propone que si queremos constituir a la Didáctica como disciplina científica habría que comenzar afirmando que es más *una teoría de la enseñanza*, que del aprendizaje. Su objeto primario deberá asentarse en un discurso sobre la acción pedagógica, más específicamente la práctica docente con el compromiso de su mejora.

Esto le lleva a afirmar, en un buen ensayo, a Edith Litwin (1996: 94), que la Didáctica es una "teoría acerca de las prácticas de la enseñanza significadas en los contextos socio-históricos en que se inscriben". Las *prácticas de enseñanza* o, más ampliamente, los *procesos didácticos*, en lugar del lema clásico de "procesos de enseñanza-aprendizaje", se constituyen en el objeto base de la teorización didáctica. Diversos didactas, una vez se han dado cuenta de la situación, defienden una posición similar a la nuestra. Así, Fernando Marhuenda (2000: 22) declara que la Didáctica "se ocupa preferentemente de la enseñanza, no del aprendizaje".

Desde el contexto americano, que no es el europeo, la enseñanza se identifica con el aprendizaje, puesto que el objetivo (o resultado) de la primera es el segundo. Como dicen Joyce y Weil, con Calhoum, en la última edición de su conocido e influyente texto (2002), "los modelos de enseñanza son, en rigor, modelos de aprendizaje. [...] El núcleo del proceso de enseñanza consiste en el diseño de los ambientes donde los alumnos pueden interactuar y estudiar de qué manera aprender. Un modelo de enseñanza no es sino una descripción de un ambiente de aprendizaje" (pp. 29 y 36).

Ampliando la mirada, desde Comenio y, sobre todo, Herbart, la didáctica se apoya en una concepción tripartita (contenido, aprendiz y docente). Me parece que, en una buena formulación, Salvador Mata (1999: 21) recoge estas dimensiones al determinar que "la Didáctica tiene como tarea analizar, comprender, explicar y optimizar el proceso didáctico, concebido como un proceso de mediación entre la cultura y la sociedad, de una parte, y los sujetos individuales, de otra".

La Didáctica se ocupa, pues, de la comunicación estratégica de saberes y fundamenta las intervenciones docentes en las prácticas de enseñanza. Un *sistema didáctico* se compone de, por lo menos, tres susbsistemas: a) Sujetos que *aprenden*, b) Sujetos que *enseñan*, y c) *Contenidos* que son enseñados y aprendidos. Jean Houssaye (1993) ha desarrollado, en diferentes escritos, con un amplio eco, la propuesta del *triángulo pedagógico*. Así, señala

> "*la situación pedagógica puede ser definida como un triángulo compuesto de tres elementos: el saber, el profesor y los alumnos, tomados en un sentido genérico. El saber designa los contenidos, las disciplinas, los programas, las adquisiciones, etc. Los alumnos nos remiten a los educandos, formados, enseñados, aprendices, etc. El profesor es también el instructor, el formador, el educador, el iniciador, el acompañante, etc. Constituir una pedagogía, hacer acto pedagógico, es elegir, entre el saber, el profesor y los*

alumnos, de tal modo que una pedagogía es la articulación de la relación privilegiada entre los tres polos" (p. 15).

Estos tres ejes (epistemológico, referido al objeto de conocimiento; psicológico, referido al sujeto de aprendizaje y docente) delimitarían el *espacio didáctico*. No obstante, el célebre (en el ámbito francés) "triángulo didáctico" es limitado en su concepción, pues –aparte de connotar una concepción muy tradicional de la enseñanza (asimilación del saber codificado)–, habría graves problemas para incluir dentro de él, por ejemplo, una perspectiva constructivista del aprendizaje. Entre nosotros, Adalberto Ferrández (1981) propuso un modelo tedraédrico, en el que se añadía, justamente, el método; si bien puede estar ya implícito –como reconocía– en la relación didáctica que se establece entre los componentes. Pero, como reconocía (Ferrández y Sarramona, 1987: II), en una cierta crítica aplicable al modelo francés anterior, "en los modelos triangulares el aspecto 'contenido cultural' es preponderante respecto al contenido inalienable del objeto formal de la didáctica: 'los métodos o estrategias didácticas'". Desde el contexto alemán, Klafki (1976) ha defendido, en una tesis que comparto, la *primacía de la Didáctica en relación con los métodos*, pues "sobre los métodos sólo se puede discutir y decidir cuando, en el sentido estricto del concepto, se han tomado decisiones didácticas previas, es decir, decisiones sobre objetivos y contenidos".

En cualquier caso, el componente docente desempeña un papel clave, pues "al tener el acto didáctico una estructura relacional, cualquier actuación del profesor repercute en todos los elementos de la estructura" (Salvador Mata, 1994: 71). Entre el proyecto diseñado y las prácticas docentes media, como agente modulador y reconstructor, el profesor con su "conocimiento práctico" y constructos personales, que explicará por qué construye los procesos didácticos de una determinada manera. *El profesorado, como agente curricular* y no como ejecutor mecánico, trasladará éste a la práctica no sólo mediatizado por el contexto escolar, sino por su manera propia y personal de entender la innovación propuesta. Esta *función mediadora*, de filtraje y redefinición significativa del saber cultural inerte propuesto, conformada por modos de actuar, estructuras de pensamiento, creencias o "ideologías", va a determinar, junto a otros factores contextuales, en último extremo, el acto didáctico. Como bien describen, desde la perspectiva francesa, Beillerot *et al.* (1998):

> *"Sea el caso que fuere, el profesor pronuncia palabras, exhibe su cuerpo, hace mímica y gestos, se mueve y es mirado mientras habla y está en movimiento. Se expresa en su ser. Además no es una persona cualquiera la que entra a clase: ha sido habilitado para ser el representante de la comunidad de científicos y la institución didáctica lo insta para que se esfuerce por ser el garante del saber que debe ser enseñado. Consecuentemente, está obligado a hacer público un cierto tipo de relación con el saber".*

Por su parte, ya lo hemos reflejado históricamente, el componente metodológico ha configurado internamente la Didáctica. Como comenta De la Torre (1993), "la didáctica se ha caracterizado, desde sus orígenes, por ocuparse preferentemente del *cómo* de la enseñanza y el aprendizaje. El cómo inicia los interrogantes que con mayor frecuencia inquietan a los profesores y en general a cualquier profesional [...]. En el fondo estamos ante un problema de *organización de la acción*; esto es, de seleccionar, ordenar y dirigir las diferentes acciones que llevan a cabo profesores y alumnos. Ello comporta un encadenamiento secuencial del pensamiento, una previsión de la acción".

Desde otra perspectiva, que reivindicamos, se subraya que la Didáctica no queda limitada sólo al plano metodológico, también forma parte de sus preocupaciones los principios teóricos que son necesarios para resolver los problemas referidos al contenido, métodos y organización de las situaciones pedagógicas. La didáctica consiste en establecer los principios y su aplicación de los principios que deben guiar la enseñanza y aprendizaje en el aula. Peter Kansanen (1998: 15) desde la didáctica alemana la define como "un modelo o un sistema sobre cómo abordar el proceso de enseñanza-aprendizaje, y una clase de metateoría en el que se pueden comparar diversos modelos".

1.1. Conceptualización de la Didáctica

"La meta de la actividad docente de todo maestro tiene que ser transmitir el contenido de su enseñanza en un sentido curricular y didácticamente fundamentado. Pero eso únicamente puede conseguirlo, en definitiva, si evita convertir los fines de su docencia en los fines del aprendizaje de sus alumnos, de forma que no descargue la responsabilidad del éxito o fracaso de la enseñanza sobre los destinatarios de la misma. Tanto ahora como antes, un buen maestro se caracteriza porque no deriva sin más los fines del aprendizaje de los fines de la docencia, sino que concibe estos de un modo que puedan convertirse en objetivos de los procesos de aprendizaje" (Benner, 1998: 209).

Creo que el texto de Dietrich Benner que, por otra parte, pretende apoyarlo en el propio Herbart, sitúa bien lo que queremos discutir en este apartado. La Didáctica tiene como objeto de estudio la *enseñanza*, tanto en su realidad práctica como social. Es común defender el carácter científico de la Didáctica, con algún marcador semántico (práctica, tecnología, técnica, teoría, metodología, etc.), y los contenidos sobre los que versa: enseñanza-aprendizaje, procesos de enseñanza-aprendizaje, formación o instrucción. Consciente de las limitaciones internas señaladas, voy –brevemente– a hacer un cierto repaso –tan aleatorio como las que tengo a mano– de las concepciones de la Didáctica predominantes.

En el contexto del área nórdica, a mitad de camino entre la influencia germana y anglosajona, Gundem (1992: 62) recogía como significados de "Didáctica" los siguientes, que estimo representan un cierto marco comprehensivo:

"(i) Como teoría y como prescripción (y consecuentemente como reflexión y acción), subrayando las diferentes teorías de la didáctica con diferentes intereses y puntos de vista, así como campos y funciones;
(ii) Con diferentes niveles de abstracción, por ejemplo, 'didáctica general', 'didáctica especial' y 'didácticas de las materias escolares';
(iii) Como una disciplina científica, como un área de investigación, y como materia de enseñanza, que es el aspecto institucionalizado".

Añadiendo (p. 63) que "es importante resaltar que las teorías didácticas están legitimadas por un contexto social y científico así como por sus relaciones con las teorías del aprendizaje y de la instrucción".

En nuestro contexto, en su reflexión, publicada póstumamente (sirva de homenaje a su memoria), Adalberto Ferrández (2002a) delimitaba como notas definitorias de la enseñanza, objeto de la didáctica, la intencionalidad y el sistematismo, por lo que "es necesario eliminar del ámbito didáctico todo tipo de enseñanza que carezca de estas notas definitorias. A primera vista parece ser que solamente la escuela o la institución educativa es propietaria de la enseñanza; sin embargo también lo extraescolar, en su amplio campo de posibilidades, tiene capacidad de realizar una enseñanza intencional y sistemática" (pág. 14).

Por su parte, Joan Mallart (2001: 30), después de revisar otras formulaciones, se decide por que la Didáctica *"es la ciencia de la educación que estudia e interviene en el proceso de enseñanza-aprendizaje con el fin de conseguir la formación intelectual del educando"*. Titone (1966) prefería centrar el objeto en una teoría de la "didaxis", es decir de la docencia (pág. 22), cuyo momento clave de la "relación didáctica" entre enseñar y aprender sería el "acto didáctico", en que confluyen ambos polos. En cualquier caso, el objeto de la didáctica iría más allá del acto didáctico en el aula, aun cuando éste sea un *locus* esencial. En nuestro Diccionario de Didáctica, nosotros (Bolívar, Rodríguez Diéguez y Salvador Mata, 2004) hemos delimitado el objeto de la Didáctica como disciplina, constituida por un *corpus* de conocimientos (es decir, conjunto de conceptos y procesos, organizados y sistematizados), delimitables históricamente.

Si queremos comprender, sin comprometernos con una determinada perspectiva, lo mejor sería adoptar una descripción amplia, como la que formula Daniel Feldman (1999): "la didáctica es una disciplina volcada de diferentes maneras hacia el campo práctico de la enseñanza (o distintas dimensiones dentro de él), que produce una gama variable de conocimientos y que abarca principios teóricos, modelos comprensivos, reglas prácticas, métodos y estrategias articuladas de distinta índole" (pág. 25). Tal y como está establecida actualmente, más que dirigida a cómo enseñar, su tarea es ayudar a que otros muchos enseñen. De hecho la mayoría de manuales sobre "Didáctica" o "Didáctica de...", están situados en formación inicial del profesorado para ayudarles a enseñar algo. Como tal, dice Feldman (1999), la Didáctica, como actividad especializada, "cumple sus tareas con relación a la enseñanza –y, por lo tanto, los que enseñan– y no directamente con relación al aprendizaje –y, desde luego, los alumnos– que es el propósito último de la enseñanza" (pág. 132).

La especificidad de toda Didáctica –como resaltan en un buen libro Claude Raisky y Michael Caillot (1996)– reside en su proyecto de *definir las condiciones óptimas de transformación de las relaciones que el aprendiz mantiene con el saber*. Entre estas condiciones, muy estudiadas en la aportación francesa, están la transposición didáctica, el contrato didáctico y la mediación didáctica. Pero esta relación óptima, como discutiremos después, no supone que el objeto primario sea el aprendizaje. Aparte de que no toda buena enseñanza puede, como efecto, conseguir el aprendizaje, pues no existe tal relación causal; poner el objeto en el aprendizaje, hoy lo sabemos, significaría trasladar el campo a la psicología del aprendizaje, convirtiendo –a su vez– a los docentes en aplicadores de las prescripciones psicológicas. Por eso, desde nuestra visión actual, creemos desafortunadas las formulaciones que subordinan el objeto de la Didáctica al aprendizaje.

1.2. Enseñanza-Aprendizaje: ¿relación causal?

> *"La enseñanza es la actividad que dirige el aprendizaje. Para enseñar bien, necesitamos, como profesores, tener primero una noción clara y exacta de lo que es realmente 'aprender' y 'enseñar', pues existe una relación directa y necesaria, no sólo teórica, sino práctica, entre esos dos conceptos básicos de la didáctica. Siendo, como es, la enseñanza una actividad directora, variará según la idea que nos hagamos de lo que es realmente el aprendizaje que pretendemos dirigir"* (Alves de Mattos, 1963).

Vamos a discutir la relación "directa y necesaria, no sólo teórica, sino práctica", que Alves de Mattos establecía entre enseñanza y aprendizaje, como causa de un profundo error, que ha conducido a la Didáctica a caminos sin salida. Una de las notas distintivas del objeto de la Didáctica es centrarse en los procesos de enseñanza-aprendizaje, en espacios temporales y organizativos institucionalizados con una intencionalidad. Hay muy diversas concepciones de la enseñanza, dependientes de concepciones del aprendizaje unas, de tradiciones históricas otras, y –sobre todo– de asunciones ideológicas de lo que deba ser el papel de la educación en la sociedad.

Se ha mantenido tradicionalmente que el binomio enseñanza/aprendizaje guarda una relación de causalidad, debido a que la enseñanza es una actividad intencional, diseñada para dar lugar al aprendizaje de los alumnos. Así por ejemplo, el conocido filósofo de la educación inglés P. Hirst (1977: 304-5) afirma: *"No existe nada a lo que podamos llamar enseñanza, sin la intención de dar lugar a un aprendizaje. Por consiguiente, no podemos caracterizar a la enseñanza independientemente de la caracterización del aprendizaje. Así pues, hasta que no sepamos qué es el aprendizaje, no sabremos qué es enseñar. Uno de estos conceptos es totalmente dependiente del otro"*. El aprendizaje sería el producto del proceso de la enseñanza. En un sentido similar Fernández Huerta (1973: 20) sostenía: "La Didáctica tiene por objeto las decisiones normativas que llevan al aprendizaje gracias a la ayuda de los métodos de enseñanza. Por ello *la enseñanza será didáctica sólo cuando los sujetos logran aprender los objetivos propuestos*". Esta formulación es, creemos, completamente desafortunada: además de subordinarla al aprendizaje, quedaría a merced de criterios externos a la cualidad interna del proceso didáctico.

Como escribía Oscar Sáez (1994), la posición de Fernández Huerta, seguida durante años por todos los pedagogos españoles, de que el objeto de la Didáctica no podía ser la enseñanza, ya que ésta denotaba una acción externa al sujeto que podría no afectarle realmente en su aprendizaje y que el ciclo didáctico requiere del aprendizaje, debe ser corregida: *"el aprendizaje debería ser invitado, de honor, pero invitado"* sólo (pág. 20).

Renzo Titone (1966) mantenía –por un lado– en los primeros párrafos de su libro que "enseñar y aprender son dos términos esencialmente correlativos [...], en efecto, no hay auténtico enseñar que no dé por resultado, como efecto propio, un aprender, y no hay pleno y humano aprender sin un enseñar precedente en sentido estricto, o al menos lato". Pero, por otro, en los finos y sutiles análisis que realiza, reivindicando el sentido originario/etimológico de "instruir (construir dentro)", diferencia entre educación (fin general o trascendente), instrucción y enseñanza. Esto le lleva a no confundir instrucción y enseñanza. Si la enseñanza es –también originariamente– mostrar algo a alguien, no siempre provoca un aprendizaje, mientras que instruir es "enseñar con efecto" (pág. 30). De ahí que, en una excelente formulación, el problema didáctico sea: Dado que cabe la posibilidad de una enseñanza instructiva, ¿cuáles son las condiciones que hacen eficaz la enseñanza?, pensando que la respuesta no sería –en cualquier caso– una "preceptiva detallada, que hipotecaría el acto didáctico individual".

Pues bien, creemos, que esta formulación salvaría las conocidas críticas de Fenstermacher (1986) que vamos a reseñar a continuación. Como es sabido, declara (pág. 153) que la relación ontológica (mejor sería llamarla semántica, pues –como sabemos por la filosofía analítica– ontología y semántica van unidas) entre enseñanza-aprendizaje no autoriza a aducir una relación de nexo causal entre el primero y el segundo: *"Es fácil confundir relaciones ontológicamente dependientes con relaciones causales. Debido a que el concepto de enseñanza depende de un concepto de aprendizaje, y debido a que con tanta frecuencia el aprendizaje se produce después de la enseñanza, podemos fácilmente tender a pensar que una cosa es causa de la otra".*

Si hay una fuerte conexión semántico-ontológica entre enseñar y aprender, de tal modo que ambos conceptos en el lenguaje ordinario se dan juntos, dicha relación no podemos confundirla con una conexión causal. Si no existiera aprendizaje no habría concepto de enseñanza, aunque la relación de dependencia no actúa en sentido inverso. Si el aprendizaje sucede normalmente después de la enseñanza, y debido a que se pueden obtener (modelo proceso-producto) relaciones empíricas, entonces, *"la dependencia ontológica lleva al investigador* –continúa explicando Fenstermacher (1986: 154)– *a deducir la causalidad a partir de las correlaciones observadas, cuando sin duda es posible explicar estas correlaciones de otro modo. Las correlaciones empíricas pueden, de hecho, explicarse de otras maneras que no sea planteándolas como precursoras de conexiones causales directas y rígidas".*

En términos de Renzo Titone, no toda enseñanza provoca como efecto el aprendizaje, pero hay ocasiones en que lo logra (instrucción). Por lo que concluye (pág. 29), en una formulación que aceptaría Fenstermacher, que "si la enseñanza es esencialmente esto (mostrar algo a alguien), de ello se deriva una conexión *no necesaria* entre la acción de enseñar y el efecto de aprender (de lo cual resulta la instrucción)". En suma, como dice Feldman (1999), la enseñanza no se define por el éxito del intento, sino por el tipo de actividad en que han estado implicados profesor y alumnos. El asunto es proporcionar buenas experiencias de aprendizaje, no tanto buenos resultados, donde entran otras dimensiones y factores, no dependientes de la actividad de la enseñanza.

Por una concepción de la enseñanza en términos de "transmisión", se ha entendido que ésta consiste esencialmente en el paso de un conocimiento desde un "contenedor" (profesor/libro) a otro (alumno). La tarea de la enseñanza se nos convierte en producir un aprendizaje que puede ser medido en resultados, cuando la tarea central de la enseñanza es permitir al estudiante realizar tareas y proporcionar ambientes especialmente diseñados para poder provocar el aprendizaje. Por eso es mejor hablar de procesos didácticos, como el conjunto de acciones, con distinto grado de formalización e intencionalidad, que tienen lugar en contextos escolarizados y que están diseñadas para provocar el aprendizaje.

La enseñanza interviene en el aprendizaje creando un contexto que lo posibilite, pero el aprendizaje no hay que buscarlo en la enseñanza, sino en la actividad del propio alumno, en lo que es capaz de hacer o de procesar. No es pues, primariamente, una variable dependiente de la enseñanza, como variable independiente; por lo que no deriva causalmente de ella. Abandonada la idea de relación causal, el aprendizaje dependerá de otras muchas variables, y –en primer lugar– de la actividad de otro, distinto del que enseña.

Esta enseñanza no se debe entender, menos actualmente y de cara al futuro próximo, como algo exclusivamente escolarizado; en una sociedad del conocimiento y del *aprendizaje permanente*, la Didáctica ha de abrirse aún más a otros contextos didácticos. Como señala el Memorandum sobre el tema de la Comisión de las Comunidades Europeas (2000): "El aprendizaje permanente ya no es sólo un aspecto de la educación y la formación; tiene que convertirse en el principio director para la oferta de servicios y la participación a través del conjunto indivisible de contextos didácticos [...], por lo que se han de desarrollar métodos y contextos eficaces de enseñanza y aprendizaje para el aprendizaje continuo a lo largo y ancho de la vida".

2. DELIMITACIÓN DE TRADICIONES DISCIPLINARES: DIDÁCTICA Y CURRÍCULUM

> *"No existe una definición del currículum que pueda perdurar para siempre (...) y es insensato buscarla. Cada definición sirve a los intereses de la persona o grupo que la propone. (...) Por ello, es siempre apropiado hablar de cuáles serían las consecuencias de adoptar una u otra definición"* (Jackson, 1992).

Jackson (1992) –acertadamente– señala que es infructuoso intentar una definición de *curriculum*, so pena de caer en una *redefinición* (destacar/reemplazar algún estándar que se considera superior a otro), por lo es más fructífero adoptar la estrategia de intentar describir históricamente los principales hitos en los cambios semánticos del término; especialmente por qué nos resulta restringida la definición tradicional del XVII como "curso de estudios" o "programas", que se impone –como ha demostrado Hamilton (1991)– como forma de control en las Universidades europeas. Tras una revisión de algunos de los problemas de dar una nueva redefinición de curriculum, Jackson se plantea si en el fondo la cuestión puede ser sólo retórica.

El término *currículum* es de uso reciente en castellano, lo que no significa que no se hayan dado las prácticas o fenómenos curriculares. Las prácticas educativas, que hoy calificamos de "curriculares", han sido pensadas antes desde la Didáctica. Todavía el Diccionario de la RAE (22ª edic.), además de "currículum vitae", lo define como: a) Plan de estudios, y b) Conjunto de estudios y prácticas destinadas a que el alumno desarrolle plenamente sus posibilidades. Han sido las editoriales sudamericanas las que, en los años sesenta, van introduciendo el concepto. En la Reforma educativa de 1970, donde se produce una primera influencia de planteamientos anglosajones acerca de la enseñanza, fue asimilado –en general– al currículum-como-plan, y entendido como "programación". A partir de 1983, coincidiendo con las primeras propuestas de la Reforma actual, se va generalizando, para acabar –a partir de 1989– con la imposición de una determinada "ortodoxia curricular", es decir, un modo particular y único de entender el diseño y desarrollo curricular, con su propia "jerga" (Rodríguez Diéguez, 2001).

En realidad, cuando García Hoz (*La educación personalizada*, 1970), frente a "cuestionario", titulaba el comienzo del cap. V "Un nuevo concepto de programa", estaba hablando del nuevo concepto de currículum. Otro asunto es que fuera una concepción determinada de currículum, excluyendo otras. De hecho a lo largo del referido libro, de amplia repercusión en dicha década, emplea numerosos textos anglosajones sobre currículum. Dando prioridad a su vertiente planificadora, entiende programa como *"una síntesis anticipada de los elementos que intervienen en la actividad escolar"* (pág. 112). Más específicamente, dos años antes Arturo de la Orden, en un publicación del CEDODEP (De la Orden, 1968), definía el programa como *"conjunto organizado de todas las actividades y experiencias que los alumnos hayan de realizar bajo la jurisdicción de la escuela"*; definición que –como subraya Francisco Beltrán (1993)– coincide con precisión con la propuesta por Johnson (1968) el mismo año. En nuestro caso, por tanto, "programa" tenía el mismo significado que "currículum" anglosajón, como –por lo demás– ha subrayado, entre otros, Rodríguez Diéguez (1985), como el plan conjunto de actividades previstas para ser desarrolladas en el aula.

En términos anglosajones, la enseñanza es asimilada a "instrucción", como lo muestra hasta la Declaración de Derechos Humanos, formulada en inglés, en el artículo (núm. 26) referido a la educación: "La instrucción elemental será obligatoria". Esta dualidad entre Currículum y Didáctica viene a expresarse en la estadounidense curriculum y *teaching* o curriculum e *instruction*. De hecho, muchos Departamentos Universitarios correspondientes a nuestra área suelen denominarse "Curriculum and Instruction".

Teniendo en cuenta estos diversos componentes semánticos y tradiciones, María Pla (1993. 10) formulaba el siguiente mapa y relaciones entre ellos: "La Didáctica es una disciplina posible que preside el campo semántico en el que se incardinan currículum e instrucción que se desarrollan e implementan en los procesos de enseñanza-aprendizaje en el aula, en el acto interactivo entre maestro y alumno que se explicita en tareas".

2.1. Didáctica y Currículum: distinción y relaciones

"¿Puede la Didáctica centrada en la 'Bildung' ser integrada en nuestro sistema de formación del profesorado, de forma que provea un cambio hacia una exploración de los conceptos didácticos profundamente asentados en currículum? ¿Puede ser utilizada, no sólo para avanzar en la Bildung de

los alumnos y profesores, sino también para promover una redefinición del concepto mismo de currículum? Si la respuesta a estas cuestiones es 'sí', la tradición de la Didáctica de Europa central y nórdica puede ofrecer un enfoque nuevo y coherente a la formación del profesorado, considerando los problemas del currículum dentro del trabajo en el aula" (Vásquez-Levy, 2002: 128).

El comentario que realiza Dorothy Vásquez-Levy, con motivo de la introducción de la Didáctica germánica en el ámbito anglosajón (Westbury, Hopmann y Riquarts, 2000; Menck, 2000), muestra en qué grado ("considerar los problemas del currículum dentro del trabajo en el aula") puede contribuir la Didáctica europea a redimensionar el ámbito curricular. La argumentación que desarrollamos quiere mostrar: si esto se plantea ya en el ámbito anglosajón, con mayor razón en el ámbito español nos encontramos con que, a la inversa (partíamos de la tradición didáctica y hemos recibido la curricular), debemos reinscribir el currículum en la didáctica.

La distinción o no que se pueda hacer entre currículum y enseñanza es dependiente del marco teórico curricular en que nos situemos. Así, si se concibe el currículum como un plan, distinto de su ejecución (currículum-en-uso), la enseñanza queda cifrada en el momento de su ejecución, puesta en práctica o desarrollo. En ese sentido, como dice Eisner (1979: 163), la enseñanza representa *"la transformación del currículum en la escuela"*. Es una formulación más adecuada de la que formulara Zaïs en su conocida obra (1976) de que el currículum se implementa por medio de la instrucción. La distinción, en cualquier caso, no puede ser radical ya que lo planificado depende de la posible puesta en práctica y viceversa. Además, si se partiera de una concepción práctico-deliberativa del currículum, donde la propia planificación/diseño se fuera reformulando y construyendo en su desarrollo interactivo, la distinción se esfumaría.

Por razones que aparecerán posteriormente en otros capítulos, no parece conveniente distinguir –de modo tajante– entre diseño y desarrollo del currículum, entre teoría y práctica, marcada –en último extremo– por áreas de responsabilidad y agentes distintos. Lo mejor es entender que el currículum es un sistema que abarca toda la realidad educativa, y que a *una de las fases*, sin duda la más relevante, *se le llama enseñanza*, que es tratada específicamente por las teorías didácticas. Si se diferencia la dimensión didáctica de la curricular se debe, entre otros, a la *función mediadora del profesor* entre el currículum y su vivencia por los alumnos. De hecho, un mismo currículum formal es enseñado de modo distinto por diferentes profesores, haciendo cada uno su propia "transformación didáctica", que afectará al modo como los alumnos viven o experiencian el currículum.

Es verdad que, desde una perspectiva técnica, se ha solido considerar que una cosa es decidir los fines y metas de la escuela, y otra los medios y procedimientos de llevarlos a cabo. El currículum se entiende –entonces– como un plan de acción que guía la enseñanza, prescribiendo, de modo anticipado, los resultados. Pero sería mejor plantear la cuestión así: A nivel institucional el currículum expresa una concepción global o un modelo de lo que la escuela debe ser con respecto a la sociedad, y cómo el contenido es seleccionado y definido al servicio de esta expresión. Similarmente, entre el nivel de la institución y el aula, el currículum escrito (en la forma de libros de texto, guías y otros) implica una primera *transformación del contenido* con la intención de convertirlo en utilizable para profesores y alumnos. Finalmente la enseñanza transforma el contenido para hacerlo accesible a los alumnos. Estas transformaciones del currículum tienen lugar durante el proceso de enseñanza.

Por tanto, dice Doyle (1992), el punto de encuentro entre currículum y didáctica se realiza a *nivel de aula*. Su estudio puede comenzar con las teorías del contenido que subyacen en las decisiones didácticas y curriculares que toman los profesores. La integración de Didáctica y Currículum se produce en una concepción del *currículum como un proceso*. Este proceso no sólo implica transformaciones, sino sucesivas interpretaciones y construcciones del "texto" curricular (entendido en sentido amplio). El Currículum y la Didáctica se funden –dice Doyle (1992)– en los eventos que alumnos y profesores construyen en los contextos escolares. Si en lugar de tomar el currículum como un documento para controlar y dirigir la práctica, se entiende como el conjunto de experiencias construidas y vividas en el aula, la conexión e integración con la Didáctica es clara. Diferenciar entre currículum y enseñanza puede tener sentido para tratar específicamente los problemas planteados a cada nivel, pero una comprensión global de la realidad escolar exige su integración.

2.2. Integrar en un marco común el cómo metodológico y el qué (contenidos)

Si bien el campo de la *Teoría del currículum* ha sido preferentemente los análisis de cómo el *conocimiento* es seleccionado y organizado, y cómo dicha selección y organización no es neutra, favoreciendo a unos grupos sociales frente a otros; el de la *Didáctica* se ha centrado más en el área *metodológica*: procesos instructivos de enseñanza/aprendizaje en el aula. En lugar de subordinar una a otro o viceversa, o de aceptar –como situación transitoria– una "coexistencia", se debe defender una *complementariedad*. En nuestra situación actual, pues, contamos con *dos tradiciones y un solo ámbito o campo*, aún cuando sea necesario reconocer también que cada una tiene un modo de ver e investigar la educación, con sus propias virtualidades, que no puede ser desdeñado; por lo que la complementariedad puede favorecer potenciarse mutuamente. Es evidente que "la cultura del currículum aporta a la Didáctica un trabajo más intenso sobre el estudio de la transmisión de los contenidos, un acercamiento a otros ámbitos culturales y pedagógicos, una ampliación del objeto de estudio y nuevos temas de investigación" (Zufiaurre y Gabari, 2000: 103).

Si una ciencia no se define sólo por su objeto, que no suele ser exclusivo, sino por los problemas que estudia y ayuda a resolver, el ámbito de los problemas de Didáctica y los del Currículum no han sido los mismos, por lo que no es fácil la identificación de campos. Cada una tiene, pues, su propia tradición, que ha dado lugar a formas de investigación, intereses y lenguajes diferenciales. Es verdad que todo esto se ha debido al tratamiento del método en el campo de la Didáctica. En sus primeras formulaciones el método es una propuesta de carácter teórico, con un carácter de proyecto educativo. Luego, por influencia del discurso tecnocrático de los sesenta, quedó reducido a la visión instrumentalista de estrategias metodológicas, provocando la separación del contenido y los fines que, también, inicialmente estaban incluidas en el método. Como bien recoge Litwin (1997: 61), el discurso tecnocrático "separó el análisis de las estrategias metodológicas del estudio del método y, por tanto, lo vació de todas las significaciones, tanto en relación con el contenido como con los fines que estaban explicitados en los primeros estudios acerca del método". Dado, pues, que la Didáctica no se limita a la acción docente en el aula, aunque la incluya, tampoco es dependiente de las teorías del aprendizaje, debido a que éstas poco pueden aportar para otros factores situaciones y educativos, que sí importan a la Didáctica.

Sería una sobresimplificación del tema, como señalan Hamilton y Gudmundsdottir (1994: 347), reducir el problema al "cómo" de la Didáctica y al "qué" curricular. "No es posible –histórica y conceptualmente– hacer dicha distinción", afirman. Por eso, una concepción ampliada de la Didáctica, no restringida a "cómo enseñar", que incluya –como momento previo– el "qué" enseñar, así como los qués y cómos, o las relaciones escuela-sociedad, no tiene especiales problemas para asumir toda la tradición de investigación curricular; al contrario, exige tal integración. Un enfoque curricular de la Didáctica no se limita a cómo instrumentalizar metodológicamente lo que hay que enseñar, entra también en qué merece ser enseñado (selección de contenidos, organización y planificación), situando la acción educativa en un contexto de comprensión más amplio. Desde esta perspectiva *los problemas de la Didáctica y del Currículum se solapan*. Por eso mismo, pienso con otros (Álvarez Méndez, 2001), que en nuestro contexto actual estamos en condiciones para establecer lazos de unión. Por su parte, de un modo razonable, Ángel Pío González Soto (2002: 17) comenta: "renunciaremos a entrar en el debate acerca de la pugna Currículum-Didáctica en términos de exclusividad para uno y otro. Nuestro contexto cultural pensamos que nos condiciona para que tratemos el Currículum desde la Didáctica. El Currículum y sus elementos, así, vendrían orientados por el dominio conceptual de la Didáctica, que sería, a su vez, el eje para adentrarnos en el campo de actuación curricular".

Como reseña Vásquez-Lévy (2002: 117), con motivo de la traducción inglesa de dos libros de didáctica alemana, "la formación del profesorado en USA está falta de un enfoque coherente para considerar los problemas del currículum dentro del trabajo docente en el aula", que justo aporta la didáctica centroeuropea. Permite, sigue diciendo, que los profesores "examinen la sustancia del contenido curricular en términos de sus fines *educativos* y promover que sean más capaces de cultivar la formación moral e intelectual de sus alumnos". De modo similar, Gudmundsdottir y Grankvist (1992) hablan del "paradigma olvidado (*missing paradigm*)" en la investigación sobre la enseñanza y la formación del profesorado, que puede aportar la didáctica alemana a la tradición curricular anglosajona. Si Shulman (1986) dice que el paradigma olvidado en toda la investigación sobre pensamiento del profesor es la comprensión del contenido y su relación con la enseñanza que puede proporcionar al alumno, ésta es una tarea central de la Didáctica.

Por eso, en el contexto español, como cruce de tradiciones recibidas, cabe –sin desdeñar lo valioso de cada tradición– integrar la Didáctica y el currículum. En efecto, como receptora de ambas tradiciones, España podía haber sido un buen lugar para ejercer esa necesaria *tarea mediadora* y haber iniciado una "tercera vía", precisamente porque al no haber sido iniciadora de ninguna, puede estar –en parte– libre de las servidumbres que impone una arraigada tradición. Que no lo hiciera en los setenta, primera entrada del ámbito curricular, ni tampoco en la segunda mitad de los ochenta, segunda entrada ya masiva o inundadora, hemos intentado explicarlo en otro escrito (Bolívar, 1998).

Pero a su vez, uno de los ámbitos (los *procesos de enseñanza-aprendizaje*) más relevantes en la acción docente cotidiana, no ha sido específicamente abordado bajo el marco curricular. Por eso es preciso recuperar la Didáctica dentro del Currículum. Abandonar su tratamiento por la Didáctica, sería –por un lado– relegarlos al campo de la "psicología de la instrucción", como sucede en el mundo anglosajón (*Educational Psychology*) y ha empezado a pasar en España. Por otro, el campo del Currículum se reduciría a una sociología del conocimiento. El problema no sería aquí una disputa gremial de a quién –por derecho histórico– le pertenece, sino que –al perder su especificidad didáctica– daría lugar a convertir la tarea docente en una aplicación técnica de principios psicopedagógicos. No todo problema de la enseñanza puede ser reducido a términos psicopedagógicos, la propia práctica docente debe tener su relevancia didáctica y autonomía. Precisamente para no depender de la psicología de la educación es mejor abrir la práctica docente a un contexto curricular: qué contenidos y de qué modo deban formar parte de la escolaridad, dependiendo del tipo de ciudadano que se desea educar.

Por su parte, debido a que no se puede divorciar el currículum recibido por los estudiantes de la forma en que se les transmite, ni puede evaluarse sin atender a los modos cómo se les enseña; así como –a su vez– los métodos de enseñanza están condicionados por la naturaleza del propio contenido curricular, el Currículum debe integrar dimensiones didácticas o instructivas. Por eso, algunos autores (Doyle; 1992, 507) sostienen que *"necesitamos un marco común para entender las transformaciones didácticas del currículum"*. Si, en sentido habitual, el currículum se refiere a los contenidos escolares, y la Didáctica a los procesos de interacción en el aula, el espacio de intersección común para la construcción de una concepción integrada (o marco común) son las transformaciones del contenido en el espacio del aula.

Ha sido Francia precisamente, quizás por su "chauvinismo" o –más recientemente– "excepcionalidad cultural", la que más ha resistido, dentro de los países europeos, a la generalización de *"curriculum"*. No existe un término equivalente a "curriculum", donde se traduce a veces por "programas escolares" y, con menor frecuencia, por "didáctica" (Debeauvais, 1989: 409), aunque su uso –como en el caso español– se está extendiendo progresivamente (Francia, Bélgica, Quebec y Suiza). El propio Debauvais comenta que *"si bien en Francia se admiten y reconocen poco a poco las 'didáctica de las disciplinas', la mayoría de los especialistas niegan que pueda existir una 'didáctica general'"*.

Por lo demás, entre la Didáctica *continental* y el Curriculum *anglosajón* se ha iniciado, desde comienzos de los noventa, un diálogo interatlántico, hablándose de un "renacimiento" de la Didáctica en el mundo anglosajón. A comienzos de los noventa se constituye un Seminario Euro-Americano, llamado *"Didaktik meets curriculum groups"*, formado por profesores alemanes, nórdicos y americanos, que han organizado varios Simposium, Congresos y libros de actas, donde se plantea justamente qué se puede aprender de la didáctica europea en el contexto anglosajón (Westbury, Hopman y Riquarts, 2000).

Por su parte, en el contexto alemán, origen de la Didáctica, cuando se introdujo el término "currículum" a mediados de los sesenta, de formas paralelas de abordar el mismo campo –en un primer momento– se están integrando ambas tradiciones. Algo parecido está sucediendo en otros países nórdicos y europeos (Alemania, Suecia, Italia, Francia o Portugal). Desde una perspectiva alemana, originaria de la matriz disciplinar de la didáctica y que ya ha asimilado también la curricular, Dietrich Benner (1998: 176) establece una relación de interdependencia, que pueden potenciarse mutuamente. Así afirma que

> *"la didáctica, en cuanto teoría del análisis y de la planificación de la enseñanza, necesita de la teoría curricular como instancia científica para la crítica, el desarrollo y el examen de antiguos y nuevos contenidos y métodos de enseñanza; lo mismo que, viceversa, la teoría y la estructuración curricular no tienen relevancia para la realidad escolar más que a través del análisis y de la planificación de la enseñanza".*

Además Dietrich Benner, conservando toda la tradición alemana de teoría de la educación (no, absorbida allí por la teoría curricular), establece la necesidad de un tercer (o primer) nivel de reflexión, propiamente pedagógica (*teoría escolar*), que superaría los límites curricular y didáctico, y estaría en la base de ambos saberes (por ejemplo, planteando la legitimación de la escuela como institución).

Algo de este papel mediador lo quiso ejercer la *Revista de Estudios del Currículum* (1998 y ss.), precisamente en la medida en que, además del director español (M. A. Pereyra) actuaba como co-director Ian Westbury, uno de los principales iniciadores y promotores del diálogo entre el currículum anglosajón y la didáctica europea (Menck, 2000), además de editor general del *Journal of Curriculum Studies*. Así lo mostraba en la "Presentación" del núm. 1 de la REC, "la idea de tal diálogo es la que se encuentra en el núcleo de la colaboración entre el *Journal of Curriculum Studies* y la *Revista de Estudios del Currículum*, que también contiene estudios sobre el currículum de los mundos de habla hispana y portuguesa" (págs. 8-9). El proyecto, sin embargo, fracasó en su tercer volumen por falta de ventas, ya sea porque muchos de sus artículos habían sido anteriormente publicados en inglés por el JCS y los lectores no necesitaban su traducción, ya sea porque el mercado está saturado como para que puedan llevarse a cabo tales empeños intelectuales.

CAPÍTULO IV

ÁMBITOS Y CAMPOS DISCIPLINARES: LAS DIDÁCTICAS ESPECÍFICAS

Además de un campo poliédrico, la Didáctica recoge –como hemos visto– una larga tradición, cuya matriz disciplinar –con su desarrollo– ha dado lugar a diversas disciplinas y/o subdisciplinas (ámbitos y campos, dentro de ellos). Como, en su momento, planteaba Adalberto Ferrández (1982), si la Didáctica General surge como análisis de los fenómenos docentes y discentes en general, interrelacionándolos y generalizando en un conjunto de normas que optimizan el proceso didáctico en situaciones diversas; al aplicarlo a las circunstancias concretas de enseñanza-aprendizaje, según los discentes (edad, nivel cultural, situación) tendríamos los distintos modos de *didáctica diferencial*. Los principios generales, pues, deben sufrir un "proceso de criba" para adecuarlos a cada grupo, contexto o situación. En un texto elaborado conjuntamente (Bolívar, Rodríguez Diéguez y Salvador Mata, 2004) decíamos:

> *"Si la Didáctica es una disciplina cuyo objeto es el proceso didáctico, los primeros campos disciplinares serían los referidos a los elementos estructurales y dinámicos del proceso: el profesor, el alumno, el contenido, el método, la finalidad, la programación, la interacción y la evaluación. Ahora bien, el análisis de estos campos se situaría en un nivel general y de alto grado de abstracción. El desarrollo epistémico y profesional de alguno de estos campos dará lugar a la constitución de un ámbito disciplinar, con cierto grado de autonomía. En este ámbito podrían, a su vez, generarse diversos campos de estudio. Con el tiempo, un ámbito disciplinar podría constituirse en disciplina autónoma. Con el desarrollo de la disciplina en España en las últimas décadas, un conjunto de subdisciplinas (o hijas) han*

ido surgiendo de la disciplina matriz que, cuando quieren constituirse en campos propios e independientes, amenazan con disolverla, al tiempo que se pierde el potencial educativo y epistemológico de una relación armónica" (pág. 412).

De acuerdo con esto, con una cierta coherencia, cabe mantener que –en función de los elementos del acto didáctico (alumno, docente, contenido y contexto)–, en el modelo tetraédrico que sostuvo Adalberto Ferrández (1981, 2002), se pueden distinguir como desarrollos disciplinares la *Didáctica Diferencial* (alumno), *Formación del profesorado* (docente), *Didácticas especiales/específicas* (contenido) y *Organización Escolar* (contexto). Así, señalaba Adalberto Ferrández (1984: 245) en otro texto, con relación a la *didáctica diferencial* que "en didáctica se puede definir como la característica común a un grupo de discentes por la que se diferencian de otros grupos con los que, a su vez, tienen otras características comunes. [...] La normativa didáctica que se aplique a cada grupo diferencial tendrá muchos aspectos, por tanto, diferentes".

En realidad esta configuración disciplinar es subsidiaria del ámbito originario alemán, donde se suele distinguir, de una parte, la *didáctica general* ("Allgemeine Didaktik") como estudio del proceso de enseñanza en general en el marco de la institución escolar; de la *didáctica especial* ("Spezialdidaktiken"), diferenciada según los tipos de escuela, la edad o características particulares de un grupo de alumnos o los campos específicos de contenido (materias disciplinares). En este sentido, las *didácticas específicas* ("Fachdidaktik" o didácticas de los contenidos disciplinares) forman parte, relevante y diferenciada, de la didáctica especial.

No obstante estas formulaciones han quedado ampliamente superadas por las nuevas concepciones acerca de la diversidad, que llevan a nuevos modos de concebir las respuestas didácticas a las diferencias individuales. Así la "nueva" *Educación especial* rompe con la larga tradición de tratamientos didácticos especiales, centrados en el sujeto, para pasar a un planteamiento curricular, donde la escuela como institución (y, por tanto, el profesorado en su conjunto, lo que no excluye posibles apoyos especializados) tiene que atender a las necesidades de todos los sujetos que aprenden y se desarrollan en ese marco.

1. RECONFIGURACIÓN Y DESARROLLO DEL CAMPO DISCIPLINAR DE LA DIDÁCTICA

Tony Becher (2001: 67) señala, con razón: "la noción de disciplina es una unidad de análisis problemática no sólo por sus bordes. Cuando nos acercamos a su estructura epistemológica, se hace evidente que la mayoría de las disciplinas incluye un amplio rango de subespecialidades que presentan diferentes conjuntos de características". Algo parecido ha acontecido a la Didáctica. Con su desarrollo, el campo disciplinar de la Didáctica adquiere una diferenciación interna, surgiendo campos que reclaman ámbitos de trabajo e investigación claramente delimitados, que –a su vez– son normales en todo proceso de disciplinarización. Recurriendo a una metáfora biológica, comenta Becher (2001), "las células individuales se subdividen y se recombinan, buscan defender su integridad en tanto cambian su forma y su disposición, como si este proceso constante fuese una parte necesaria de su supervivencia", reclamando, a su vez, ser reconocidos institucionalmente. Este proceso de diferenciación y especialización suele conllevar fusiones y fisiones, que –en muchos casos– provocan más una acumulación y estructuración de conocimientos relativamente establecidos, una desvertebración e independencia de perspectivas que deben estar conexionadas.

El problema es que, ineludiblemente, se mezclan aquí razones de muy distinto calado: administrativas, epistemológicas y grupos de poder. Si no se diferencian adecuadamente, puede dar lugar a convertir en epistemológico lo que no es sino fruto de una decisión administrativa, que quiere ahora consolidarse en grupo de presión. La "gran política", que diría Nietzsche, se mezcla con la más ramplona "micropolítica" universitaria. Es normal, así, en España, convertir un determinado perfil administrativo de una plaza en argumentación epistemológica de la "supuesta" ciencia autónoma, defendiendo el propio territorio, creyendo que se está conquistando.

A este respecto, el profesor Miguel Ángel Zabalza (1998: 62) señala que, al hablar hoy de Didáctica, "nos podemos estar refiriéndonos a varios aspectos diferentes:

> '– *La Didáctica como* área de conocimiento *(en la que se integrarían espacios disciplinares diversos: tecnologías, currículum, organización escolar, formación del profesorado, etc.). En este sentido estamos ante una identidad puramente administrativa y que podría variar [...].*
> – *La Didáctica como* disciplina específica *con un objeto de estudio propio (suele decirse que los procesos de enseñanza-aprendizaje), con una tradición, con unos profesores que se dedican a su enseñanza, etc.'*
> *Además de estas dimensiones sustantivas estarían las adjetivas ('lo didáctico') atribuible a situaciones, o como ámbito de formación profesional".*

Tradicionalmente ha sido común dividir la Didáctica en *General* y *Especial* (ahora preferimos "específica"). Así Alves de Mattos (1963) asignaba a la primera establecer la teoría fundamental de la enseñanza (principios generales, criterios y normas, que regulan la labor docente) en relación con el aprendizaje de los alumnos. Por su parte, "la Didáctica Especial tiene un campo más restringido, limitándose a aplicar las normas de la didáctica general al sector específico de la disciplina sobre la que versa". Esta última es, por tanto, la aplicación particularizada de la Didáctica General a las diversas disciplinas del plan de estudios, analizando sus problemas especiales. Como también decía Titone (1966: 36), la problemática se desglosa en dos grandes tipos de problemas: "problemas de fondo, comunes a situaciones y niveles diversos, en cuanto que entrañan la esencia fundamental del acto de enseñar; y problemas específicos y diferenciales". Frabboni (2002) prefiere emplear el nombre de "didáctica disciplinar".

En el ámbito francés, por las connotaciones a que hemos hecho referencia antes que tiene la Didáctica, se emplea la *pédagogie différenciée*, entendida como la adecuación de interacciones y tareas didácticas al proceso de aprendizaje de los alumnos, teniendo en cuenta su diversidad (intereses, capacidades, motivaciones, circunstancias personales), en los modos más fecundos para él. Esta diferenciación metodológica puede adoptar diversas formas. Con la entrada de la perspectiva curricular, preferentemente, se renuncia en parte a la metodología, para adecuar –en primer lugar– los contenidos culturales.

No obstante, en una Didáctica sensible a la diversidad del alumnado, como ve Joan Mallart (2001: 38), "la Didáctica Diferencial queda incorporada a la Didáctica General, mientras ésta llegue a dar cumplida respuesta a los problemas derivados de la diversidad del alumnado". En efecto, *una Didáctica Diferencial sería una didáctica de la diversidad*. En la medida que el Proyecto moderno de "todo a todos" ha quedado definitivamente borrado del horizonte, como hemos explicado antes, una Didáctica actual tiene que asumir en su seno la diversidad del alumnado, en una personalización de la enseñanza. No obstante, cabría algunas situaciones comunes (por ejemplo, niveles o etapas educativas) que justifiquen la existencia de una Didáctica Diferencial (Didáctica de Educación Infantil o Didáctica de Educación de Adultos).

En estas relaciones, tomemos el campo de la Educación Especial, como significativo para lo que queremos. Al respecto, el profesor Francisco Salvador (2001a, 2001b) argumenta y defiende que, siendo la Didáctica una disciplina autónoma, la Educación Especial sería uno de sus campos, por lo que la Didáctica de la Educación Especial "no sería más que la Didáctica en relación con las necesidades educativas especiales de los alumnos", pudiéndose, por tanto, aplicar las cuestiones, formatos y modos de trabajo de la disciplina matriz, la Didáctica. A su vez, supone, que –en la tarea de construir una Didáctica de la Educación Especial– se asumen los supuestos, enfoques, tareas y problemas de la Didáctica como matriz disciplinar; pero también definir un campo específico o diferencial: las disfunciones en el proceso didáctico y, más ampliamente, el tratamiento de la diversidad en las aulas.

2. DIDÁCTICAS ESPECIALES/"ESPECÍFICAS"

El asunto hoy de los límites internos de la Didáctica, una vez que en muchos países europeos –como dice Best (1988: 167) desde el contexto francés– "las pedagogías especiales se han transformado en las didácticas", es si hay lugar (y qué lugar, que no puede ser el anterior) para una Didáctica general más allá de las didácticas específicas, aun reconociendo su contribución y pertinencia (Raisky y Caillot, 1996). Como señala Davini (1996: 42-43), "se definen las didácticas especiales como campos específicos de las respectivas ciencias, sin relación con un marco de Didáctica general cuya propia existencia se cuestiona, desde la óptica de que la enseñanza siempre opera sobre contenidos de instrucción especializados".

El contenido ha sido, tradicionalmente, uno de los elementos del triángulo didáctico (alumno, docente, contenido), cuyo tratamiento propio da lugar a las *Didácticas especiales/específicas*. Originario del contexto alemán donde, a mitad del XIX, surge la diferencia entre una didáctica general y una didáctica de las materias escolares, entendida ésta bajo los conceptos de "metodologías (*Methodik*)" y "didáctica especial". Como comenta en su historia conceptual Knecht (1984: 116-7) *"el concepto de didáctica especial está implicando que la didáctica de las materias escolares debe desarrollarse en base a los fundamentos de la didáctica general"*. Nordenbo (1997: 214), desde el contexto danés, informa que ya en 1917, se distinguía allí entre una *didáctica general* ("Allgemeine Didaktik") y una *didáctica de los contenidos escolares* ("Fachdidaktik") especificando, por influencia de Herbart, que la "didáctica general desarrolla los cánones para la enseñanza basados en la psicología", mientras que la didáctica especial "aplica dichas reglas generales a los contenidos específicos de cada una de las materias escolares; por los que puede recibir el nombre de "metódica" (*Metodik*). Si bien esta distinción se ha mantenido, añade (pág. 221) que, a partir de 1990, los intereses han cambiado de la Didáctica general a la didáctica de los contenidos.

En el campo de la Didáctica ha existido en los últimos veinte años una tendencia a valorar más *cómo* se enseña, que *lo que* se enseña. Un cierto pedagogismo ha separado, un tanto artificialmente, contenidos y práctica docente, desdeñando la dimensión de conocimiento del contenido del currículo o materia a enseñar, *"contenido y didáctica han llegado a configurarse como dos campos separados"* (Wilson, Shulman y Rickert, 1987: 105). Y es que, como ha planteado el equipo de Shulman, si la Didáctica es un conjunto de principios genéricos aplicables a cualquier disciplina, no hay una identidad epistemológica de las didácticas específicas, y la formación del profesorado puede organizarse –como hasta ahora– en cursos independientes de ambos tipos; pero si hay un *conocimiento de la materia específicamente didáctico*, es aquí donde se sitúa el posible estatus propio y justificación de una didáctica específica.

Lourdes Montero y José Manuel Vez (2004: 438) señalan, en un buen trabajo, que lo que está en juego es "que la especificidad de los contenidos transforma y moldea los *lugares comunes* de la enseñanza propuestos por Schwab, quien planteó que para que la enseñanza ocurra, alguien debe enseñar *algo* a alguien en algún lugar y tiempo". Es evidente que ese "algo" es variable según las áreas de que se trate, lo que implicaría que las metodologías didácticas son constitutivas (internas) a las propias disciplinas, además de que puedan compartir principios metodológicos de la didáctica general. En cualquier caso, el territorio que las une (Didáctica General y específicas) es la formación y el desarrollo profesional del profesorado, como cruce de caminos, confluyen didactas generales y específicos, en el que importa una relación interdisciplinar, más que una supuesta hegemonía que establezca lindes.

Se ha constatado, pues, que las disciplinas escolares poseen sus propias especificidades y, consecuentemente, reclaman una didáctica específica. Leinhardt (2001), en el artículo general que encabeza el apartado dedicado a cada una de las materias de enseñanza (*subject matter*) de la cuarta edición del *Handbook de investigación sobre la enseñanza*, señala que el argumento habitual es que la especificidad (epistemología, lenguaje, tareas, modos de trabajo, etc.) de cada una de las materias modula los lugares comunes (alumno, profesor, materia) que constituyen la enseñanza. Sin embargo, es en el contexto de la enseñanza en el aula ("instructional explanations") donde hay que situar el papel del contenido y, consecuentemente, las didácticas específicas.

Se ha constatado, pues, que las disciplinas escolares poseen sus propias especificidades y, consecuentemente, reclaman una didáctica específica. Fernández Huerta, ya en 1983, estipulaba que estudian *"las decisiones didáctico normativas acomodadas a estructuras del saber, disciplinas o grupos de disciplinas"* (Fernández Huerta, 1990: 6). Por tomar unas formulaciones actuales (Colomb, 1999: 54), podemos entender que *"La didáctica de una disciplina puede ser definida como el análisis de, y la teorización sobre, los fenómenos de enseñanza y aprendizaje que son específicos del contenido cognoscitivo de dicha disciplina"*, o como –desde un territorio más cercano– dice Daniel Feldman (1999), *"las didácticas especializadas evolucionan asumiendo que el objeto de conocimiento determina el proceso de comunicación"*.

El contenido (currículum) y el método (didáctica) se funden –dice Doyle (1992)– en los eventos que alumnos y profesores construyen en los contextos escolares. De hecho el currículum (contenido) es un componente necesario de la investigación didáctica, como muestra el programa de Shulman (1987) con el "conocimiento didáctico del contenido". El programa de Shulman no establece una separación entre contenidos de una disciplina y métodos que deben usarse, entre la estructura sintáctica y la semántica.

Las discusiones sobre el *status* de las didácticas especiales, originarias del contexto germánico, como he escrito en otro lugar (Bolívar, 1995), se han movido entre una didáctica especial (*"Spezielle Didaktik"*), como aplicación metodológica de los principios de la didáctica general a un campo disciplinar, defendida por el círculo herbartiano; y concebirlas con una cierta sustantividad propia como principios didácticos específicos de un campo del saber (*"Fachdidaktik"*), predominante en los últimos años. Una *"Fachdidaktik"* (didáctica específica) ya no se concibe como una mera aplicación de los principios de la didáctica general, como era la *"Spezielle Didaktik"*, sino como métodos específicos de la materia y las condiciones específicas de formación de esa materia. Entre la Didáctica general y cada uno de los saberes escolares, *"las didácticas especiales deben desarrollarse* –señala Klafki (1986: 37) recogiendo una tesis de la didáctica en Alemania– *como disciplinas autónomas en la zona límite entre la didáctica general y las distintas ciencias"*. En nuestro contexto, el ámbito de discusión epistemológica de las didácticas especiales, en ocasiones, no ha ido más lejos de la dependencia/independencia, ciencia derivada/técnica aplicada, sustantividad/carácter adjetivo; con respecto a la didáctica general.

Desde el ámbito de la Didáctica General, dos tipos de reacciones se suscitaron, en un primer momento, frente a la defensa de la concepción de "didáctica *específica*", abandonando el más tradicional de "didáctica especial":

a) Una primera, de carácter más corporativo, y es que –frente a la dependencia de la didáctica especial de la didáctica general– hablar de "didácticas específicas" es contribuir al desprendimiento e independencia progresiva de campos que tradicionalmente dependían orgánicamente (como una segunda parte, en su apartado de "metodologías") de la Didáctica general.

b) Aceptando la posible legitimidad de didácticas específicas a nivel de formación de profesores de Secundaria, en otros niveles educativos el componente "contenido" se presenta de otro modo, tanto en su adquisición como en su uso.

En esta segunda línea, fuera de la Educación Secundaria superior y universitaria, en España no tenía sentido reivindicar una formación fuerte en didácticas del contenido. Por un lado, en Secundaria no era formación disciplinar lo que faltaba, sí –en cambio– un conocimiento didáctico del contenido, que –de acuerdo con la propuesta de Shulman– no debía ser aditivo, sino inscrito en el propio aprendizaje de los contenidos disciplinares. Por otro, la propuesta de Shulman no tenía sentido aplicarla en el caso del Magisterio, pues reivindicar ahora un profesional con Conocimiento Didáctico del Contenido (CDC), en nuestras Facultades de Formación del Profesorado, podría servir para legitimar la tradición "olvidada" del profesor de cada materia/área, más que un profesional en un sentido más globalizador, trabajo en equipo, etc. que demandamos. Si bien la Ley Orgánica de Calidad en Educación, de efímera vigencia, quiso revivir nostálgicamente dicha tradición, también es cierto que con los planes de Magisterio por especialidades de

1991 se legitimaron institucionalmente que ahora, felizmente, con motivo del proceso de Convergencia Europea, se pretende corregir.

En mi caso, sin llegar a defender una "tesis constitutiva" (la didáctica de cada área/materia es interna o intrínseca a ella), puesto que hay –es obvio– una metodología y principios generales o comunes, pertenecientes a una didáctica general y dependientes de unas teorías del aprendizaje; también es cierto que cada materia tiene modos específicos de enseñanza y una tradición didáctica propia de sus profesores. Por lo demás, la división administrativista de áreas de conocimiento, con motivo del desarrollo de la LRU, constituyendo en unidades departamentales las didácticas específicas, ha posibilitado un desarrollo sin precedentes de dichas áreas de conocimiento. Montero y Vez (2004: 441) hablan, con razón, de que en la última década han experimentado "un crecimiento cualitativo y cuantitativo [...] inimaginable en otros momentos, y constituyen, así, signos de la creciente madurez y relevancia de los diversos campos".

La defensa de la vieja posición (*"spezielle didaktik"*, según los círculos herbartianos, que ya recogía R. Blanco en 1925, donde las Didácticas Especiales –como "metodologías especiales"– no tienen identidad propia (son aplicaciones metodológicas de los principios de la Didáctica general), no sólo es ya imposible de mantener, es que ha dejado el campo desarmado, obligándole a acudir a otras bases. Algunos (Lourdes Montero, Carlos Marcelo, De Vicente o yo mismo) vimos en la propuesta de Shulman del "conocimiento didáctico del contenido" (*pedagogical content knowledge*) una salida para dar una identidad propia y abrir un campo de investigación. Pero la verdad es que, desde la Didáctica general, poco se ha hecho. En nuestro caso, preciso es reconocerlo, no se han arbitrado espacios comunes de diálogo e investigación entre la Didáctica general y las didácticas de las disciplinas, lo que sí se ha hecho, mejor o peor, desde la psicología de la educación.

Quizás, como he señalado en otros lugares, más que poner en guardia del posible peligro que la defensa de unas "didácticas específicas" pueda tener por su posible "desprendimiento" del tronco común de la didáctica general, el problema más grave se ha situado en que –en su configuración– se apoyen casi exclusivamente en la "psicología de la instrucción/educación". La fundamentación exclusiva de las didácticas específicas en la psicología del aprendizaje daría lugar a convertir todo el problema de la enseñanza en un asunto psicopedagógico, desconectándolo de todo lo que ha sido el análisis curricular: qué contenidos sociales e instrumentales deben formar parte de la escolaridad para el tipo de ciudadano que deseamos promover. En cualquier caso, además de la psicología de la educación, se necesita proporcionar un marco general que de sentido a la acción educativa, para no subsumir el currículum en la psicología o, mejor, psicologizar el currículum. En esta situación, si uno observa los trabajos publicados en las revistas de las didácticas específicas, se usan –más como ornamenta– conceptos curriculares (mayormente los que ha puesto en circulación la Reforma LOGSE), pero –al buscar fundamentación y apoyaturas– es la psicología de la educación (ahora "de la instrucción") la que se las proporciona.

3. DOS FORMAS ACTUALES DE DAR IDENTIDAD A LAS DIDÁCTICAS ESPECÍFICAS

De una parte, en las últimas décadas, el Programa de Investigación de Lee Shulman y su equipo de la Universidad de Stanford "Desarrollo del conocimiento en la enseñanza" (*Knowledge Growth in Teaching: Development of knowledge in teaching*) y su "Modelo de Razonamiento y Acción pedagógica" (Shulman, 1986; 1987) ha sido una de las más fructíferas propuestas para determinar el "conocimiento base" requerido para la enseñanza, y –en función de ello– rediseñar la formación del profesorado; ofreciendo –a la vez– un nuevo marco para la investigación en didácticas específicas (Gess-Newsome y Lederman, 1999).

Vamos a hacer una revisión de la literatura científica e investigaciones de este Programa de Investigación, incidiendo especialmente en aquellas que analizan la relación entre "conocimiento del contenido" y "conocimiento didáctico del contenido"; señalando –al tiempo– algunos problemas y limitaciones que en los últimos años se están planteando. El conocimiento de cómo el profesor adquiere el contenido, su relación con el conocimiento pedagógico y curricular y –sobre todo– cómo la comprensión de la materia interactúa con los restantes componentes curriculares y transforma el conocimiento de la materia en conocimiento didáctico, puede proporcionar una nueva base para configurar la formación del profesorado en las didácticas específicas. En último lugar describimos las últimas aventuras de unir conocimiento y didáctica en la educación superior, bajo el amplio programa del "scholarship of teaching and learning".

Se trata de clarificar qué necesitan conocer los futuros profesores que tienen un conocimiento de la materia (sobre todo de Secundaria, adquirido en la Licenciatura) y cómo los cursos académicos y las prácticas pueden contribuir a su adquisición y desarrollo, para saber qué debemos incluir de manera articulada, y de qué modo, en el currículum profesional de formación del profesorado ("conocimiento didáctico del contenido", *pedagogical content knowledge*). Si lo que legitima la profesionalidad de los profesores es el conocimiento del contenido de la materia objeto de enseñanza en primer lugar, y de sus potencialidades didácticas en segundo, abocamos –en efecto– a que *"la competencia de los docentes en las materias que enseñan es un criterio básico para establecer la calidad del profesor"* (Shulman, 1986: 65).

Por su parte, Yves Chevallard con su propuesta de *"transposición didáctica"* ha contribuido, en este caso desde el contexto francés, decisivamente a la configuración de las didácticas específicas. Dentro del triángulo o terna didáctica (enseñante, saber y aprendiz) ya no se trata de una relación enseñante-alumno (o enseñanza-aprendizaje) sino que agrega el saber, como elemento constitutivo fundamental. De este modo, se puede establecer la Didáctica específica (en su caso de la Matemática) como ciencia autónoma, pues –como señala– Chevallard "toda ciencia debe asumir, como primera condición, pretenderse ciencia de un objeto, de un objeto real, cuya existencia es independiente de la mirada que lo transformará en objeto de conocimiento". A esta especificidad didáctica, a la vez, contribuye el supuesto de partida: el saber enseñado y el académicamente establecido no tienen por qué coincidir, pues responden a dos dinámicas diferentes.

Aun cuando los fundamentos son muy distintos, en la medida que el Programa de Shulman pretende estudiar el conocimiento que los profesores tienen de la materia que enseñan y cómo lo trasladan/transforman en representaciones escolares comprensibles, se puede establecer un paralelo con el modelo de la *"transposición didáctica"* del *"savoir savant"* al *"savoir enseigné"*:

> *"El concepto de transposición didáctica se refiere al paso del saber académico al saber enseñado, pues por la eventual y obligatoria distancia que los separa, muestra este cuestionamiento necesario y su utilidad. Para el didacta es un útil que permite desprenderse de la engañosa familiaridad de su objeto de estudio. Es uno de los instrumentos de la ruptura que la didáctica debe operar para constituirse en campo propio"* (Chevallard, 1991: 15).

Ambas fundamentaciones, aparte de su relevancia en los últimos tiempos, se caracterizan –cada una por sus propias razones– por no ser específicamente psicológicas. Sin embargo, preciso es advertirlo, a pesar de la coincidencia formal de ambos planteamientos a este nivel de superficie, los fundamentos del enfoque de Shulman, en que se investigan los modos en que los contenidos son transformados, interpretados y dispuestos para los propósitos de la enseñanza, son radicalmente distintos de la propuesta francesa de la *transposición didáctica*, como comento después. Ambas formulaciones, como denotaremos, además, se encuentran aquejadas de una concepción en exceso tradicional de "profesionalismo" y, además, como dice Shulman, sólo sería válido para la didáctica de las disciplinas en Secundaria Superior y en Universidad, no en los niveles primarios. No obstante, preciso es reconocerlo, la transformación del conocimiento de la materia en formas y procesos que sean comprensibles para los alumnos es uno de los principales problemas didácticos de la enseñanza a nivel de educación superior.

3.1. El conocimiento didáctico del contenido

El programa de investigación dirigido por L. S. Shulman en la segunda mitad de los ochenta ha generado durante estos veinte años un amplio espectro de conocimientos en didácticas específicas (especialmente en matemáticas, biología, inglés y ciencias sociales) de Secundaria; se ha sometido igualmente a revisión de algunas de sus categorías y procesos (Marks, 1990; Shulman, 2004a; Hashweh, 2005) y, más particularmente, se ha aliado con una renovación del trabajo académico docente de la enseñanza en la Educación Superior (Shulman, 2004b), a partir del Informe Boyer (1990) de la Fundación Carnegie para el Avance de la Enseñanza y de asumir el propio Shulman la presidencia de dicha Fundación. El Programa, por otra, parte está aún sujeto a nuevos desarrollos y reelaboraciones (Deng y Luke, 2007; Stevens, Wineburg y otros, 2005) en la medida en que incide en uno de los componentes clave la enseñanza, en otros momentos olvidado.

El proyecto del equipo de Shulman, en efecto, puede ser catalogado como un Programa de Investigación lakatosiano, por el que abogó Shulman (1989). El programa pretendía desarrollar un marco teórico que permitiera explicar y describir los componentes del "conocimiento base" de la enseñanza; por lo que estaba interesado en investigar el desarrollo del conocimiento profesional tanto en la formación del profesorado como en la práctica profesional y, especialmente, cómo los profesores *transforman* el contenido en representaciones didácticas que utilizan en la enseñanza. De este modo, a la vez, como resaltamos en su momento (Bolívar, 1993c), se convierte en un nuevo marco epistemológico para la investigación en didácticas específicas, más potente que el de "transposición didáctica" de Chevallard, que es el que, sin embargo, se ha seguido más en España, especialmente en Didáctica de las Matemáticas y en Ciencias Sociales, para dar identidad epistemológica a las didácticas específicas.

3.1.1. *Un conocimiento base para la enseñanza*

Este programa de investigación se centra en dilucidar qué conocimiento es necesario para la enseñanza, desde un doble ángulo. De un lado, en línea con la investigación sobre la enseñanza efectiva, trata de hacer una reconstrucción descriptiva de la buena enseñanza de los profesores expertos: "el *conocimiento base* en la enseñanza es el cuerpo de comprensiones, conocimientos, habilidades y disposiciones que un profesor necesita para enseñar *efectivamente* en una situación dada" (Wilson, Shulman y Rickert, 1987: 107). De otro lado, trata de reconstruir la competencia docente, una de cuyas dimensiones es el conocimiento profesional, lo que conduce a extraer implicaciones normativas sobre qué deben conocer y hacer los profesores y qué categorías de conocimiento se requieren para ser competente. Shulman (1988b: 33) ha mantenido sus reservas críticas ante el auge del movimiento de la "reflexión" y la formación del profesorado: "educar es enseñar de una forma que incluya una revisión de por qué actúo como lo hago. Mientras el conocimiento tácito puede ser característico de algunas acciones de los profesores, nuestra obligación como formadores de profesores deber ser hacer explícito el conocimiento implícito..., esto requiere combinar la reflexión sobre la experiencia práctica y la reflexión sobre la comprensión teórica de ella". La reflexión como proceso no se realiza en el vacío, se tiene que hacer sobre determinados contenidos, que justo le otorgarán un valor para la enseñanza. El contenido de la reflexión, de acuerdo con esta perspectiva, es a la vez teórico y práctico, necesario para una profesionalización de los docentes.

Los profesores, entonces, consciente o inconscientemente, reconstruyen, adecuan, reestructuran o simplifican el contenido para hacerlo comprensible a los alumnos, por lo que se trata de investigar: ¿cómo se produce este proceso?, ¿en qué medida afecta el nivel de comprensión que un profesor tenga de una disciplina a la calidad de esta "transformación"?, ¿en qué grado la formación inicial del profesorado contribuye a facilitar el desarrollo de estos procesos de transformación?, ¿qué diferencias existen en estos procesos según las diferentes disciplinas y niveles educativos?

Desde luego el enfoque de Shulman pretende reivindicar la enseñanza como una profesión, en que los profesores tengan, como tales profesionales (no técnicos) un cuerpo de conocimientos diversos necesarios para la enseñanza, entre los que destacan el conocimiento de la materia y la capacidad para transformar ese conocimiento en significativo y asimilable para los alumnos. De hecho esta reivindicación de un "conocimiento base" de la enseñanza como profesión ha servido como referente ideológico importante para un Comité Nacional para los Estándares de la Profesión de Enseñanza.

Coincidente con propuestas de cómo incrementar el "profesionalismo" en la enseñanza, Shulman (1986, 1987) ha reivindicado –en ésta línea–, como uno de los componentes ("conocimiento base para la enseñanza") que legitiman la profesionalidad de los profesores, el conocimiento del contenido de la materia objeto de enseñanza. Si partimos de que "la competencia de los docentes en las materias que enseñan es un criterio básico para establecer la calidad del profesor", dice (Shulman, 1989: 65), convendría redirigir la investigación didáctica en este aspecto. El programa pretende desarrollar un marco teórico que permita explicar y describir los componentes del "knowledge base" de la enseñanza; por lo que está interesado en investigar el desarrollo del conocimiento profesional durante la formación del profesorado, y cómo *transforman* el contenido en representaciones didácticas y lo utilizan en la enseñanza.

3.1.2. *El conocimiento del contenido*

El "Modelo de Razonamiento y Acción Pedagógica", como describe Shulman (1987), provee de un conjunto de categorías y procesos con las que analizar la enseñanza de los profesores, en sus dos componentes: *procesual* (fases o ciclos en el razonamiento y acción didáctica); y lógico o *sustantivo* (siete categorías de conocimiento requeridas para la enseñanza): conocimiento de la materia, pedagógico general, curricular, de los alumnos, de los contextos educativos, fines y valores educativos, y *conocimiento didáctico del contenido* (en adelante CDC). Este último (*"Pedagogical Content Knowledge"*, traducido, por *Conocimiento Didáctico del Contenido*) es "una especie de amalgama de contenido y didáctica". Dado que el modelo pretende describir cómo los profesores comprenden la materia y la *transforman* didácticamente en algo "enseñable", además de los restantes componentes, es clave en este proceso el paso del "conocimiento de la materia" (en adelante, CM) al CDC.

En el modelo de Shulman, además del conocimiento de la materia y del conocimiento general pedagógico, los profesores deben desarrollar un conocimiento específico: cómo enseñar su materia específica. Si es indispensable un CM, éste no genera por sí mismo ideas de cómo presentar un contenido particular a alumnos específicos, por lo que se requiere un CDC, propio del buen hacer docente. Como comenta Gudmundsdottir (1990b, 3) *"es la parte más importante del conocimiento base de la enseñanza y distingue al profesor veterano del novel, y al buen profesor del erudito"*. Implica una comprensión de lo que significa la enseñanza de un tópico particular, así como de los principios, formas y modos didácticos de representación. Parece que este conocimiento (CDC) se construye *con* y *sobre* el conocimiento del contenido (CM), conocimiento pedagógico general y conocimiento de los alumnos.

Cabe relacionar el CM y CDC con tres posibles tipos de derivaciones (Marks, 1990): a) considerar que algunos aspectos pedagógicos del contenido estarían ya arraigados en el CM, como sería –a modo de ejemplo– secuenciar primero los tópicos de enseñanza y, a continuación, adoptar representaciones didácticas del contenido. Este derivación implicaría un proceso de *interpretación*, dado que el contenido es examinado en su estructura y significado para transformarlo de modo que sea comprensible a un grupo de alumnos. b) Otros aspectos derivarían de conocimientos pedagógicos generales: emplear, por ejemplo, determinadas estrategias didácticas generales. Este proceso sería de *especificación*, es decir aplicar determinadas principios pedagógicos en la enseñanza de un determinado tópico. c) Otros, en fin, derivarían indistintamente del conocimiento de la materia, de los principios pedagógicos o de otras construcciones previas del CDC. El conocimiento involucrado en este proceso sería una *síntesis* de los tres aspectos.

El CDC, pues, es una subcategoría del conocimiento del contenido e incluye diversos componentes: "los tópicos que más regularmente se enseñan en un área, las formas más útiles de representación de las ideas, las analogías más poderosas, ilustraciones, ejemplos, explicaciones y demostraciones, y, en una palabra, la forma de representar y formular la materia para hacerla comprensible a otros" (Shulman, 1986: 9). Esta forma de conocimiento integra (Grossman, 1989; Marks, 1990), entre otros, estos cuatro componentes:

1) Conocimiento de la comprensión de los alumnos: modo cómo los alumnos comprenden un tópico disciplinar, sus posibles malentendidos y grado de dificultad;
2) Conocimiento de los materiales curriculares y medios de enseñanza en relación con los contenidos y alumnos;
3) Estrategias didácticas y procesos instructivos: representaciones para la enseñanza de tópicos particulares y posibles actividades/tareas; y
4) Conocimiento de los propósitos o fines de la enseñanza de la materia: concepciones de lo que significa enseñar un determinado tema (ideas relevantes, prerrequisitos, justificación, etc.).

El contenido de orientación disciplinar ha de ser reorganizado y transformado, teniendo en cuenta los alumnos, el contexto y el currículum. Una parte importante de esta recontextualización consiste en encontrar relaciones y posibilidades nuevas entre el contenido y su representación, fruto de un largo proceso en los profesores veteranos, que disponen a menudo de modelos altamente elaborados para enseñar su materia; incluyendo una "comprensión" de lo que significa la enseñanza de un tópico particular y de los principios, técnicas y modos de representar y formular la materia didácticamente. El CDC no consistiría simplemente en disponer de un repertorio de múltiples representaciones de una materia, además "está caracterizado por modos de pensar que facilitan la generación de estas transformaciones, el *desarrollo del razonamiento didáctico*" (Wilson, Shulman y Rickert, 1987: 115), lo que le da el carácter de ser un conocimiento específico. Gudmundsdottir (1990a, 1998) señala como cualidad de los profesores con CDC la capacidad para organizar el currículo de modo narrativo, en formas de relatos ("curriculum stories") que sean significativas y accesibles para los alumnos.

Como atributo del conocimiento que poseen los "buenos" profesores con experiencia, el CDC se configura como una mezcla de contenido y didáctica, en que "además del conocimiento *per se* de la materia incluye la dimensión del conocimiento para la enseñanza". Estos profesores tienen un modelo flexible del contenido pedagógico, que –con implicaciones epistemológicas y éticas– determina tanto su desarrollo curricular práctico como la legitimación de las estrategias didácticas empleadas/excluidas. El CDC se manifiesta en enseñar de diferentes modos los tópicos o contenidos de una materia, sacando múltiples posibilidades al potencial del currículum. Así, en su retrato de la enseñanza de una veterana y excelente profesora de inglés de Secundaria (Nancy), que recoge Shulman en su ensayo y Gudmundsdottir (1990b), se describe cómo cambia de metodología didáctica según el grado de dificultad de las obras literarias. La comprensión o "imagen" de la materia genera un modo de organizar y gestionar la clase, al tiempo que mediatiza el pensamiento y la acción, expresa sus propósitos, está implicada en sus valores y creencias sobre la enseñanza, y guía intuitivamente sus acciones y "tareas".

Este CDC, frecuentemente puede entrar en contradicción con el que viene expresado en los libros de texto. En su trabajo cotidiano el profesor con CDC, como agente de desarrollo curricular, establece una relación entre su conocimiento, el expresado en el texto escolar y el contexto de su clase. Ello le lleva frecuentemente a considerar incompleto el texto, completarlo con otros, o simplemente considerar determinados aspectos como "mal planteados". Recrear o reconstruir el contenido de acuerdo con las perspectivas propias y el contexto de la clase, convirtiéndolo en "enseñanza" sería realizar el CDC. Por eso Gudmundsdottir y Shulman (1990) señalan: "nuestro modelo asume que el CDC está en la base de la realización del potencial del currículum".

Entre los componentes del CDC se han resaltado también las concepciones, valores y creencias de lo que significa enseñar una determinada materia en un determinado nivel y contexto. A modo de marco organizativo o mapa conceptual estaría en la base de la toma de decisiones curriculares sobre los materiales y medios, objetivos que se proponen en sus clases, las tareas apropiadas que realizan y los criterios y formas que emplean para evaluar el aprendizaje (Grossman, 1990). Cada profesor con experiencia, frente a los noveles, tiene determinadas orientaciones valorativas en su enfoque didáctico de los contenidos, que explican la orientación de su enseñanza. Reconociendo Shulman el papel de los valores en el contenido de la enseñanza, frente a algunas críticas, lo ha calificado como el *"aspecto olvidado en el paradigma ausente"*. Por eso, algunas de las críticas que se han dirigido en este sentido (no incluir otras dimensiones), no dan en el clavo, como se puede ver en su gran trabajo (Shulman, 1998a) sobre la formación de profesionales.

En cualquier caso, el CDC se presenta con componentes muy diversos, llegando a hacerse sinónimo con conocimiento y creencias de los profesores. Esto le ha llevado a Hashweh (2005) a recoger integrar diversos componentes bajo el término "construcciones didácticas del profesor" ("teacher pedagogical constructions"), lo que lo acerca a otras conceptualizaciones similares, como "configuraciones didácticas". El conocimiento didáctico del contenido es el conjunto o repertorio de "construcciones pedagógicas", resultado de la sabiduría de la práctica docente, normalmente con una estructura narrativa, referidas a tópicos específicos. De este modo no sería ni una subcategoría del conocimiento de la materia (conocimiento de la materia para la enseñanza) ni un forma genérica de conocimiento, sino una colección de "construcciones didácticas", específicas para cada tópico, que puede ser examinada en los diversos componentes que la configuran (conocimiento curricular, del contenido, creencias sobre la enseñanza-aprendizaje, conocimientos y creencias didácticas, conocimientos del contexto y recursos, metas y objetivos).

Por último, Shulman (1998a) ha subrayado, frente a una lectura parcial de su trabajo, que el conocimiento profesional comprende una comprensión moral que pueda dirigir y guiar su práctica como un servicio a otros. Un profesional actúa con un sentido de responsabilidad personal y social, empleando sus conocimientos teóricos y habilidades prácticas dentro de una matriz de comprensión moral.

> *"El punto de partida para la preparación profesional es la premisa de que las dimensiones del profesionalismo implican propósitos sociales y responsabilidades, que deben estar fundamentadas tanto técnica como moralmente. El significado común de una profesión es la práctica organizada de complejos conocimientos y habilidades al servicio de otros. El cambio en el formador de profesionales es ayudar al futuro profesional a desarrollar y compartir una visión moral robusta que pueda guiar su práctica y provea un prisma de justicia, responsabilidad, y virtudes que puedan verse reflejadas en sus acciones"* (p. 516).

La profesionalidad, pues, incluye entre sus componentes, en primer lugar, una ética profesional y, más ampliamente, el compromiso activo con el servicio a la ciudadanía. Por tanto, las instituciones de educación superior deben contribuir a que los futuros profesionales desarrollen una visión y sentido moral, que pueda guiar su práctica y refleje en sus acciones un conjunto de virtudes morales. Ello fuerza a preparar a los profesionales, y especialmente a los educadores, a comprender las complejidades éticas y morales de su papel, para tomar decisiones informadas en su práctica profesional.

3.1.3. *Conocimiento Didáctico del Contenido y Didáctica específica*

La perspectiva de Shulman, aunque dependiente de una tradición académica rediviva del "profesionalismo" docente, como he señalado antes, estimo ha ofrecido una nueva base para dar una identidad epistemológica a un campo de investigación y de formación del profesorado en didácticas específicas. He apoyado, por sugerencia de Marcelo (1993), traducir el concepto *"Pedagogical Content Knowledge"* por *Conocimiento Didáctico del Contenido*, dado que el sentido específico y peyorativo de "didactics" en el contexto anglosajón en el nuestro no existe, y la equivalencia de "pedagogical" por "didáctico" estaría justificada (Doyle, 1992). Igualmente he defendido (Bolívar, 1993c) la propuesta de que si este conocimiento existe, y forma parte del conocimiento base de la enseñanza, es justo sobre el que se podría situar una identidad y legitimación del campo de las didácticas específicas. Como se pregunta Grossman (1989: 25): *"Si el 'conocimiento didáctico del contenido' es un importante componente del conocimiento base de la enseñanza, la formación del profesorado ¿transmite este área del conocimiento profesional?"*.

El programa de Shulman ha desarrollado un marco teórico que permita explicar y describir los componentes del "conocimiento base" de la enseñanza; por lo que está interesado en investigar el conocimiento profesional del profesorado, y cómo *transforma* el contenido en representaciones didácticas y lo utilizan en la enseñanza. En su primera presentación, como conjunción de contenido y didáctica, definía Shulman (1987: 15) el "conocimiento didáctico del contenido" de la siguiente forma: *"La capacidad de un profesor para transformar su conocimiento del contenido en formas que sean didácticamente poderosas y aún así adaptadas a la variedad que presentan sus alumnos en cuanto a habilidades y bagajes"*. Esta transformación no sería sólo didáctica, sino primariamente propiamente curricular, con todo lo que supone construir una materia o programa escolar (Deng, 2007).

Si la didáctica es un conjunto de principios genéricos aplicables a cualquier disciplina, no hay una identidad epistemológica de las didácticas específicas y la formación del profesorado puede organizarse –como hasta ahora– en cursos independientes de ambos tipos; pero si hay un conocimiento de la materia específicamente didáctico, es aquí donde se sitúa el *estatus* propio y justificación de una didáctica específica. En la tarea de todo profesor principiante de repensar y transformar su materia, desde una perspectiva didáctica, en formas de conocimiento que sean apropiadas para los alumnos y las tareas docentes, los cursos dedicados a la didáctica específica, enfocados en posibilitar una representación flexible del contenido, pueden tener importantes efectos en contribuir a forjar un Conocimiento Didáctico del Contenido, que será completado con las experiencias prácticas.

Como analizan Grossmann, Wilson y Shulman (1989), el conocimiento del contenido curricular incluye cuatro dimensiones: conocimiento del contenido de la materia (hechos, conceptos centrales o principios organizativos), conocimiento sustantivo (marcos explicativos de la disciplina), conocimiento sintáctico, y creencias sobre la materia. El conocimiento del contenido es una condición necesaria, aunque no suficiente, del "conocimiento didáctico del contenido", como capacidad del profesor para entender las formas alternativas del currículum de su respectivo campo disciplinar, presentarlo a los alumnos y de discutir los modos en que este contenido está expresado en los materiales y textos.

Entre el cuerpo de los diversos conocimientos necesarios para la enseñanza, además del conocimiento de la materia, se precisa –además– un "conocimiento didáctico del contenido", que –teniendo un estatus propio– es más que la conjunción o intersección entre el conocimiento de la materia *per se* y los principios generales didácticos y pedagógicos. Es la capacidad para trasladar/transformar el conocimiento de la materia en representaciones didácticas (significativas, comprensibles o asimilables) para los alumnos. De este modo, si el "buen" profesional de Secundaria es aquel que no sólo tiene un conocimiento del contenido del campo disciplinar, sino también el que tiene un "conocimiento didáctico" de dicho contenido, sería función de las didácticas específicas –en conjunción con la Didáctica General– proporcionar dicho conocimiento. Revisando lo que ha sido el Programa (Shulman y Quinlan, 1996) dicen:

"El aspecto central de este programa de investigación era el argumento de que los profesores excelentes transforman su propio conocimiento del contenido en representaciones pedagógicas que conecten con los conocimientos previos y disposiciones de sus alumnos. [...] La capacidad para enseñar, sin embargo, no está compuesta de un genérico conjunto de habilidades pedagógicas; en su lugar, la efectividad de la enseñanza es altamente dependiente conjuntamente del conocimiento del contenido y del conocimiento didáctico del contenido, en cómo una buena comprensión de la materia y en cómo una buena comprensión de los modos de transformar los contenidos de materia en representaciones con potencialidad didáctica" (pág. 409).

El objeto, pues, de las didácticas específicas, desde la perspectiva del equipo de Shulman de Stanford, es investigar las diferentes estrategias de transformación de los contenidos de enseñanza en modos que puedan ser potentes didácticamente, según la materia de que se trate y el alumnado a que se dirija. Shulman argumenta que *"la enseñanza y su efectividad funciona diferentemente en los contenidos de las diferentes áreas. La enseñanza de las matemáticas a niños es dramáticamente diferente de la enseñanza de la literatura a adolescentes o adultos. Un conjunto de principios didácticos serían inadecuados para recoger conjuntamente la enseñanza de la física y la enseñanza de la historia. Los contenidos de la enseñanza precisan ser incluidos como un aspecto central de los estudios sobre la enseñanza"* (Shulman y Quinlan, 1996: 409).

Así, en su estudio de casos sobre comparación de profesores expertos y noveles, Gudmundsdottir (Gudmundsdottir y Shulman, 1990) ejemplifica cómo, aunque los dos profesores son expertos en los conocimientos de sus respectivas disciplinas, el profesor veterano tiene un punto de vista comprensivo y flexible de la materia, lo que le permite *transformar* el contenido disciplinar en "Conocimiento Didáctico del Contenido" y *redefinir* el Conocimiento de la Materia. El profesor con Conocimiento Didáctico del Contenido ha desarrollado la capacidad de poder recombinar, utilizar y desarrollar de diversos modos el potencial del currículo, viendo los pros y contras de cada estrategia, mientras el novel conoce un desarrollo lineal, que es el que imperturbablemente sigue en un tiempo dado, sin tener una visión global que le permita conectar y recombinar los elementos. Esto sugiere que *"visualizar unidades más extensas en términos del currículum es un elemento importante del CDC"*, pudiendo formar más potentes y extensas estructuras que organicen las diferentes unidades discretas de información. El novel, por el contrario, sólo puede usar pequeñas piezas de información, sin organizarlas en estructuras coherentes. Como concluyen Gudmundsdottir y Shulman (1990: 33):

"La implicación para la formación del profesorado es que ésta debe centrarse más en el Conocimiento Didáctico del Contenido. Actualmente,

en la mayoría de los programas de formación del profesorado, los estudiantes aprenden primero la materia, métodos generales de enseñanza, psicología y sociología. Pero se hace poco énfasis en conseguir que los profesores en formación piensen sobre la materia que han de enseñar en términos de sus contenidos didácticos. Los profesores en formación necesitan ser conscientes del proceso que deben emprender para hacer que el conocimiento del contenido sea asequible para los alumnos, (...) para que comiéncen a redefinir su Conocimiento de la Materia y, por tanto, a construir su Conocimiento Didáctico del Contenido".

De este modo, Stodolsky (1991), en su excelente libro sobre el tema (*La importancia del contenido en la enseñanza: Actividades en las clases de matemáticas y ciencias sociales*), muestra cómo la naturaleza de los contenidos determina el propio diseño y desarrollo curricular que, en cada caso, hacen los profesores: *"El contenido influye tanto en el diseño como en la práctica de las actividades escolares.(...) Este libro demuestra que aquello que se enseña determina profundamente la actividad docente"* (pág. 13). Si cada contenido implica unas actividades diferentes, como señala Stodolsky: *"De ello resultarían tipos distintos de enseñanza para cada uno de los contenidos de nuestro estudio"* (pág. 20). Este sería el verdadero fundamento de una didáctica específica. Cada campo de contenidos tiene su propio alcance, grado de definición, secuencialidad mayor o menor, etc.; por lo que no se puede separar la didáctica de los contenidos.

En cualquier caso, cuando se trasladan marcos y propuestas desde contextos distintos, inevitablemente, se comenten errores. Así, el problema en España en la formación del profesorado de Secundaria no es que hayamos olvidado el paradigma (*missing paradigm*) del conocimiento del contenido de la materia, como se refiere Shulman al contexto norteamericano, por lo que debamos revalorizar los contenidos y su didáctica, sino –al revés– que éste ha tenido un predominio casi único en la formación de dicho profesorado. Otro asunto es que las didácticas específicas de las materias hayan sido más contenido que didáctica y –sobre todo– que no se hayan dirigido a configurar un *corpus* de conocimiento (teórico y práctico) didáctico específico del contenido.

3.2. La transposición didáctica

El concepto de "transposición didáctica" fue formulado originariamente en Francia en los ochenta por Yves Chevallard (1991), alcanzando un inusitado éxito, especialmente para dar una base epistemológica propia, de modo paralelo al de Shulman ("Conocimiento Didáctico del Contenido"), a las didácticas específicas (en este caso, a partir de la Didáctica de la Matemática). Éstas adquieren identidad cuando la relación docente-discente se ve mediada por unos contenidos disciplinares. Los saberes académicos no pueden ser directamente enseñados. Como afirmaba el propio Chevallard (1991), "hay transposición didáctica porque el funcionamiento didáctico del saber es otro que el funcionamiento académico". El saber de referencia y el saber que se enseña no son idénticos dado que se producen transformaciones en diferentes instancias, que explicitamos a continuación (Ruiz Higueras, Estepa Castro y García, 2007).

Además de esta reactualización del "triángulo didáctico", es verdad que, además de este nivel restringido (en el que aquí nos vamos a limitar), Chevallard elabora una concepción más compleja o sistémica, basada en una cuestionable antropología y noosfera, que le permite situar el saber y el sistema de prácticas en un contexto más amplio. La noción de institución le permite inscribir la situación didáctica en las prácticas sociales compartidas en que tienen lugar. De este modo, el aprendizaje se juega en la adecuación entre los significados personales e institucionales en que ocurren. En Didáctica de las Matemáticas el profesor Díaz Godino (2003) de la Universidad de Granada ha desarrollado ampliamente un enfoque ontosemiótico de la cognición e instrucción matemática, apoyándose conjuntamente en la teoría antropológica de Chevallard, la teoría de situaciones didácticas de Brousseau, y la teoría de los campos conceptuales de Vergnaud. El propio Chevallard (en el postfacio a la 2ª edición de su obra), dentro de una antropología de los saberes, precisa que "la didáctica se inscribe en el campo de la antropología", lo que denomina "*Le* didactique". Esta antropología la entiende como una rama de la epistemología, que estudia el funcionamiento institucional de una cierta "noosfera".

Los contenidos académicos requieren ser sometidos a un proceso de descontextualización o conversión de "saber sabio" o académico (*savoir savant*) en una recontextualización en conocimiento escolar (*savoir enseigné*), que es justo lo que Chevallard llama "transposición didáctica". Nos encontramos, pues, ante un "proceso complejo de transformaciones adaptativas por el cual el conocimiento erudito se constituye en conocimiento u objeto a enseñar; y éste en objeto de enseñanza (o conocimiento enseñado)". Esta operación le otorga identidad propia a las didácticas específicas, distinguiéndolas de las disciplinas matrices, de un lado, y de la Didáctica general, de otro. De este modo, plantea Chevallard (1991: 41) que

> *"un contenido de saber que ha sido designado como saber a enseñar, sufre (...) un conjunto de transformaciones adaptativas que van a hacerlo apto para ocupar un lugar entre los objetos de enseñanza. El 'trabajo' que transforma de un objeto de saber a enseñar en un objeto de enseñanza, es denominado la transposición didáctica".*

¿Cómo los saberes científicos son "transpuestos" a contenidos educativos? El fenómeno de la transposición didáctica comprende, pues, las sucesivas transformaciones, contextualizaciones o desplazamientos que se producen en el conocimiento, desde que es elaborado por la comunidad científica hasta su vehiculización institucionalizada como conocimiento escolar. Tardy (1995: 53) lo describe como "el recorrido que va del saber académico (saber que se elabora en los lugares consagrados a la investigación) al saber enseñado (el saber propuesto a los alumnos)". El proceso de la transposición didáctica caracteriza, pues, el conjunto de mediaciones en el que es posible identificar niveles sucesivos: en un primer nivel, identifica el proceso de selección de ciertos aspectos del saber científico como contenidos susceptibles de formar parte del currículum escolar. Un segundo nivel traduce el conjunto de transformaciones que se operan en el saber designado como contenido a enseñar, cuando es objeto de transmisión en los procesos escolares de enseñanza y aprendizaje, convirtiéndose en objeto de enseñanza.

Se denomina, pues, *transposición didáctica*, al proceso en que el saber académico deviene en saber enseñado. Son precisas, por tanto, de-construcciones científicas para transformarse en contenidos-enseñados, que es lo que define el ámbito de la *transposición didáctica*. Con ella, pues, se hace referencia a los procesos de selección, organización y adaptación del contenido disciplinar, en tanto que, para llegar a ser contenido de enseñanza escolar, necesita de los procesos mencionados. En este "pasaje" del conocimiento desde un ámbito hacia otro, la intencionalidad educativa/didáctica debe ser determinante. Según esta teoría los contenidos de enseñanza corresponden a saberes de referencia, que están constituidos por el cuerpo de conocimientos producidos en los ámbitos científicos.

> *"La transformación de un contenido de saber preciso en una versión didáctica de ese objeto de saber puede denominarse más apropiadamente 'transposición didáctica stricto sensu'. Pero el estudio científico del proceso de transposición didáctica (que es una dimensión fundamental de la didáctica de las matemáticas) supone tener en cuenta la transposición didáctica sensu lato, representada por el esquema:*
>
> Objeto de saber – Objeto a enseñar – Objeto de enseñanza
>
> *en el que el primer eslabón marca el paso de lo implícito a lo explícito, de la práctica a la teoría, de lo* preconstruido *a lo* construido" (Chevallard, 1991: 45).

La noción misma, como se ha mostrado en Francia (Arsac *et al.*, 1994), puede ser objeto de discusión epistemológica. Por un lado, puede dar a entender que el *savoir savant* es deformado ("degradado" o vulgarizado, en cualquier caso, "infiel") al traspasarlo a *savoir enseigné*; en cualquier caso que la distancia entre ambos deba ser lo más "corta" posible. Por su parte, de acuerdo con la primera formulación de

Michel Verret, conviene darle un sentido fuere y propio a la noción de "transformación didáctica", entendiendo que *toda práctica de enseñanza de un objeto presupone la transformación previa de dicho objeto en objeto de enseñanza*. Como tal, entonces la actividad didáctica supone un proceso de construcción propio.

Desde una perspectiva curricular diríamos que esa transformación de los saberes académicos, más que basarse en una psicologización del saber (ya hemos criticado tal intento), se base en la necesidad de una *recontextualización* en unas instituciones de socialización, como son las escuelas. Esta instancia sociológica y curricular es el último fundamento de la transformación del saber, como lo muestra la historia del currículum o de las disciplinas escolares. De hecho, como ya recalca Chevallard en el postfacio de la segunda edición, más que un fenómeno individual (cada profesor efectúa su propia transposición) es preciso verlo como algo "institucional": de instituciones productoras del saber a instituciones destinatarias que harán un uso didáctico.

La teoría de la transposición didáctica pone en primer plano los contenidos de la enseñanza y la diferencia entre el saber enseñado y el saber erudito que lo legítima. En ese sentido, viene a ser expresión de un concepto muy tradicional de la enseñanza, o que –en cualquier caso– sólo tendría un contexto adecuado –como en parte le sucede al de Shulman– en la Secundaria y Bachillerato. Además, no siempre es aplicable. Si es preciso una disciplina matriz en relación a cuyo *corpus* de conocimiento se constituye la didáctica especial, habría campos didácticos (por ejemplo Didáctica de la lectura y escritura, Didáctica de la educación cívica, etc.) que son tales y, sin embargo, les falta la matriz disciplinar. Sí sirve, por el contrario, para explicar la cierta resistencia social y profesional a implantar saberes en la enseñanza general que no tienen referente en el saber académico y que, por tanto, no están suficientemente legitimados (caso, en España, por ejemplo de "temas transversales").

Además de la Didáctica de las Matemáticas, donde era originario el constructo, otras didácticas específicas en España, necesitadas de buscar apoyos para su fundamentación, después de la división administrativa de áreas de la LRU, se han apoyado en la transposición didáctica de Chevallard. Así, en Didáctica de las Ciencias Sociales, Pilar Benejam y Joan Pagès (1997) dicen "...la transposición didáctica es la ruptura que la Didáctica Específica opera para construir su campo, de manera que la Didáctica de las Ciencias Sociales se ocupa del saber que se enseña, es decir, se ocupa de la teoría y la práctica de la transposición didáctica" (pág. 75). Sin embargo, como ha destacado, entre otros, mi colega Alberto Luis (1998), aparte de una visión funcionalista del saber a "trasponer", maneja un concepción simplista del "saber", como si fuera un ámbito objetivo, cuando la historia de la ciencia o del currículum ha mostrado su carácter de construcción social e histórica. Al respecto, la propuesta de Shulman, que incluye la dimensión curricular, podría ser más potente.

4. REVISIÓN, LIMITACIONES Y NUEVOS DESARROLLO DEL PROGRAMA

Finalmente, queremos referirnos a las limitaciones (internas y externas) que ha presentado el programa de CD en su desarrollo. En primer lugar, el Programa se ha cifrado (y es donde tiene su campo de aplicación) casi exclusivamente a la didáctica en la Educación de niveles superiores (Bachillerato y Universidad), donde obviamente el componente de contenido disciplinar es más fuerte. En otros niveles educativos el componente "contenido" se presenta de otro modo, tanto en su adquisición como en su uso. McNamara (1991) se pregunta qué hubiera pasado si, en lugar de materias tradicionalmente disciplinares (biología, matemáticas, ciencias sociales, etc.), estudiáramos la música, el drama o el arte; en tales casos las representaciones didácticas del contenido variarían significativamente.

En segundo lugar, los límites del CDC son ambigüos. Por un lado es preciso haber distinguido entre "conocimiento disciplinar" (por ejemplo, la matemática como ciencia) y "conocimiento curricular" (las matemáticas escolares), que suelen ser una reconstrucción social e histórica particular, como han puesto de manifiesto los estudios de historia del currículum. Por otro, el estatuto epistemológico de la distinción entre conocimiento académico de la materia y conocimiento didáctico del contenido no está del todo fundamentado, a no ser que se entienda el primero desde una teoría del conocimiento objetivista (McEwan y Bull, 1991). En tercer lugar, el CDC parece ser más como un constructo psicológico-cognitivo del conocimiento profesional del profesorado que lo que, en la tradición europea, se ha incluido dentro de las metodologías didácticas (Bromme, 1995).

Ahora bien, a pesar de las ambigüedades y problemas que presenta a este nivel interno (Grossman, 1990), la distinción ha resultado productiva prácticamente por su potencialidad para generar una investigación útil en las didácticas específicas para la formación del profesorado. Pues, por un lado, superando la dicotomía tradicional en la formación del profesorado (conocimiento de la materia y conocimiento de los métodos de enseñanza, por separado), pone el acento de esta formación en el CDC; por otro, no distinguirlo (McEwan y Bull, 1991), aparte de conducirnos a la obviedad de que todo conocimiento debe tener una dimensión pedagógica, resulta estéril didácticamente. Como ha señalado Marks (1990):

> *"Claramente el concepto de CDC es difícil de ser concretado teóricamente. En sentido práctico, sin embargo, representa una clase de conocimiento que es central en el trabajo de los profesores y que podría no ser fomentado por la enseñanza académica de la materia o por profesores que la conocen poco. En este sentido el concepto es significativo y útil para ayudar a los formadores de profesores a centrarse en lo que los profesores deben conocer y cómo podrían aprenderlo"* (p. 9).

En cuanto a *limitaciones externas*, dentro de las sucesivas "olas" de reforma escolar en USA, en que se pretende mejorar la calidad de la educación por la revalorización de estándares del propio profesorado, con sucesivos informes de comisiones nacionales, el programa de Shulman pretendió contribuir elevando la calidad del profesorado por medio de una formación seria en los contenidos y su didáctica. Al reivindicar un "conocimiento base" de la enseñanza como profesión sirve como un referente ideológico importante para el establecer estándares en la profesión docente. Desde luego la perspectiva de Shulman es reivindicar la enseñanza como una profesión, en que los profesores tengan, como tales profesionales (no técnicos) un cuerpo de conocimientos diversos necesarios para la enseñanza, entre éstos destacan el conocimiento de la materia y la capacidad para transformar ese conocimiento en significativo y asimilable para los alumnos.

Por un lado, el programa de Shulman pretendía incidir en cómo mejorar la formación docente, en especial la mediocridad e incompetencia de los docentes americanos, como señalaban algunos informes como *A Nation at risk*, aumentando los estándares exigidos para la habilitación en la profesión. Por otro, también pretende convertir a los docentes en poseedores de un "saber experto" (aquellos que no sólo conocen la materia sino que poseen el saber/habilidad de enseñarla), como atributo propio ("competencia profesional") de cualquier profesión, aún cuando pretenda reivindicar un "nuevo profesionalismo". En este sentido, Escudero (1993), reconociendo los valores del programa de trabajo e investigación del equipo de Shulman, señalaba que adolece de un *"sesgo peculiar y bastante común, a saber: la reducción de la profesionalización, y por ende de los contenidos, a las relaciones 'académicas' con los alumnos, obviando de este modo otras dimensiones de carácter más organizativo, social e ideológico que también contribuyen a conformar, de uno u otro modo, la construcción y el ejercicio de la profesión docente"*.

Desde el ángulo político se resalta, como crítica fuerte (Cochran-Smith y Lytle, 2002), que con el Programa de Shulman así como aquellos que reivindican un "conocimiento base" para la enseñanza, se están privilegiando un conocimiento externo (académico, universitario) que debe ser poseído por el profesor para alcanzar una competencia, y –consecuentemente– se menosprecia esa otra dimensión del profesor como investigador y del conocimiento personal del profesor envuelto en los procesos de la práctica diaria. El proceso de generación de conocimiento es, primariamente, un conocimiento basado en las disciplinas correspondientes, frente al "conocimiento local" generado por los propios profesores en sus contextos locales de trabajo.

Si bien Shulman (2004b) ha reconocido el papel de la colegialidad y la colaboración en el aprendizaje de la experiencia; en conjunto, en la primera investigación de su equipo hay un cierto desdén de la dimensión de construcción social del conocimiento, más allá de la formación académica que reciba el profesor y de la experiencia en el aula, como se muestra en los estudios de caso individuales. El desarrollo profesional se entiende, en el sentido más restringido y tradicional, como profesionales competentes "con conocimiento". A pesar de las críticas que Shulman formula a planteamientos anteriores, la comparación entre expertos/noveles está en la base de su descripción del CDC, cuando este tipo de comparación está aún preso de un planteamiento técnico-instrumental del papel del profesor.

Por todo ello hemos de ser precavidos con propuestas –como la de Shulman– que, con el laudable objetivo de incrementar el "profesionalismo" en la Enseñanza Secundaria (quizás necesario en USA, donde la formación de su profesorado deja mucho que desear), puedan contribuir a redivir una tradición (el buen profesional especialista en cada materia), que no sería conveniente para lo que demandamos de los nuevos profesores de Secundaria Obligatoria: trabajo colegiado, que establece relaciones transversales más allá de las divisiones disciplinares, con un papel educativo, consciente de la dimensión institucional, social y política de sus prácticas pedagógicas. No obstante tiene aspectos muy positivos, como muestra el Programa actual de "Scholarship of teaching", para integrar ambos aspectos en el trabajo del profesorado universitario.

El trabajo sobre el desarrollo de un conocimiento base de la enseñanza de Shulman ya se hizo dentro del marco de la Fundación Carnegie. Dentro del marco de trabajo de esta Fundación, de la que es presidente actualmente, diseñado en la propuesta del anterior presidente Boyer (1990) y recogido en su informe sobre *Scholarship Reconsidered*, le permite continuar su programa, ahora reenfocado sobre la mejora de la educación superior, en un cambio de cultura donde la enseñanza y la investigación formen parte de una misma tarea y estándares. La enseñanza se debe situar dentro del trabajo académico, al mismo nivel y metodología que la actividad investigadora. Contenido y didáctica no pueden ser campos separados o aditivos en el profesorado universitario. Al contrario, debe formar parte del propio trabajo en una disciplina. Ambas demandan un conjunto similar de actividades de diseño, acción, evaluación, análisis y reflexión y, muy especialmente, ser sometidas al escrutinio público de los colegas.

Los procesos de enseñanza y aprendizaje asociados con la comprensión de cada disciplina en particular llegan a ser, así, foco de investigación. Si la investigación habitual disciplinar se ha dedicado a producir conocimiento de contenidos y la investigación educativa, por su parte, conocimiento pedagógico; se trata ahora de unir ambos procesos en la labor de los académicos, a través de la investigación en el aula, lo que daría lugar a un "conocimiento didáctico del contenido", sometido a los mismos cánones de visibilidad, contraste por colegas y diseminación que la investigación científica. De este modo, si un buen académico investiga en su respectivo campo, como profesor universitario que es, tiene que preocuparse por mejorar la transferencia de dicho conocimiento a sus alumnos, con un conocimiento didáctico del contenido, compartido y sometido a revisión por sus colegas.

La enseñanza universitaria no puede seguir recluida a la privacidad del aula, sin ser sometida, al igual que la investigación, al escrutinio público de sus pares (Hastch *et al.*, 2005). Por otro lado, es preciso situarla –con todo lo que deba implicar en el reconocimiento de la maestría docente– como una de las funciones del profesorado universitario, de la actividad de los "scholars". Esta, como la investigación, debía reunir un conjunto de caracteres: objeto de investigación, pública, sometida a la crítica y evaluación, y compartida o intercambiada. La integridad del profesor universitario incluye, pues, la revisión y mejora de su enseñanza por el impacto que su trabajo, en esta dimensión, tiene sobre los estudiantes. En el fondo, como ha dicho Shulman (1999), ser profesor supone tomarse seriamente el aprendizaje de los alumnos aprendices.

Al igual que la investigación, la enseñanza ha de llegar a hacerse visible o pública, como una "propiedad comunitaria" ("community property", lo llama Shulman, 2004b). Además de este carácter, ha de ser sometida al análisis y comentario de una apropiada comunidad de compañeros, en analogía con los procesos de revisión por pares y calidad de los productos de la investigación. De este modo, una comunidad académica, que está comprometida con su trabajo académico, trata su trabajo como un acontecimiento público, sometido al escrutinio de los colegas. En tercer lugar, el trabajo académico docente ha de ser intercambiado, de manera que otros tengan posibilidad de aprender y nosotros del de ellos.

De este modo, el *saber académico de la docencia* significa que llega a ser público, sometido a la revisión y crítica por los miembros de la propia comunidad, y con potencialidad para contribuir al desarrollo de la comunidad por el uso e intercambio que pueden hacer. Al hacerlo visible, contribuimos a incrementar el *conocimiento base* sobre la enseñanza y el aprendizaje. Esto último, actualmente, puede ser facilitado por las nuevas tecnologías de la información y la documentación.

El vocablo "scholarship of teaching and learnig", de difícil traducción, tiene el sentido primero de afirmar que la enseñanza es un trabajo intelectual serio, propio del saber académico y experto, que debe ser valorado y reconocido. Actualmente ha llegado a constituirse en un amplio movimiento de renovación de la educación superior. El libro de Ernest Boyer *Scholarship Reconsidered: Priorities of the Professoriate* (1990) marcó todo un hito, a la vez que fundamento de este programa, en que trata de poner fin a la falsa polaridad entre enseñanza e investigación en la academia, para reafirmar que el profesorado universitario asume ("profesa") la responsabilidad de dar a su enseñanza también un sentido académico. Por ello, propone que la enseñanza sea –al igual que la investigación– considerada una actividad académica. Así, afirma que "superando el viejo debate entre enseñanza e investigación, aporta un significado más amplio y honorable", pues incluye cuatro dimensiones distintivas e interrelacionadas: investigación, integración, aplicación y enseñanza. Por eso, la buena enseñanza está guiada por el mismo hábito mental que caracteriza a los otros tipos de trabajo académico.

Hutchings y Shulman (1999) señalan que Boyer no traza una línea divisoria entre "enseñanza excelente" y el "scholarship" de la enseñanza. No basta que la enseñanza sea buena o excelente, o que las prácticas docentes sean revisadas para obtener información, además debe estar informada por las últimas ideas sobre la enseñanza en ese ámbito y reflexionada por la revisión por compañeros de modo colaborativo, abierta a la crítica y a la comunicación, en una especie de "propiedad de la comunidad":

> *"Un saber académico de la enseñanza implica que da cuentas pública de algunos o todas las dimensiones de la enseñanza (metas, diseño, realización, resultados y análisis), en formas que sean susceptibles a la revisión crítica por pares del profesor y puede es susceptible de emplearse de modo útil en el trabajo futuro de los miembros de esa misma comunidad"* (Shulman, 1998b, 6).

Además, en un cuarto atributo, el "scholarship" de la enseñanza, implica indagar y cuestionarse sobre aspectos del aprendizaje de los estudiantes, es decir no sólo sobre la práctica docente sino sobre el carácter y profundidad del aprendizaje de los estudiantes que resulta (o no) de dicha práctica. En este sentido, no es sinónimo de "enseñanza excelente", dado que investiga de modo sistemático cuestiones relativas al aprendizaje de los estudiantes (condiciones en que ocurre, lo que lo hace atractivo, profundo o relevante) y lo hace no sólo para mejorar su propia clase sino para avanzar en la práctica misma. No se presupone que todo profesor universitario (incluidos los profesores excelentes) hace o debe hacer, sino que tiene oportunidad de hacer si quiere. Este saber académico de la enseñanza es, sin embargo, una condición (que puede estar ausente) para la enseñanza excelente. Es el mecanismo mediante la que la profesión misma de la enseñanza avanza.

De modo similar a que cada contenido puede tener su propia didáctica específica, el "scholarship of teaching and learning", a nivel universitario, reconoce los posibles "estilos disciplinares" diferenciales (Huber y Morreale, 2002): sus propias tradiciones disciplinares y didácticas que condicionan la indagación sobre la enseñanza y el aprendizaje (centrarse en ciertos problemas, emplear determinados métodos o presentar sus trabajos de determinados modos). Para alcanzar este propósito los profesores de Universidad deben estar informados de las perspectivas teóricas de la enseñanza y el aprendizaje de su propia disciplina y capacitados para recoger evidencias rigurosas de su práctica de enseñanza. Esto implica reflexión, indagación, evaluación, documentación y comunicación. La integración de resultados de investigación en la enseñanza mediante proyectos de innovación es otro componente de este objetivo. De esta manera se irán consolidando conocimientos didácticos específicos para las diversas disciplinas universitarias (por ejemplo de Medicina, de Psicología, de Ingeniería, etc.).

El asunto es cómo puede la enseñanza universitaria encontrar un lugar correcto y dignificado en el contexto de la investigación. Sólo cuando llega a ser, paralelamente, una prioridad institucional, creando órganos e incentivos que contribuyan a incrementar el saber académico sobre la enseñanza y el aprendizaje. Diversas universidades están constituyendo Institutos de investigación sobre la enseñanza y el aprendizaje, que contribuyan decididamente al intercambio y desarrollo del conocimiento sobre la enseñanza y el aprendizaje universitario. Bajo la presidencia de la *Carnegie Foundation for the Advancement of Teaching* Shulman está impulsando un amplio movimiento de renovación la educación superior, habiéndose creado en muchas universidades instituciones para impulsar dichos esfuerzos y reconociendo a su profesorado la investigación que realizan en su docencia. Las ventajas del enfoque son indudables, la didáctica no es algo añadido a los contenidos, forma una dimensión de su trabajo y de los propios contenidos.

CAPÍTULO V

UNA DELIMITACIÓN EPISTÉMICA

"El discurso didáctico (pedagógico) se propone conferir un decir a un hacer, y un decir que promueva la promoción (o la prohibición) de este hacer" (Hameline, 1998: 233).

"La ciencia es una práctica prestigiosa y la educación históricamente ha sido un campo que ha sufrido algo por su ausencia. Crear una forma de práctica construida sobre lo que sea sólido y prestigioso ha sido un inveterado deseo. Hoy, sin embargo, nuestra confianza en una episteme es menos segura que lo era en otros tiempos" (Eisner, 2002).

Una doble dimensión (descriptiva y normativa) atraviesa, desde sus orígenes, el conocimiento didáctico: a) por una parte, pretende describir (ya sea buscando "explicar" o, más recientemente, "comprender") la práctica docente más adecuada para promover los procesos de enseñanza-aprendizaje; b) por otra, aspira a prescribir, guiar o normativizar dicha práctica educativa, señalando qué procedimientos o metodologías resultan más eficaces en una determinada situación. Ciencia (explicativa) y tecnología/artística (normativa) conjuntamente contribuyen a favorecer el aprendizaje. "Ciencia que explica la acción didáctica y determina sus condiciones y modalidades de eficacia: ciencia práctico-poyética", o sea, teoría de la praxis docente", decía en una buena formulación Renzo Titone (1966: 34-35).

Por recurrir a nuestro propio pasado anterior, Fernández Huerta (1970), en una posición que él mismo clasificaba de "ecléctica", sostiene que es un "conocimiento formalmente especulativo, pero virtualmente práctico". Por su parte, Miguel Ángel Zabalza (1990: 154) dice: "la Didáctica posee una doble vertiente como materia: tratar de *conocer mejor* las realidades de su campo de estudio para poder *intervenir* de manera más eficaz sobre ella". En la misma línea, José Contreras (1990: 19) recoge este doble carácter, definiendo la Didáctica como "la disciplina que *explica* los procesos de enseñanza-aprendizaje para *proponer* su realización consecuente con las finalidades educativas".

Como, en una afortunada expresión que encabeza este apartado, dice Hameline, el objetivo de la Didáctica es proporcionar *"un decir a un hacer"*, una práctica fundamentada o una *práctica con discurso*, que también señala Zabalza (1998). En efecto, dentro de una "teoría de la acción", hay un componente de comportamiento y un componente discursivo. Reducirla a mero componente conductual sería condenarla a una técnica sin fines; pero tampoco –como ha habido tentaciones– enfatizar lo discursivo la dejaría como un saber –en parte– estéril, sin operatividad. Se precisa conjuntamente un *saber* y un *hacer*.

Entre los didactas sudamericanos, el mejicano Ángel Díaz Barriga ha sido uno de los que, sin desdeñar la dimensión normativo-instrumental, que es una de sus señas de identidad, ha reivindicado la dimensión teórica. Para ello acude a la rica y amplia tradición histórica, sin limitarse a la reducción que se opera en los años cincuenta. En una línea que compartimos afirma:

> *"Además de considerar la dimensión conceptual de la didáctica como elemento que evita que se pierda en una perspectiva instrumentalista, es indispensable concebirla desde una dimensión histórico-política, puesto que mediante la didáctica se dan respuestas a los problemas que la educación enfrenta en un momento social determinado. [...] De esta manera, consideramos como dos grandes omisiones de las concepciones didácticas actuales la carencia de una perspectiva que articule la teoría y la técnica en la didáctica, como elemento que la aleje del instrumentalismo, y la falta de una concepción histórico-política, aspecto que permitiría ubicarla en el seno de los grandes propósitos sociales para la educación"* (Díaz Barriga, 1998: 7).

En esta misma línea, y como corolario de esta Primera Parte (y de este capítulo), planteamos líneas para una resignificación de la Didáctica en nuestro contexto actual.

1. DOBLE DIMENSIÓN DEL CONOCIMIENTO DIDÁCTICO

Esta oscilación entre *explicar las acciones* (componente científico) en función de los compromisos con la práctica, al tiempo que *proponer acciones* que manifiesten una congruencia con la realización de determinados fines, es justo el punto central de la generación del conocimiento en Didáctica. La cara *descriptiva* de la Didáctica es característica de un enfoque de investigación, la *normativa* representa el punto de vista práctico. Por eso mismo, los problemas didácticos no son solo teóricos, sino prácticos (recurriendo ahora a la distinción aristotélica).

Además, crecientemente, nos encontramos ante un cierto desengaño de que la teoría no formule (además de describir, criticar, comprender o deconstruir) también "algún tipo de discurso propositivo razonado para la acción", por decirlo con palabras de Salinas (1995: 46). A nuestra altura de los tiempos, vemos como necesario articular modos en los que se integre en la práctica educativa el necesario conocimiento con la acción. Lo que está en juego no es tanto que la Didáctica sea/ deba ser un conocimiento, sino en qué grado puede pretender aspirar a regular la práctica docente. Y aquí las posiciones difieren grandemente, desde posturas interpretativas a otras críticas que vienen a negar tal posibilidad, a posiciones más realistas (calificadas –a veces– de "tecnológicas") que no renuncian a tal pretensión.

Una teoría de la enseñanza organiza el conocimiento en torno a estas dimensiones:
- Teorías *descriptivas* (a nivel de *explicación* o *descripción*), como resultado de la investigación empírica-analítica, que pretenden describir y explicar una parte de la realidad educativa. Además, la teoría de la enseñanza trata de *comprender* (complementariedad del enfoque hermenéutico, como defiende Apel) la realidad de la enseñanza, si se entiende que la realidad educativa es socialmente construida en la interacción.
- *Propuestas de acción (normativa/morales o técnicas/tecnológicas)*, que pretenden guiar y orientar la práctica, en función de unos fines legitimables por su valor educativo o su generalizabilidad. La cuestión es quién y en función de qué debe hacer propuestas de acción, y con qué grado de normatividad. Esta normatividad, por otra parte, puede tener una versión reguladora-técnica de la práctica, o con pretensión moral:
  a) *Prescripción técnica-tecnológica*. Del conocimiento científico se derivarían normas de acción, regulando –pues– la práctica por medio de prescripciones técnicas, en orden a conseguir una eficiencia en el aprendizaje.
  b) Fundamento *práctico-moral*. En este caso, el conocimiento se sitúa a nivel de "frónesis" aristotélica, práctica moral-deliberativa; o, en otros casos, como conocimiento situado, *"artística"*. El saber de la acción está implícito en la propia práctica. En esta nueva racionalidad, por ejemplo, Schön (1998) hablaba de una nueva epistemología de la práctica, basada en cómo los prácticos piensan en acción.

Defendemos la necesidad de conservar, siempre que sea posible, un equilibrio entre los dos componentes: saber y saber hacer. Primar el primero, sería conducir la Didáctica a Filosofía o Sociología del conocimiento curricular, relegando dicho componente práctico a otras disciplinas que lo puedan proporcionar, dada la demanda del mundo de la práctica (la *Educational Psychology* o, en nuestros planes de estudio, la "Psicología de la instrucción"). Si la Didáctica es también una disciplina práctica, no puede renunciar a la búsqueda de un conocimiento fundado que aspira a hacer propuestas prácticas o técnicas, sin renunciar a su fundamentación teórica, que le haría perder su especificidad de disciplina propia, como –en parte– ha pasado en los últimos tiempos.

Pero, a su vez, el componente regulador puede tener (en versión positivista o tecnocrática) una función prescriptiva, pretendiendo deducir tales normas (reglas técnicas) del conocimiento científicamente fundado. En su lugar, cabe defender dicha normatividad en función del compromiso con la realización de determinados valores y metas que se consideran deseables educativamente. Si el primero, en sus versiones más duras, está definitivamente desacreditado, y demostrados los escasos efectos prácticos que ha tenido su formulación, no puede significar la renuncia a cualquier propuesta sobre cómo actuar en la enseñanza.

Es evidente que en los últimos años, desde diferentes frentes, hemos asistido a una *crisis del ideal regulador* de prescribir y dirigir cómo ha de ser la práctica docente, en función de un conocimiento pedagógico. Se ha extendido, de modo creciente, un ideal "desregulador" de la práctica, que aleja "la ilusión cientifista de que la educación pudiera contar con un saber-hacer seguro, configurado por reglas de acción transmisibles, fundadas en simples regularidades empíricas o en leyes científicas, más allá de la disponibilidad y consolidación de destrezas o principios muy delimitados" (Gimeno, 1995: 19).

Es preciso advertir que dar prioridad a una dimensión del conocimiento didáctico no es algo inocente o neutro, suele conllevar o implicar un modo de entender la relación con la práctica docente y el papel que deba desempeñar el profesorado. Así, primar la dimensión prescriptiva de la teoría didáctica a los docentes, en función de los resultados de la investigación, se inscribiría en lo que Donald Schön (1998) ha llamado una "racionalidad técnica". Por el contrario, el modelo, por ejemplo, de "práctico reflexivo" es una vía, que supone también un modo distintivo de ejercicio de la profesionalidad docente. Igualmente todas las propuestas de hacer de la enseñanza un oficio intelectual. El asunto también aquí es cómo potenciar el "conocimiento *sobre* la enseñanza" procedente de la investigación didáctica, con el conocimiento *de* la enseñanza que tiene el profesorado, procedente de la reflexión sobre la práctica. Como he narrado en otro lugar (Bolívar, 1995) el lugar del conocimiento ha cambiado: de un conocimiento generado por expertos hemos pasado a reivindicar el conocimiento práctico del profesorado y a plantearnos cuál es su estatus epistemológico, lo que supone cuestionar los cánones hasta ahora establecidos (Montero, 2001a). Como describe en otro trabajo Lourdes Montero (2001b: 17), en un buen diagnóstico:

"La evolución epistemológica del campo puede ser representada como un proceso de cambio de preocupaciones en la construcción de conoci-

> *miento en la enseñanza desde el interés por la enseñanza eficaz a la indagación del conocimiento de los profesores; de manera tal que bien podría afirmarse que el campo está en la actualidad atravesado, como nunca antes, por preocupaciones epistemológicas representadas particularmente tanto en el creciente interés en la investigación del aprender a enseñar cuanto en la reanimación del debate de los profesores como investigadores y las relaciones entre la investigación (y los investigadores) y la práctica (y los prácticos)".*

La legitimidad de la disciplina para prescribir a los docentes cómo ha de ser la buena enseñanza se ha visto convulsionada desde distintos frentes (relevancia del conocimiento –práctico, personal o del oficio– profesional del profesorado, práctica artesanal, crítica de la racionalidad técnica, resaltar dimensiones morales y deliberativas, carácter impredecible, práctica reflexiva, etc.). Como resultado de dicha crisis, el conocimiento didáctico no puede ya tener unas pretensiones prescriptivas, en un enfoque positivista. Todos estos estudios, que nos han invadido en esta década (Clandinin y Connelly, 1992; Cochran-Smith y Lytle, 2002), no sólo muestran que la enseñanza no es una actividad que consista en la aplicación de un conocimiento, sino que se mueve inevitablemente en un orden de racionalidad distinto (práctica, deliberativa). Si bien no cabe renunciar a que la Didáctica pretende generar un conocimiento teórico con intencionalidad práctica, la relación se concibe de un modo más dialéctico. Sin embargo, sigue persistiendo la necesidad de "reconstruir la dimensión normativa de la didáctica general, en cuanto criterios y estrategias para orientar la acción de los docentes" (Davini, 1996: 69).

Por eso, la dimensión que llamamos normativa puede tener, como así ha sido históricamente, dependiendo de posiciones de partida, una orientación tecnológica, pero –complementariamente– también de pensamiento *práctico, prudencial o deliberativo*. Esta perspectiva, sitúa el conocimiento didáctico no en una dimensión "teórica" (*poiesis*), sino práctica (*praxis*). En la formulación originaria de Aristóteles (*Ética a Nicómaco*, 1140 b):

> *"Si la ciencia va acompañada de demostración, y no puede haber demostración de cosas cuyos principios pueden ser de otra manera, ni tampoco es posible deliberar sobre lo que es necesariamente, la prudencia no podrá ser ni ciencia ni arte [...]. Resta, pues, que la prudencia es un modo de ser racional verdadero y práctico, respecto de lo que es bueno y malo para el hombre. Porque el fin de la producción es distinto de ella, pero el de la acción no puede serlo; pues una acción bien hecha es ella misma el fin".*

De acuerdo con la distinción aristotélica, la praxis como actividad humana, se divide en dos esferas: la técnica ("téjne") y la ética ("ethos"). Mientras la *praxis técnica* se rige por criterios instrumentales de eficacia, como la habilidad de un técnico en hacer buenos productos, en función de su saber hacer técnico; la *praxis ética*, en cambio, es una forma de sabiduría moral práctica, que se mueve en el ámbito de la "phronesis" o prudencia. En función de él, no solo se actúa eficientemente, sino moralmente. Aristóteles estipuló que todas las acciones humanas se refieren a un fin; pero mientras que en la acción *productiva* o técnica el fin es siempre una obra o resultado, un hecho o producto separado de la acción, y dependiente siempre de los medios; en la acción *práctica* o ética ella misma es su propio fin y depende siempre del sujeto de la acción. En la producción técnica el fin no es absoluto, sino relativo a los medios; en la praxis ética la intencionalidad del sujeto es clave para la moralidad de la acción. La praxis perfecta es aquella acción que es fin de sí misma, no dirigida a conseguir otra cosa.

La acción docente –entonces– se situaría en el ámbito de la praxis, donde no cabe la técnica, sino la frónesis prudencial, y cuyo valor educativo se sitúa en el interior de la propia acción. La tradición de investigación-acción (Stenhouse, Elliot) y tantos otros la han defendido. En un trabajo reciente Elliot Eisner (2002) defiende que el conocimiento que los docentes necesitan para enseñar va desde la episteme a la "frónesis" y de ésta a la maestría artística (*artistry*). Si el primero –desde la perspectiva originaria griega– es el conocimiento cierto y verdadero, la "frónesis" se refiere al ámbito del razonamiento práctico, que –por naturaleza– es contingente y no necesario, requiriendo un razonamiento deliberativo, de acuerdo con las circunstancias locales.

Desengañados de que el modelo de la física experimental pueda ser la guía de la investigación educativa, muchas cosas han cambiado en las últimas décadas. En particular, ahora situamos la acción educativa –como quería Schwab– en el ámbito ético de lo práctico. El artesano –pensamos– precisa sensibilidad, imaginación, capacidad de juicio y técnica, entre otros. Como dice Eisner, lo que ha cambiado en estos años es que ahora pensamos que "la buena enseñanza depende de consideraciones estéticas y artísticas. Crecientemente se ha reconocido que la enseñanza en algunos modos se representa más por un cuarteto de jazz que por una orquesta armónica". El conocimiento requerido es, pues, más bien deliberativo y reflexivo. Si la aspiración epistémica es hoy poco realista, y la frónesis es el campo del razonamiento práctico, precisamos comprender cómo el artista promueve la excelencia en la enseñanza.

Aquí, además de Eisner, prefiero acogerme a Max Van Manen (1998) que, en su reivindicación fenomenológica de girar la educación al mundo de la experiencia, mantiene (pág. 25):

"La pedagogía no es fundamentalmente ni una ciencia ni una tecnología. [...] La esencia de la educación es menos una empresa técnica o de

producción, que una actividad normativa que exige constantemente una intervención correcta, buena o apropiada del educador".

De ahí que las cualidades de una buena pedagogía (en el contexto en que la emplea diríamos de una buena "didáctica") sean el *sentido del tacto* hacia la subjetividad del alumno, una didáctica de la solicitud, intuición, sentido de la responsabilidad, preocupación y afecto por los alumnos, etc. Por eso, entiende, que reivindicar el tacto en la enseñanza, nos "permite centrarnos en algunos elementos de la situación de la enseñanza/aprendizaje que la mayoría de las teorías, modelos y métodos no han querido o podido tratar" (pág. 192).

Desde otra perspectiva, se subraya que la Didáctica no queda limitada sólo al plano metodológico, también forma parte de sus preocupaciones los *principios teóricos* que son necesarios para resolver los problemas referidos al contenido, métodos y organización de las situaciones pedagógicas. La Didáctica consiste en establecer los principios y su aplicación en normas que deben guiar la enseñanza y aprendizaje en el aula. Históricamente, justo el lastre que arrastra la Didáctica como disciplina, ha sido la que ha impedido el desarrollo teórico. En Alemania, núcleo central de la disciplina, como dice Peter Kansanen (1998: 15), la Didáctica "siempre ha sido una forma de pensamiento filosófico, de teorización y de construcción de modelos teóricos".

Esta dualidad del pensamiento didáctico, sin embargo, no deja de ser un grave problema, difícil de un justo equilibrio. Si se orienta exclusivamente a la práctica, abandonando la dimensión comprensiva, fácilmente cae en una instrumentalidad de la eficacia, cercana a una tecnología; por el contrario, si prioriza el componente comprensivo y teórico, se aislará de los espacios escolares y prácticas docentes, abocando a un cierto formalismo. Otro asunto, relacionado, como dice Mallart (2001), aunque sería una pretensión demasiado fuerte, es "aclarar en qué proporción debe intervenir el arte, la tecnología, la ciencia en la Didáctica es de crucial importancia para planificar adecuadamente la formación del profesorado".

Además, pues, de la *orientación praxeológica*, dirigida principalmente a la intervención didáctica en la clase, y de la propiamente *epistemológica*, como reflexión de segundo grado sobre los discursos y los objetos de enseñanza-aprendizaje, existe igualmente una orientación *psicológica*, centrada sobre el sujeto que aprende. En relación con ésta última, la pretensión de hacer una didáctica *científica*, fundada en la psicología, se ha mostrado como una empresa vana. Ya fuera basándose en la psicología piagetiana, o –más modernamente– en el constructivismo, como formulaba el DCB español de 1989 (principios de intervención didáctica según la psicología constructivista), dicha pretensión está hoy fuera de lugar y claramente periclitada.

Justamente la dualidad entre la orientación epistemológica y la praxeológica provoca un malentendido histórico, en que se mezclan presupuestos ideológicos. La tradicional crítica de separación de lo teórico y las demandas de la práctica ha sido hecha desde muy distintos frentes, que deben ser delimitados (Lenoir, 2000). La investigación en didáctica no puede consistir exclusivamente en encontrar los mejores medios para enseñar un objeto de conocimiento dado, aunque es una dimensión identitaria. En paralelo, debe entrar críticamente en los contenidos teóricos y prácticas de enseñanza y métodos que le son asociados. En palabras de la propuesta similar que formula Díaz Barriga (1998) diríamos que las tareas serían: "estudios para *construir una teoría didáctica* y derivar técnicas de trabajo en el aula, y *estudios sobre el aula*, para construir una teoría de procesos de enseñanza o de aprendizaje, o bien aportar elementos para una comprensión sobre el funcionamiento de los procesos en el aula".

Dar a la didáctica una dimensión disciplinar supone, como defendemos a lo largo de este Proyecto, entre otros, a) no renunciar a una dimensión teórica, heurística o explicativa (sea esta empírico-demostrativa o hermenéutica), ni limitar su ámbito de acción a lo que en cada momento demande la práctica. Pero lo anterior, por otro lado, b) no supone renunciar a dar respuesta a los problemas prácticos. Ni sometida a las demandas de las prácticas cotidianas, ni –por haber renunciado a ellas– relegar su respuesta a la psicología.

La ilusión de una "ciencia de la enseñanza" ha quedado definitivamente fuera del horizonte, dado que no existe una posible metodología que pueda neutralizar todas las variables de la situación de enseñanza-aprendizaje. Aquella dualidad que expresaba bien Gage en el título de su conocida obra (*The scientific basis of the art of teaching*), un arte con base científica, aparte de que en su caso era la psicología conductista-positivista, ya desconfiamos de encontrar dicha base (científica).

2. HACIA UNA RESIGNIFICACIÓN DE LA DIDÁCTICA EN NUESTRO TIEMPO Y CONTEXTO

En lugar de considerar la Didáctica como un campo aplicado, técnico o normativo de una ciencia psicológica cognitiva, que la restringe al cómo se enseña o aprende (dimensión técnica), convirtiéndola en la aplicación de conocimientos externos para la comprensión de las situaciones; el didacta italiano Cosimo Laneve (1997, 1998) ha desarrollado la propuesta de *"descolonización epistemológica de la didáctica"*, reivindicando la dimensión generadora de conocimientos propios sobre la enseñanza. Esto precisa, como hemos ido manteniendo, en la medida que sea posible, la constitución de una Didáctica *despsicologizada*, más basada en la investigación etnográfica, ecológica o lingüístico-discursiva, como ha reclamado Doyle (1992). En efecto, la Didáctica –creemos– precisa ser liberada del normativismo psicológico en que ha quedado atrapada en los últimos años, en un exacerbado predominio del gobierno del yo.

La Didáctica, como campo de conocimiento, debe desarrollar la dimensión sustantiva, y no sólo adjetiva, evitando la "huida del campo", de que hablaba Schwab, a otros campos disciplinares. En el origen diltheyano de "ciencia humana", la Didáctica se configura como *"Bildungstheoretische Didaktik"*, que ahora pretendemos reivindicar. La reducción de la Didáctica a la vertiente metodológica, en efecto, deriva su identidad a un ángulo prescriptivo, de juicios de valor sobre lo que se deba hacer, desdeñando la dimensión de teorizar los fenómenos de la enseñanza. Si la tarea secular de la Didáctica fue desarrollar estrategias y métodos para promover el aprendizaje de los alumnos, debe hacerlo desde una teoría de la enseñanza. Por eso, podríamos decir, más que una ciencia aplicada es una disciplina práctica.

El predominio de un enfoque/paradigma positivista, como ha sido suficientemente denunciado, ha contribuido a silenciar los fines (centrándose en los medios), reducir la dimensión teórica (para limitarse a la técnica) o limitarse al hacer práctico de procedimientos técnicos (desdeñando el saber teórico). Como dice Edith Litwin (1997):

"Si rastreamos las propuestas didácticas generadas desde el inicio de este siglo hasta hoy, encontraremos que las respuestas al cómo enseñar han sido –y continúan siendo en gran medida– respuestas que han obviado el sentido y los fines desde los que Comenio instalaba el análisis del método. Con esto queremos señalar que el tratamiento del tema en este siglo se instaló en la comunidad educativa desde una perspectiva instrumental" (pág. 59).

Una disciplina que quiere desarrollar una teoría de la enseñanza no puede, en efecto, hacerse al margen de una teoría social, ni limitarse a una guía instrumental o tecnológica de la práctica. La dualidad (teórica y práctica) constitutiva de la Didáctica se rompió cuando, en aras de primar el componente normativo-práctico, se cedió el componente teórico a la Filosofía y Teología en unos tiempos (franquismo), y a la Sociología y Psicología más recientemente (reforma LOGSE). De este modo, el discurso didáctico perdió la autonomía que, como saber disciplinar, debía tener. Un ejemplo, que gozó de amplia difusión, es la definición que formulaba Alves de Mattos (1963): "La didáctica es la disciplina pedagógica de carácter práctico y normativo que tiene por objeto específico la técnica de la enseñanza, esto es, la técnica de dirigir y orientar eficazmente a los alumnos en su aprendizaje".

El didacta mexicano Díaz Barriga (1997), uno de los primeros que en nuestro espacio hispano se preocupó por la articulación de la Didáctica y el Currículum, diagnostica bien la situación de la siguiente forma: "El desarrollo del campo de la Didáctica se halla en una encrucijada. Su dinámica instrumental se encuentra fuera de sitio, ante el desarrollo de técnicas derivadas de la psicología en sus diferentes vertientes [...]. A la vez, la propia dinámica instrumental de la Didáctica ha ahogado este pensamiento, impidiéndole que explicite su dimensión teórica" (Díaz Barriga, 1991: 9). Desde el lado italiano, un diagnóstico (o queja) parecido/a formula Franco Frabboni (2002):

> *"Cuando actualmente se intenta analizar la forma habitual de entender la Didáctica, uno se da cuenta inmediatamente de que se le niegan los presupuestos teóricos de referencia, sin los cuales ésta se resiente inevitablemente de un débil fundamento científico. De esta forma se crea una escisión entre teoría y praxis: por una parte una dominante, hipertrófica y autónoma pedagogía especulativa, por otra una didáctica como ciencia menor carente de teoría, obligada a ocuparse exclusivamente de la práctica educativa. Reducida a un saber práctico y operativo, la didáctica se ha visto durante mucho tiempo obligada a ejercer un papel secundario"* (pág. 169).

En su momento, ante el embate de la psicología y el currículum, planteaba (Bolívar, 1998) tres salidas.

1. Recuperar y afrontar todo el potencial teórico, aparte del metodológico, de la Didáctica. Así, Díaz Barriga (1991, 1998) propone, en nuestro contexto, "restaurar la dimensión teórica del pensamiento didáctico", para no sucumbir al pensamiento angloamericano. En efecto, desde sus primeras sistematizaciones (F. Herbart, O. Willmann, E. Weniger, W. Klafki), la Didáctica quiso ser una teoría de los contenidos de formación (el concepto de *Bildung* en la Didáctica alemana), además de planificación y actuación docente. De modo similar, Frabboni reclama la identidad teórica de la Didáctica, basada en un "sólido estatuto teórico", con una teoría del conocimiento y de la cultura, con su "propia estructura epistemológica y praxeológica".

Analizando la propia historia de la Didáctica, lejos de una metodología formal abstraída del contexto histórico, habría que reconocer que "la didáctica, antes de ser una forma instrumental de atender al problema de la enseñanza, es una expresión de la forma concreta en que la institución educativa se articula con un momento social. Por tanto es contradictorio que se pretenda que esta disciplina opere sin contemplar las condiciones sociales en que está inserta" (Díaz Barriga, 1991: 14). Hemos reseñado cómo la dimensión teórica (explicativa) quedó silenciada con el enfoque instrumental-experimental, por lo que se trataría de revitalizarlo. En nuestro contexto Fernández Huerta (1970) resaltaba que, aunque la Didáctica "admite consideración especulativa, *es esencialmente una ciencia práctica o normativa* dotada de los atributos de dichas ciencias" (subr. del autor).

¿Qué problemas tiene en España esta postura como línea futura de trabajo? Nuestra tradición teórica en Didáctica ha sido débil. Hasta los años setenta, en que se genera toda la literatura sobre programación que, sin saberlo, ya era curricular; la Didáctica no alcanzó una teorización propia y, en este caso, se redujo la Didáctica al carácter instrumental de metodología, abocándola a una orientación tecnológica y privándola –en gran medida– de un discurso propio. En la referida revisión de los estudios curriculares Zabalza difiere, estimando que el asunto es más variado y complejo. Justo en ese contexto de falta de fundamentos teóricos fuertes, la teoría curricular, en versión no tyleriana, aparece como una amplia avenida, un cierto "descubrimiento" que venía a cubrir espacios vacíos. Por eso, era poco realista construirlo al margen de toda la tradición curricular, que es la que justamente mejor lo ha desarrollado. Zabalza, en su texto de 1987, conjugó bien ambas tradiciones, y libro de Gimeno de 1998 suponía la consagración de la madurez de los estudios curriculares en España.

2. *La teoría del currículum puede absorber –de un modo más amplio y mejor– el campo de la Didáctica*. De hecho, así se ha presentado, en ocasiones, o ha podido ser percibido. Díaz Barriga (1994) lo llama una "epistemología invasora" del currículum, que pretende –practicando un nuevo reduccionismo– totalizar de modo vehemente todos los problemas de la educación; porque estima que el currículum como campo de conocimiento ha empobrecido, cuando no desvirtuado, el conocimiento de la educación. Obviamente se refiere a la conceptualización técnica del currículum, que –en cualquier caso– es la dominante.

La sola tradición curricular no ha acogido suficientemente uno de los ámbitos (los *procesos de enseñanza-aprendizaje*) más relevantes en la acción docente cotidiana. Por eso, integrar la Didáctica en el Currículum significaría abandonar el tratamiento de este ámbito privilegiado de profesionalización docente, y –al hacerlo así– dejarlo libre para que sea ocupado por otros, puesto que la demanda existe. Esto, de hecho, ha pasado con la "psicología de la instrucción", que –como dicen algunos– viene a ser actualmente la "antigua" Didáctica. Si no puede limitarse a problemas técnicos o metodológicos, también hay que resaltar que los incluye, porque la práctica los demanda, y no se cede –para quedar libres– su tratamiento a los psicólogos. Son precisamente los teóricos del currículum que han tenido como preocupación los acontecimientos del aula (Eisner y, especialmente, Walter Doyle) los que más pueden ayudarnos en dicha tarea.

Pero además, el Currículum se reduciría a una Sociología del conocimiento escolar en unos casos, a una Teoría de la educación en otros, según se acentúen los condicionantes sociales o los componentes teóricos. Sin desdeñar la necesidad de ambas tareas críticas, el campo de la Didáctica no puede quedar –aunque lo pueda incluir– como un análisis de la configuración histórica de la escolarización. Lo que aquí queremos decir es, que siendo necesarios dichos análisis, no pueden monopolizar el campo didáctico. Ese ámbito irrenunciable de la Didáctica centroeuropea estaría en la base del interés que está suscitando por parte del pensamiento curricular anglosajón.

3. Articulación de tradiciones en un solo campo. Reconociendo la potencialidad teórica que ha tenido el discurso curricular, es imposible reconstruir la Didáctica al margen del campo del Currículum. En nuestro contexto como cruce de tradiciones recibidas (tradición didáctica y entrada de la teorización curricular), estamos obligados a integrar la teoría curricular en una concepción ampliada de la Didáctica. No nos llevaría muy lejos subsumir lo curricular (entendido como los contenidos) bajo lo didáctico (siguiendo, como está limitado, a lo metodológico), ni tampoco cifrar el Currículum a la fase de planificación de contenidos. En fin, lejos de relaciones artificiales, de lo que aquí se trata es cómo integrar tradiciones y discursos para potenciar el campo. Como dice Vásquez-Levy (2002: 128), con motivo de la reciente introducción de la Didáctica alemana en el ámbito americano: *"la tradición de la Didáctica de Europa central y nórdica puede ofrecer un enfoque nuevo y coherente a la formación del profesorado, considerando los problemas del currículum dentro del trabajo en el aula".*

Ésto, como hemos señalado sobre lo que ha sucedido en Alemania (Klafki, 1986), vendría porque recuperar para la Didáctica la dimensión teórica de la formación humana que siempre tuvo (Weniger, 2000), que se vería potenciada tanto en lo teórico como en lo metodológico, por la teoría del currículum. De formas paralelas de abordar el mismo campo –en un primer momento– se han integrando, como hemos visto, ambas tradiciones en los países germánicos y nórdicos. Como señala Klafki (1995: 14): "en términos de la Didáctica esto implica la constante reflexión sobre las relaciones entre escuela y enseñanza de una parte (sus objetivos, contenidos, formas de organización y métodos) y las condiciones sociales y procesos, de otra. [...] Yo ahora uso *Didaktik* conjuntamente para la dimensión de objetivos y contenidos, y para la dimensión de métodos, teniendo en cuenta los condicionamientos existentes a nivel personal o institucional".

Por eso, de cara al futuro, una teoría articulada de la enseñanza, necesariamente deberá integrar la dimensión descriptiva (que incluye comprensión y explicación), y propuestas normativas de acción, dentro del conjunto de teorías parciales o regionales que comprende el amplio campo de la enseñanza. No obstante, como bien ha situado Doyle (1992: 507), uno de los que desde el ángulo curricular de modo más clarividente ha planteado la cuestión, no es fácil ocuparse de modo conjunto y simultáneo de la Didáctica y el Currículum *"cuando los investigadores intentan captar el Currículum, la Didáctica se escapa por el fondo; y cuando vuelven su atención a la Didáctica, fácilmente el Currículum se torna invisible. Necesitamos un marco común para entender las transformaciones didácticas del Currículum".* Si bien es preciso justificar y legitimar los contenidos a enseñar con teorías curriculares, los procesos de transformación didáctica ocurren ineludiblemente en la enseñanza, por lo que el aula es espacio de intersección de Currículum y Didáctica. La enseñanza es, entonces, entendida como un proceso curricular (donde contenidos y actividades se funden), más que un intercambio personal (comportamientos docentes y discentes), mediado por un conjunto de factores personales, curriculares y contextuales.

En ese contexto y línea, en 1992 el profesor Gimeno enuncia el siguiente programa:

> *"Si la didáctica se ocupa de los problemas relacionados con el contenido de dicho proyecto, considerando lo que ocurre en torno a su decisión, selección, ordenación y desarrollo práctico, superando una mera acepción instrumental metodológica y si, por otro lado, los estudios sobre el* currículum *se extienden hacia la práctica (superando el dualismo entre* currículum *e instrucción o enseñanza) estamos ante dos campos solapados, pero que arrancan de tradiciones distintas, procedentes de ámbitos culturales y académicos diferenciados, pero coincidentes en su objeto. Esto es muy importante, no sólo para reorientar el pensamiento y la investigación, sino para potenciar el valor formativo del conocimiento pedagógico para los profesores, que es lo realmente valioso"* (pág. 142).

En efecto, el punto de encuentro entre currículum y didáctica, como viera Doyle (1992), se realiza a *nivel de aula*, y su integración se produce en una perspectiva del *currículum como proceso*, que destacaba Gimeno. El asunto, a reflexionar ahora, es si se ha desarrollado o no en la dirección apuntada, tanto a nivel de conocimiento e investigación, como –sobre todo– de práctica docente por el profesorado.

Hemos apuntado, a lo largo del capítulo, algunas de las razones de la "recomposición" del saber pedagógico, que hacen que nos encontremos con un cierto *aggiornamento* de anteriores preocupaciones didácticas, olvidadas (o, al menos, silenciadas) en un período de tiempo. Si bien la introducción del enfoque curricular ha supuesto nuevos modos de pensar la educación, para el profesorado ha quedado limitado al formato difundido por la Administración. Justamente, frente al discurso monopolizador de la enseñanza por parte de la psicología educativa, o de su no tratamiento por el enfoque curricular, se está dando –en el ámbito anglosajón– un renacimiento de la tradición didáctica centroeuropea, en la medida en que puede aportar una dimensión clave, ausente del discurso curricular: el trabajo docente y discente en el nivel de aula. En paralelo al currículum, el centro como organización se constituyó en los ochenta como unidad básica de cambio, dejando el trabajo en el aula en un segundo plano. Pero, en último extremo, una educación de calidad sucede cuando se desarrollan procesos de enseñanza más enriquecedores en el nivel de clase. Por eso mismo, estamos en un momento de revalorizar en primer plano el nivel del aula.

3. DE OMISIONES Y AGENDAS: REVALORIZAR EL CURRÍCULUM-EN-ACCIÓN Y LA METODOLOGÍA DE ENSEÑANZA EN EL AULA

En las últimas décadas el discurso académico en el ámbito universitario de la Didáctica, de manera cuestionable, fue progresivamente abandonando la metodología y estrategias de enseñanza, como dimensión esencial en tiempos anteriores, y –consiguientemente– también en nuestras Facultades de Educación los alumnos no han recibido la formación que en este aspecto de competencias docentes sería deseable. Estimo que, tras este *impasse*, demandamos reequilibrar acentos y situar la metodología didáctica en el lugar clave que le corresponde en la capacitación del profesorado. En la reunión anual de la AERA de abril de 2000 (Nueva Orleans), Walter Doyle organizó un simposium sobre la necesidad de volver a constituir, como foco de la investigación y teoría de la enseñanza, los procesos y estrategias del aula, frente al incremento de estudios sobre pensamientos, creencias, cogniciones o investigación de los profesores. El foco central, como dice persuasivamente Elmore, tiene que ser el *instructional core*. En esta perspectiva me sitúo yo también.

Las estrategias privilegiadas de mejora se han movido, según ámbitos de decisión e intervención, en si estimular las dinámicas internas de los centros, por los impulsos e imposiciones externas de la política, o –en último extremo– todo se juega en la práctica docente en el aula. Sucesivos vaivenes, que en las reformas norteamericanas –comenta Elmore (1997)– más se asemejan a una opereta o teatro del absurdo, han llevado de primar los impulsos e imposiciones externas de la política a estimular las dinámicas internas de los centros por implicación (compromiso) o por presión (evaluación o estándares) o –en último extremo– a pensar que todo debe dirigirse a las condiciones que mejoran directamente la práctica docente en el aula.

A nivel internacional se está pensando si no hemos distraído la atención a lo que debía ser el foco de cualquier política curricular: cómo mejorar la enseñanza. Hopkins (1998: 1049) habla explícitamente del olvido de este nivel ("the missing instruccional level"). Por eso, nos estamos estamos replanteando el papel del centro escolar y volviendo, en parte, a situar el nivel del aula en nuestro núcleo de preocupación, en la perspectiva de asegurar un buen aprendizaje para todos. De hecho, en toda la investigación educativa occidental hay una tendencia creciente a concentrarse en "variables próximas" a la mejora de la enseñanza, en lugar de "variables remotas". La conclusión es si, después de habernos concentrado en que los cambios educativos debían dirigirse a nivel organizativo o de centro, la presión actual por los resultados y la libre concurrencia entre los centros por conseguir alumnos, está llevando a poner en primer plano que deben afectar directamente al incremento del aprendizaje de los alumnos (*student achievement*).

Así pues, de la constitución en los ochenta del *centro como organización* como unidad básica de cambio, a mediados de los noventa, *el aula y los procesos de enseñanza y aprendizaje* se erigen en el núcleo de cualquier propuesta de cambio. En cualquier caso, en esta puesta en primer plano de la acción docente en el aula, se recogen las lecciones aprendidas a nivel de centro, por lo que el aula aparece ahora anidada en otros muchos entornos, procesos y relaciones. Y, por tanto, si el blanco central (*target*) es el aprendizaje y rendimiento del alumno, para mejorarlo hay que actuar paralelamente en los otros. El aprendizaje no debe ser visto como un producto en resultados cuantificables en materias básicas; sin desdeñarlos, deben entrar otras dimensiones requeridas en la educación actual de la ciudadanía, como asegurar las competencias básicas (Bolívar, 2008).

Todo ello, según estimo, conduciría a una *revalorización del currículum en acción y de la metodología didáctica*. Resulta curioso recordar cómo en España, en un determinado momento, los principales movimientos de renovación y las "pedagogías nuevas" lo eran por llevar consigo una determinada metodología innovadora. Lo que definía la renovación eran las metodologías de enseñanza que proponía, en congruencia –eso sí– con determinados supuestos educativos e ideológicos y un enraizamiento social humanista, que eran los que le daban también su fuerza para otros modos de hacer escuela. Basta recordar los autores recogidos, en su momento, por Jesús Palacios (1979) o la recopilación más reciente de *Pedagogías del siglo XX* (AA.VV., 2000), para apercibirse del asunto. En cierta medida, la irrupción del discurso de los Diseños Curriculares Bases a fines de los ochenta, con su asepsia ideológica y su vaga apuesta por un profesionalismo, supuso romper con estos movimientos y metodología.

Voy, en primer lugar, a título de reflexión, a apuntar algunos elementos o enfoques, admitiendo que habría otros, que han contribuido a estas omisiones o menor incidencia en la metodología de enseñanza en el aula.

3.1. Cambios de "segundo orden" (centro) en lugar de "primer orden" (aula)

El discurso sobre estrategias metodológicas (modelos de enseñanza, prácticas efectivas de enseñanza, etc.) ha estado un tanto silenciado, y algunas direcciones de mejora educativa han dejado en un segundo plano la práctica docente en el aula. Pero, si se hacía hincapié en los cambios organizativos o curriculares a nivel de centro ("segundo orden"), es porque estimábamos que tendrían un impacto positivo a nivel de prácticas docentes de enseñanza-aprendizaje en el aula. A mitad de los noventa comienzan crecientes síntomas de que dicha labor conjunta no está incidiendo –como se esperaba– suficientemente en el aprendizaje de los alumnos. En fin, en un cierto viaje de ida y vuelta, estamos volviendo a lo que siempre es el núcleo de la acción docente: los procesos de enseñanza-aprendizaje en el aula.

En cualquier caso, como resaltábamos en otro lugar (Bolívar, 2001), en esta puesta en primer plano de la acción docente en el aula, se recogen las lecciones aprendidas a nivel de centro, por lo que el aula aparece ahora anidada en otros muchos entornos, procesos y relaciones. Y, por tanto, si éste es el núcleo, para mejorarlo hay que actuar paralelamente en los otros. Además, el aprendizaje ya no se ve como un producto en resultados cuantificables en materias básicas. Sin desdeñarlos, deben entrar otras dimensiones requeridas en la educación actual de la ciudadanía. Por tanto, hoy, menos ingenuamente, consideramos adquirido que el aprendizaje de los alumnos no sucederá si paralelamente no se da un aprendizaje de los profesores y sin cambios organizativos que promuevan el desarrollo de los centros. Como resalta Darling-Hammond (2001: 156):

> *"No hay, claro está, una única bala de plata que pueda crear este conjunto de condiciones escolares. El currículum, la enseñanza, la evaluación, la organización escolar, el gobierno de los centros y el desarrollo profesional de los docentes deben ir de la mano y aglutinarse alrededor de un conjunto de ideas compartidas sobre cómo la gente aprende, crece y se desarrolla".*

Si una innovación no incide en la calidad de aprendizaje de los alumnos, difícilmente podríamos calificarla de mejora. A su vez, el foco de prioridad del desarrollo institucional debe ser incrementar la calidad de la educación recibida por los alumnos del centro. Si los contenidos del currículum son relevantes, en último extremo, las *estrategias de enseñanza* empleadas –como han vuelto a resaltar Joyce, Weil y Calhoum (2002)– son aún más condicionantes de los resultados de los estudiantes. Por eso, parece oportuno revitalizar el discurso acerca de los conocimientos que contamos sobre modelos y estrategias de enseñanza-aprendizaje, que constituyen una base firme de una buena educación.

3.2. Las reformas educativas y la psicologización de las metodologías didácticas

La irrupción del discurso curricular en España a partir de 1982 hace que, poco a poco, se vaya eclipsando el ámbito didáctico, para quedar subsumido por el "nuevo" curricular. Los *procesos de enseñanza-aprendizaje* y las estrategias didácticas no forman parte del discurso curricular sino que, en el contexto anglosajón, se incluyen en la psicología educativa o de la instrucción. Dicho de modo simplista, de las metodologías didácticas se pasa a las *estrategias de aprendizaje*.

De hecho, ha sucedido que mientras que las estrategias de enseñanza han ido siendo omitidas en el discurso académico de la Didáctica, puesto que la demanda desde la práctica es evidente, tuvo que ser cubierta por otros profesionales (procedentes de la inspección o del propio profesorado) o, dentro de la academia, por los psicólogos de la educación. Como J. Mallart (2000: 423) reconoce en su análisis de cuarenta manuales recientes de Didáctica/Currículum en España, "se han ido centrando en el estudio del currículum, sin tratar a fondo el aspecto metodológico". De acuerdo con su análisis, estos manuales dedican a estrategias didácticas "un sólo capítulo o bien algunas partes más o menos diferenciadas dentro de otros capítulos más amplios" (pág. 427). Por su parte, en un trabajo de Navarro y otras (1998: 282) sobre catorce manuales de Didáctica, se concluye que sólo cuatro tratan de estrategias metodológicas, en muchos casos con breves referencias, "lo que ratifica la poca importancia que se concede a la dimensión práctica de la Didáctica". En cierta medida, la "psicología de la instrucción" de los planes actuales de Psicopedagogía viene a recoger los contenidos de la antigua Didáctica.

Las orientaciones pedagógicas promovidas en las últimas décadas por las reformas educativas en España, en conjunto, han venido a distraer de lo fundamental. De que la clave de la innovación venía por las estrategias, tareas y metodología del aula presente en las llamadas "experiencias de reforma" (1983-87), en que contaba la propia inventiva de profesores y grupos, se pasó –en los noventa– a que el asunto era la planificación (proyecto de centro, proyecto curricular, programación), con una "sobrerregulación" burocrática de las prácticas docentes. De ese modo, el "proyecto de centro" trata de todo menos de lo fundamental: qué deban aprender los alumnos. Southworth (1996: 267), referido al contexto inglés, similar en este aspecto al nuestro, reconocía: "los debates sobre el currículum han sido un sustituto para la discusión profesional sobre la enseñanza". Los aspectos organizativos y programadores se han "comido" los de metodología didáctica.

En segundo lugar, las orientaciones metodológicas de la Reforma LOGSE han sido no sólo dependientes sino que han estado sobredeterminadas por un definido enfoque psicológico, desde el que se prescribe o sacan implicaciones de cómo debe ser el currículum, la metodología didáctica y los procesos de enseñanza-aprendizaje. El problema no ha sido haber adoptado esta orientación psicológica u otra, sino –como ha criticado Fernando Hernández (1996: 54)–, "que se presente el constructivismo como teoría sustantiva de todo el proceso de escolarización y como referencia única para organizar la enseñanza [...], en el que se apunta, pero no se plasman, las referencias sociales y culturales que le sirven de apoyo". Frente a la ola psicologista que nos ha invadido, queriendo sobrerregular los procesos didácticos, donde la propia Administración educativa se ha convertido en defensora de una determinada opción, bien vale recurrir a la propia tradición didáctica. Pero, como acabo de decir, estimo que el problema no es de atribución, sino a quién pertenece pensar las prácticas pedagógicas, sin convertirlas en una mera aplicación de teorías psicológicas cambiantes. Como hace años, en un memorable trabajo, denunciara Schwab (1969): "La debilidades de la teoría [psicológica] surgen de dos fuentes: el inevitable estado incompleto de los asuntos que tratan las teorías, y la parcialidad del punto de vista que cada una adopta con respecto a este asunto incompleto".

Como decía Philippe Meirieu (1992), en una posición que comparto, si la Didáctica ha de adaptarse a las estrategias de aprendizaje de los alumnos, hay dos caminos para lograrlo: *"O bien se decide deducir los dispositivos didácticos de la observación psicológica, o bien afirmamos la autonomía de la inventiva didáctica y hacemos intervenir informaciones psicológicas como indicadores de pertinencia de esta inventiva"* (pág. 152). Si las investigaciones psicológicas hacen abstracción de las situaciones particulares de los sujetos, la Didáctica interviene justamente en función de la situación concreta en que están los sujetos. Por eso, concluye:

"hay que aceptar pues, la existencia de una ruptura entre la psicología y la didáctica: la segunda no puede deducirse de la primera mecánicamente, es de otro orden [...] Adaptar la enseñanza a las estrategias de aprendizaje de los alumnos no es, pues, deducir sistemáticamente la primera de éstas últimas" (pp. 153-4).

3.3. Crítica interna a las metodologías

Desde sucesivos frentes se han hecho incisivas críticas a la metodología. Primero, con la "pedagogía por objetivos", en una racionalidad de los medios, las estrategias didácticas se subordinaban a la eficacia en los resultados de evaluación, perdiendo –en gran medida– su valor propio. Justamente, los "principios de procedimientos" venían a situarlas en su papel central. Pero, es evidente, un pensamiento instrumental separó las estrategias metodológicas del estudio del método, lo que provocó –señala Litwin (1997)– vaciarlas de contenido; pero

"referirse al método es recuperar su definición clásica como la manera ordenada y sistemática de enseñar. Referirse al método, desde su origen, es referir a un constructo de la filosofía. En el campo de la didáctica se refiere a la particular enseñanza de un contenido. Las maneras como un docente construye su clase recuperan principios de orden metódico pero reconstruidos a la luz del contenido[...]. En la década del 70 quedaron subsumidas en la categoría 'tecnología educativa' desprendida del contenido. Contenidos y método constituyen dos dimensiones clásicas e indisociables de la agenda de la didáctica para analizar el problema del conocimiento en las aulas" (pág. 68).

Como resultado del reduccionismo a que el neopositivismo condujo a la Didáctica, las estrategias y metodología didáctica fueron en gran medida omitidas en la metodología docente. Los análisis de manuales de Didáctica referidos así lo constatan. Juan Carlos Tedesco (1995: 47-49) ha descrito magistralmente este proceso que ha sucedido en las últimas décadas y, sobre todo, los "efectos" que la huida a otras dimensiones han desempeñado en la formación docente.

No querría yo, con todo lo anterior, desacreditar los desarrollos que hemos hecho en las últimas décadas. Entre otros, nos han permitido pasar de una pedagogía espiritualista y "pacata" a una conciencia ilustrada amplia de la escuela. Pero sí, en primer lugar en tono autocrítico, ser un signo de lo que quiero destacar: estamos repensando lo que hemos hecho, los efectos a que ha dado lugar y –tras ello– reequilibrar acentos y prioridades. Si las estrategias de enseñanza han sido vistas como algo tecnocrático, utilitarista y perteneciente al ámbito de la gestión, podemos entenderlas, más ampliamente, como "competencias profesionales". Y en este orden, una profesionalidad se caracteriza, en primer lugar, por un "saber hacer" (en el nivel respectivo y puesto de trabajo, con las competencias adecuadas). Por tanto, si queremos formar a profesionales de la enseñanza, no cabe limitarse a un conjunto de saberes teóricos, pensando que las competencias ya las adquirirá por la experiencia, dejándolo "desarmado" para moverse en la enseñanza.

Para finalizar, recuperar con toda su fuerza el componente "práctico" de la Didáctica hoy no puede significar recaer en formas ya superadas. Precisamente para revalorizar el papel profesional de los docentes, no puede ser un mero saber prescriptivo, con una función regulativa de la práctica, dentro de una racionalidad técnica. Estamos, sin duda, en una época de "desregulación" y de revaluación del saber práctico, como para pretenderlo. Por eso, integrando una comprensión amplia de la escuela y de los contenidos escolares, se pueden aportar principios normativos de lo que pueda ser una buena práctica, por su potencialidad educativa. El componente estratégico o metodológico, al que no se renuncia, tiene que venir justificado no sólo por su posible eficacia, sino en paralelo por los principios educativos que lo sustentan, todo ello dentro de los contextos prácticos en los que se desarrolla la acción docente. Más que un asunto teórico, es una tarea a construir.

En suma, lo que está en juego es la necesidad de un saber teórico sobre la enseñanza, a partir de cómo se desarrolla el currículo en el contexto del aula, que genere normas de acción. Esto no tiene por qué suponer recaer en miradas tecnocráticas de la enseñanza, ya superadas. Más bien, incide en la demanda creciente de investigar los procesos de enseñanza y aprendizaje en el aula, de modo que posibilite un saber sobre las estrategias de enseñanza más efectivas para promover el aprendizaje de los alumnos. La crítica a enfoques tecnocráticos, punto donde se ha concentrado nuestro masoquismo más refinado, ha podido tirar a la vez al niño con el agua de la bañera. Como dice la didacta argentina María Cristina Davini, la crítica al tecnicismo nos impidió muchas veces recuperar la dimensión técnica, ineludible en la enseñanza. Hemos apostado en esta dirección en un libro sobre el tema (Bolívar y Domingo, 2007). Como argumenta Daniel Feldman (1999) es preciso, desde la didáctica, generar algún tipo de capacidad de acción fundamentada sobre los asuntos educativos, que posibilite articular distintas formas de acción en una propuesta metodológica.

SEGUNDA PARTE

EL CURRÍCULUM COMO CAMPO
DE ESTUDIO Y PRÁCTICA PROFESIONAL

Inicialmente el currículum es el conjunto de experiencias, planificadas o no, que tienen lugar en los centros educativos como posibilidad de aprendizaje del alumnado. Conviene, de entrada, como mantendremos en los capítulos, diferenciar entre el currículum como marco teórico para entender la realidad educativa (*curriculum field*), y como un ámbito o fenómeno de esa realidad. En principio, bien podríamos convenir con Elliot Eisner (1979) que el currículum es "una serie de eventos planificados cuya intencionalidad es lograr consecuencias educativas para uno o más estudiantes". Una perspectiva tradicional acentúa el carácter de plan (con elementos, como objetivos, contenidos, metodología y evaluación), frente a –como explicaremos– un enfoque que destaca las experiencias vividas en el proceso educativo. Más allá, el currículo "constituye el eje de la actividad educativa. Incluye el conocimiento formal y explícito, esencial en las actividades educativas, así como los mensajes más tácitos, [...] representa la finalidad de la educación" (Beyer y Liston, 2001: 14). En cuanto tal, supone una visión de la "vida digna" que queremos para nuestros hijos y el futuro que deseamos, lo que es objeto de polémica e intereses no siempre coincidentes.

Esta parte –y los capítulos que la conforman– podría haber adoptado muy diferentes formas de organización (y contenidos). Contamos con una literatura muy extensa, con proliferación de discursos y orientaciones, que hacen que nos movamos en una cierta jungla, sin embargo enriquecedora. Dentro de unos límites espaciales razonables, la opción tomada responde a las siguientes razones:

1. Primar la dimensión histórica de constitución del campo disciplinar, en coherencia con los capítulos anteriores de Didáctica.
2. Por eso, tras un cierto panorama –obligado– de conceptualización del currículum, exponemos su constitución como campo a nivel internacional (americano) y, con una cierta originalidad, a nivel de España.
3. En tercer lugar, en una mirada prospectiva, planteamos lo que estimamos es el currículum en una coyuntura postmoderna y en la nueva centuria.

El currículum puede ser entendido como una *cultura*, como conjunto de normas, pautas, valores que, en un determinado tiempo, dominan los discursos políticos y las prácticas docentes. Se puede emplear la analogía como una lente o plataforma de investigación que sirva para poner de manifiesto los sistemas de creencias, valores o hábitos que tienen lugar en las escuelas y discursos. Desde esta perspectiva, el currículum refleja –en cada momento– una mezcla de métodos y propósitos no plenamente articulados, que pretenden mantener un equilibrio entre regulaciones oficiales y necesidades de la práctica.

Si el núcleo del legado histórico de la/s teoría/s del currículum es qué conocimiento merece ser enseñado, lo que incluye su justificación, la teoría del currículum es también una teoría de la cultura. Como señala Escudero (2002: 144): *"el currículum representa la versión escolar de determinados modelos de cultura (lo que es valioso y debe ser enseñado y aprendido), y también la forma concreta en que el conocimiento es organizado y tornado accesible a los estudiantes, facilitando sus aprendizajes".*

En nuestra situación actual en España, por carecer de una tradición propia de estudio en este campo, tenemos un doble reto para proseguir la teoría del currículum. Por un lado, en la medida que la teoría del currículum ha sido un *discurso elaborado fundamentalmente en el medio anglosajón* –para no caer en una mera colonización intelectual, cuando no en una traslación– es preciso desarrollar una conceptualización y aplicación apropiadas a nuestro contexto y a las características y necesidades de nuestros centros escolares. En lugar –entonces– de forzar nuestra realidad para hacerla compatible con categorías foráneas, se precisa redefinir aquí y ahora dichas teorías en función de la realidad escolar española (que incluye la tradición didáctica). En segundo lugar, la difusión del concepto de currículum se ha hecho de modo *administrativista* por las instancias oficiales, que –por un lado– ha dado a entender que currículum son "documentos"; por otro, al haberse presentado las opciones teóricas tomadas avaladas por el poder político que las difundía, acabaron imponiendo una determinada "ortodoxia" curricular. En lugar de quedar confinado, como nueva jerga, según los usos oficialistas, a planes y proyectos, es preciso *recuperar* esa dimensión amplia originaria, como modo de pensar de modo global y complejo la tarea educativa. Este, estimo, es el reto de los profesores que cultivamos la disciplina; aun cuando –como aparece en el capítulo– mantenga mis dudas de que ya pueda realizarse.

En segundo lugar, en relación con la Didáctica, no considero que el currículum constituya un cuerpo disciplinar propio, sino una variante conceptual que posibilita ampliar la conceptualización didáctica. Como en el ámbito alemán decía Kalfki (1976), "no designa un contexto de problemas que se pueda separar, desde el punto de vista del contenido o de los métodos de investigación, de aquellos problemas que están cubiertos por el concepto de Didáctica. [...] Este es un determinado desarrollo posterior de la Didáctica, pero no su superación mediante un planteamiento nuevo por principio". En tono similar, un colega del Departamento, ya jubilado, defendía que "la teorización sobre el currículum, tal como se enfoca actualmente, no genera una nueva disciplina distinta a la teoría de la enseñanza o la Didáctica. [...] el cambio de nombre se debe a un nuevo enfoque de una misma realidad, lo que no puede interpretarse como la institución de una nueva área específica del saber. La teoría del currículum no es otra cosa que el resultado de una clarificación crítica de la enseñanza, cuyo discurso es descrito desde una *variante conceptual*" (Sáenz, 1994: 37). Estando de acuerdo con esto, difiero en que la variante conceptual supone modos propios de enfocar y pensar la enseñanza.

El currículum se ha configurado como una plataforma conceptual para analizar, deliberar y consensuar cuál es y deba ser la educación ofrecida, y los medios y formas a emplear para lograrlo. Como cuerpo teórico de reflexión ofrece, en efecto, un campo para argumentar, decidir y planificar cuál deba ser la educación deseable. Como tal, se configura, en términos de Bourdieu, en un *campo de fuerzas*. Para esto, en lugar de limitarse a *conocer cómo* desarrollar un currículum, se toma conciencia, como cuestión previa ampliada, de qué merece la pena ser enseñado. El ámbito de estudio del currículum posibilita *pensar y desvelar* los contextos sociales, políticos e ideológicos que subyacen en las propuestas curriculares y en las prácticas escolares, cuestionar su propia legitimidad y quién deba ser la instancia última de decisión. El currículum puede –entonces– contribuir a restablecer la profesionalidad del profesorado, recuperando el control sobre su propio trabajo, al situar la tarea docente en un ejercicio de intelectual comprometido con lo que hace, capaz de decidir sobre lo que conviene hacer.

CAPÍTULO VI

CONCEPTUALIZACIÓN DEL CURRÍCULUM

Es una paradoja que una noción como *currículum*, que debía servir para aclarar la naturaleza y el alcance de la escolaridad, se haya convertido ella misma en un problema de definición. Así, por acudir a una voz autorizada, Goodlad (1989: 1019) en la voz "Currículum como ámbito de estudio", incluida en la Enciclopedia Internacional de la Educación coordinada por Husén y Postlethwaite, reconocía que este campo *"permanece en un terreno confuso y su epistemología no está bien definida. [...] Además, no existe un acuerdo generalizado acerca de dónde terminan las materias que conciernen al currículum y dónde empieza el resto de la educación. [...] No es sorprendente, entonces, que existan tantas definiciones diferentes de lo que es un currículum y de su ámbito de estudio"*. Años después, en la reelaboración del trabajo anterior (Goodlad, 2001) reiteraba cómo la emergencia y desarrollo discursivo del currículum como campo de estudio se ha visto sometida a diversas influencias en el siglo pasado. Si durante la primera mitad del siglo pasado el currículum versó sobre la práctica educativa, la segunda mitad fue un discurso sobre propuestas para la práctica. Desde su análisis Goodlad juzga así lo sucedido:

> *"Dos consecuencias se han seguido: declinaron el interés y atención por los constituyentes de la práctica curricular, y se declararon a sí mismas como curriculares corrientes de pensamiento no identificadas previamente con la corriente tradicional. Lo que ocurrió era más un toma de posesión que una conjunción. Mucho de lo que ha sido el campo curricular ha sido apartado y declarado por alguien como moribundo"* (pág. 3189).

Jackson (1992) ya señaló, al comienzo de su trabajo de revisión, el camino sin salida a que conducía discutir sobre definiciones. Por su parte, también Walker

(1990: 6) afirma que es un ejercicio escolástico vano discutir sobre definiciones, pues resulta mucho más productivo hacerlo sobre los principios, valores y prioridades que están detrás de cada una. Y es que como dice Tomaz Tadeu da Silva (2001: 15), "una definición no nos revela lo que es esencialmente el currículum; una definición nos revela lo que una determinada teoría piensa acerca de lo que es el currículum". Con lo cual el ángulo se gira de un supuesto nivel ontológico (cuál es el verdadero "ser" del currículum, con la pretensión vana de apresarlo) al histórico (cómo se ha entendido, en diferentes momentos, por diversas teorías).

Tal como nos ha llegado "currículum" es un término polisémico, susceptible de ser reconstruido en distintos niveles y campos. Como, en su momento, dijo Walker (1982), *el currículum es muchas cosas para mucha gente*. De hecho, como veremos, ha sido objeto de un amplio debate en el siglo veinte, con sucesivas reconceptualizaciones. En su sentido más amplio, se hace sinónimo con el proceso educativo como un todo. Desde una mirada más específica, se suele identificar con programa o contenidos para un curso o etapa. En medio, se encuentran también las experiencias educativas vividas por los alumnos en los centros y aulas. Si bien estas *múltiples caras del currículum* puede representar un grave inconveniente para su conceptualización, también esta ambigüedad tiene su lado positivo: poder pensar la realidad educativa desde diferentes perspectivas, posibilitando comprenderla de un modo complejo.

Las razones de esta diversidad habría que verlas, en primer lugar, porque como campo de estudio es un *concepto sesgado valorativamente*, no existiendo un consenso social e implicando opciones diferentes de lo que deba ser. En segundo, abarca un amplio ámbito de la realidad educativa, lo que implica la necesidad de *situar su análisis en diferentes niveles*. Como decía Kliebard (1989: 2), las cuestiones curriculares "implican justificar por qué debamos enseñar *esto* en lugar de *aquello* cuando planificamos a nivel de centro las actividades y proyectos. La cuestión central del currículum precisa una toma de decisiones. Implica elegir entre opciones opuestas. Los que desarrollan el currículum no están sólo interesados en modos 'efectivos' de enseñar historia, sino con la cuestión de qué historia merece ser estudiada".

Además, toda conceptualización conlleva un *significado político* de quién deba tomar la decisiones y cuál deba ser el papel de los agentes (Levin, 2007). De este modo, las diferencias entre definiciones de currículum provienen de valores, prioridades y opciones distintas. En una formulación actual, Michael Schiro (2007) distingue, desde el punto de vista histórico, cuatro grandes visiones o ideologías conflictivas del currículum: académica, eficiencia social, centrada en el aprendiz, reconstrucción social. Por eso es poco constructivo discutir acerca de definiciones. Es mejor entrar en un diálogo productivo sobre los ideales, valores y prioridades que subyacen en cada postura. En lugar, entonces, de pretender una aparente claridad que oculte las diferencias, se debe aceptar dicha *complejidad y pluralidad conceptual*, poniendo de manifiesto las diversas dimensiones o caras que constituyen la educación. Buscar una definición simple es una tarea fútil, condenada al fracaso, al no poder integrar las múltiples facetas que lo constituyen o con las que puede ser visto/juzgado. Y esto porque, como hemos dicho, las divergencias no reflejan sólo una variedad de opiniones; responden, en último extremo, a perspectivas teóricas e ideológicas diferentes.

Si, en sentido restringido, currículum es *"el modo como el conocimiento es seleccionado y organizado en materias y campos con propósitos educativos"*; más ampliamente, es *"un modo de plantear cuestiones sobre cómo las ideas sobre conocimiento y enseñanza están unidas a propósitos educativos particulares y, además, de ideas sobre la sociedad y el tipo de ciudadanos y padres que deseamos que la gente joven llegue a ser"* (Young, 1999: 463). Preguntarse por el currículum escolar es hacerlo por la *función social de la escuela*, eso sí, cifrándose especialmente en qué conocimiento se transmite/debe hacerse y qué organización de contenidos educativos es más adecuada/defendible en la formación de los ciudadanos. Por eso, la cuestión fundamental del currículum, antes de su prescripción y desarrollo, es ¿qué conocimiento es más valioso?

Como dice Carlos Cullen (1997: 34), con motivo de la reforma curricular sudamericana, en realidad, un currículum explicita, de alguna manera, las *complejas relaciones del conocimiento con la sociedad*, lo que supone un cierto control social del conocimiento escolar. Esto implica que el currículum es: a) un modo de relacionarse con el conocimiento (enseñanza-aprendizaje), presuponiendo un modelo deseable de construcción del sujeto social del conocimiento; b) una forma de entender ese conocimiento (contenidos educativos) y, por ello, un inevitable control sobre qué conocimientos deban socialmente circular en la escuela; y c) una manera de configurar las relaciones del conocimiento con la vida cotidiana y prácticas sociales, es decir, sobre los fines sociales del conocimiento.

La característica definitoria de los conocimientos escolares, señala Cullen (1997: 35), es que socializan en *conocimientos legitimados públicamente*, con un determinado "formato" de organización. Justo por ello, siempre están necesitados de criterios que justifiquen su selección y legitimación. Por eso también, las eternas cuestiones del currículum son: ¿qué conocimientos/cultura es más valiosa seleccionar para la escolaridad?, ¿de qué modo organizarlos?, ¿qué prácticas de enseñanza-aprendizaje pueden ser más apropiadas?, o ¿qué formas de evaluación pueden captar mejor los efectos de la práctica curricular? El currículum, en este sentido, es una parte fundamental de la escolarización, por lo que, como dice Levin (2007), "las decisiones curriculares y las opciones deben ser guiadas, más extensamente, por otras consideraciones (ideología, valores personales, dimensiones en el espacio público, e intereses). Las decisiones curriculares, a menudo, forman parte de un debate público más amplio que se prolonga a cuestiones de más largo alcance de los bienes públicos" (pág. 22).

En cualquier caso, estimo, el currículum ha estado en exceso sobredeterminado por una visión escolarizada. En una época como la actual, de la sociedad del conocimiento y de las TIC, del aprendizaje a lo largo de la vida y con una estructura de trabajo flexible y cambiante, estamos obligados a sacarlo de dicho reducto escolar, para abrirlo al aprendizaje informal. Por eso, debido a esa pesada tradición escolar, resulta problemático adecuar la noción de currículum a contextos educativos informales.

1. UN MARCO PARA COMPRENDER LAS DIVERSAS DIMENSIONES DEL CURRÍCULUM

El currículum se refiere a todo el *ámbito de experiencias*, de fenómenos educativos y de problemas prácticos, donde el profesorado ejerce su práctica profesional y el alumnado vive su experiencia escolar. Sobre él se construye y define un *campo de estudio* disciplinar, que ha dado lugar a un cuerpo teórico de reflexión. Aunque guarden una interacción, no conviene confundir los dos planos: así, una cosa es la interacción didáctica de una clase en un espacio y tiempo dados, y otra su comprensión bajo el enunciado "la clase del profesor X responde a un modelo curricular técnico". Tenemos unas determinadas prácticas educativas, y además contamos con teorías explicativas y normativas de esas prácticas, aunque –obviamente– ambas estén relacionadas. Si esta idea, en dicho contexto no es nueva, su comprensión y teorización ha cambiado muy significativamente en toda la mitad del siglo pasado, dando lugar a interesantes disputas intelectuales sobre su significado y alcance.

El currículum, como ámbito de experiencias y campo de estudio, a través de las sucesivas reconceptualizaciones que ha tenido en los últimos cincuenta años, tiene muchas caras y es un campo teórico cruzado por diversas perspectivas (Bolívar, 1999c). Sin entrar en esta dirección, que nos llevaría muy lejos para lo que pretendemos, más específicamente –como señalaba Kliebard (1989)– comprende especificar y justificar *qué deba ser enseñado, a qué personas, bajo qué reglas de enseñanza y cómo están interrelacionados* estos niveles. Más básicamente, el currículum se ha entendido en el sentido restringido de los contenidos (curso de estudios o programa) que son enseñados a los alumnos por los profesores y centros.

En principio, como base de partida general, *currículum* es todo aprendizaje que es planificado o guiado por la institución escolar, ya sea en grupos o individualmente, dentro o fuera de la escuela. De acuerdo con ello, dos supuestos iniciales delimitan el currículum: a) *El aprendizaje es planificado y guiado*, y b) *La definición se refiere a la escolarización*. Por tanto, si el aprendizaje es informal, o se realiza al margen de la institución escolar, queda –en principio– fuera del ámbito curricular.

Por eso, para entender las diversas realidades del currículum, se suele distinguir entre el currículum como campo de estudio y los diferentes fenómenos o realidades curriculares, mediados ambos por un conjunto de procesos. El currículum tiene, entonces, una *dimensión existencial*, como fenómeno o ámbito de la realidad, y una dimensión teórica, como *campo de estudio* e investigación. Una cosa es el cuerpo (prácticas educativas) y otra –podríamos decir– la teoría que pretende comprender e infundir vida a ese cuerpo (Bolívar, 1993).

El currículum es, por un lado, un ámbito de la realidad educativa (o la realidad educativa misma), objeto de una práctica profesional y una experiencia escolar, y –por otro– un espacio o campo, objeto de elaboración teórica e investigación. Se suele distinguir (Zais, 1976), entonces, en un primer nivel, entre *currículum como plan de estudios* (tanto en una dimensión substantiva, como programas, cuestionarios o conjunto de materias; como sintácticamente, en sus procesos y procedimientos de desarrollo práctico); y *como campo de estudio*, que –de hecho– ha sido analizado desde diversas perspectivas y en sus múltiples dimensiones, configurando hoy un cierto *corpus* teórico de una disciplina (conjunto de marcos de análisis, categorías, interpretaciones y comprensiones que dan cuenta de las prácticas llamadas "curriculares").

Beauchamp (1982) considera que existen tres usos legítimos de la palabra currículum:

> *"Uno es hablar de que* un currículum *es un documento preparado con el propósito de describir las metas y el ámbito y secuencia del contenido cultural seleccionado para alcanzar las metas determinadas. Uno segundo es hablar de un* sistema curricular *que tiene como propósito el desarrollo de un currículum, la implementación organizada de ese currículum y la organización de su evaluación. Uno tercero es hablar del currículum como un* campo de estudio*"* (pág. 24).

Además de documento escrito (el currículum como conjunto de previsiones en objetivos o contenidos culturales) y de campo de estudio, como "sistema curricular" se refiere a la dimensión procesual de su desarrollo (planificación, desarrollo, evaluación, etc.), por los que un currículum es puesto en práctica en un contexto organizativo determinado. A este respecto el propio autor señala que:

> *"Hay dos dimensiones del campo curricular: la dimensión substantiva y la dimensión procesual. La* dimensión substantiva *puede ser clasificada como el área del diseño curricular. Este área abarca todas aquellas potenciales elecciones para la selección del contenido cultural a ser incorporado en el currículum, así como los modos alternativos de organizar dicho contenido cultural (...). La dimensión procesual puede ser catalogada como el área de desarrollo curricular. Esta área abarca el proceso de planificación curricular, implementación y evaluación, e incluye el*

problema del liderazgo y otros roles. A pesar de este hecho quiero insistir que la teoría del currículum debe explicar ambas dimensiones, hay bastante trabajo teórico tanto en el diseño como en el desarrollo curricular" (pág. 25).

1.1. El currículum como ámbito de la realidad

El currículum –como ámbito real de la práctica– tiene una doble dimensión: substantiva y procesual. A nivel *sustantivo* está conformado tanto por los componentes (metas, contenidos, estrategias, recursos materiales o evaluación) que recogen las pretensiones oficiales a nivel institucional (oficial, centro o aula), como también por las configuraciones, construcciones y significados –planificados o no– que adquiere experiencialmente en su dinámica de desarrollo. Por su parte, como fenómeno en una perspectiva *procesual*, nos referimos a los diversos procesos de desarrollo que ocurren en relación con el currículum en su dimensión substantiva, tales como planificación, diseminación, adopción, desarrollo o implementación y evaluación; así como a la necesaria reconstrucción a que es sometido en su desarrollo práctico.

Gran parte de los problemas a la hora de definir específicamente qué es currículum provienen, como ha visto Doyle (1992), de que el discurso curricular opera conjuntamente a nivel institucional y experiencial. A *nivel institucional* (ya sea en el diseño curricular "oficial" o en el Proyecto curricular de Centro) el currículum tipifica lo que deba constituir, en términos escolares, la escolarización en sus niveles, cursos y etapas. Por un lado, transforma las expectativas sociales en programas y representa, al tiempo, el modo como la escuela –en una coyuntura dada– responde a tales expectativas. Más internamente, el currículum racionaliza los contenidos y los procedimientos para estructurar la experiencia escolar. Como tal suele constituir un marco normativo para definir y organizar el trabajo de los profesores (qué contenidos, tiempos y espacios, objetivos y pretensiones educativas, etc.). Este currículum oficial suele quedar recogido en documentos escritos, pero también lo constituye las percepciones compartidas por la comunidad educativa de lo que debe ser la escuela. Como tal, dice Doyle, el currículum oficial define el modo cómo se resuelven las tensiones entre escuela y sociedad y el conjunto de normas que regulan la enseñanza, al determinar los propósitos y contenidos de la educación.

Pero, además de la anterior dimensión, el currículum adquiere unas *configuraciones* determinadas, de acuerdo con cada contexto, donde se juega cómo sea experienciado o vivido en los centros y aulas. El currículum, a este *nivel existencial*, viene dado –no sólo por los documentos– sino por el conjunto de acontecimientos y fenómenos que tienen lugar entre profesores, alumnos, contenidos y medios. Walker (1981: 282), en un conocido artículo, decía que los fenómenos curriculares incluyen *"todas aquellas actividades y tareas en que los currículos son planificados, creados, adoptados, presentados, experienciados, criticados, atacados, defendidos, y evaluados; así como todos aquellos objetos que pueden formar parte del currículum, como libros de texto, aparatos y equipos, horarios y guías del profesor, etc.".* Esta enumeración de elementos quiere poner de manifiesto que el currículum, prácticamente, comprende tanto los procesos por los cuales es recreado, reconstruido o vivido en los distintos niveles; como sus "materializaciones" prácticas en objetos (libros, guías, cuadernos).

Por su parte, en su *dimensión procesual*, se han distinguido un conjunto de procesos de desarrollo (inicio, desarrollo y puesta en práctica, institucionalización y evaluación), subdivididos –a su vez– en distintos momentos o fases. Además, en su *desarrollo práctico*, el currículum es algo fluido y dinámico que va siendo reconstruido (moldeado, filtrado) por un conjunto de agentes (profesorado, alumnado) y contextos (centros y aulas), sufriendo –desde los planes a las aulas– un conjunto de fracturas o discontinuidades, no funcionando nunca de forma lineal, sino de modo invertebrado o fragmentario (Escudero, Bolívar, González y Moreno, 1997). Precisamente el conjunto de procesos de desarrollo, sobre los que están operando decisiones tomadas a distintos niveles (sociales, institucionales, didácticas y personales), dan lugar precisamente a las distintas configuraciones del currículum: el currículum oficial, percibido, material, operativo y vivido, como comentamos posteriormente.

1.2. El currículum como campo de estudio

A su vez, como *campo de estudio*, si bien la realidad práctica –configurada por hechos sustantivos y procesuales– es previa a cualquier discurso teórico de segundo orden, la *teoría del currículum* se ha constituido, desde mediados de siglo, como una disciplina con un conjunto de conceptos, teorías explicativas y discurso legitimador de la enseñanza y de las prácticas curriculares; al tiempo que en estructura e instrumento de racionalización de la propia práctica, dándose una coimplicación dialéctica entre ambos niveles.

Walker (1990: 133) define la teoría del currículum como *"un cuerpo de ideas, coherente y sistemático, usado para dar significado a los problemas y fenómenos curriculares, y para guiar a la gente a decidir acciones apropiadas y justificables"*. Por eso todo fenómeno curricular conlleva implícitamente una concepción curricular, formulable explícitamente a diferentes niveles teóricos; y, a la vez, toda teoría del currículum implica un determinado esquema racionalizador y configurador de la práctica curricular, conceptualizándola y dándole significado.

Como campo de estudio, la teoría curricular, en una dimensión sustantiva, ha analizado el currículum como conjunto de experiencias, planificadas o no, que el medio escolar ofrece como posibilidad de aprendizaje. Esto implica una selección cultural, condicionada a diferentes niveles (social, político-administrativa e interpersonalmente) que, al tiempo que lo contextualizan, generan distintas conformaciones y reconstrucciones del currículum en cuestión. Es por esta *realidad multidimensional de lo curricular* por lo que el análisis del currículum no puede ser reducido sólo a los contenidos culturales organizados escolarmente, ni tampoco a su dimensión estática, frecuentemente unida a la primera forma de análisis, al tomar a éste como si fuera un objeto cosificado. Como se ha puesto de manifiesto en los últimos años, es preciso analizar –más prioritariamente– la *dimensión dinámica o procesual*, en los mecanismos y acciones que lo transforman y reconstruyen a lo largo de su desarrollo práctico.

Goodlad (1979) identificó tres tipos de fenómenos que abarcan el currículum como campo de estudio:

> *"El primero es* sustantivo *y considera los objetivos, asignaturas, materiales y otros aspectos semejantes, lugares comunes de cualquier currículum. El segundo es* político-social. *La investigación implica el estudio de todos aquellos* procesos *humanos mediante los cuales algunos intereses llegan a prevalecer sobre los demás, de modo que son éstos los que finalmente emergen en vez de otros".*

La *multidimensionalidad del currículum* viene dada, también, por el reconocimiento de la peculiar dialéctica y condicionamientos que, como realidad social, mantiene con otros niveles o instancias sociales (cultural, política e ideológica), sesgado valorativamente, que precisa de un análisis teórico, social e histórico. Una perspectiva de corte analítico e instrumental (positivista y técnica) ha sido completada en las ultimas décadas por enfoques de cómo se reconstruye intersubjetiva o contextualmente, o cómo mantiene relaciones dialécticas con otras instancias sociales.

A su vez, estas múltiples dimensiones se manifiestan en el plano *formal o sintáctico* en los diferentes niveles que transcurren desde su planificación a la práctica. El primero sería el *sociopolítico* que –en países con tradición centralista– determina las metas, contenidos, materiales o textos que se pretenden trabajar en los centros escolares en unos tiempos y espacios dados. A un segundo nivel, cada *institución* escolar hace su propia configuración, manifiesta en la peculiar organización que adopta la educación y enseñanza, que –a su vez– dará lugar al currículum a *nivel de aula* que un profesor determinado adapta para enseñar a un grupo de alumnos. El currículum, entonces, es realizado y experienciado de un modo particular, que motivará unas vivencias y resultados en los alumnos. Este *nivel experiencial* es el final de la cadena que proporciona el último test de lo que es un currículum. Estudiar estos diferentes niveles de reconstrucción curricular, y los procesos mediadores, ha constituido también una parcela importante de la teoría del currículum.

Así, es objeto de estudio la peculiar *dinámica entre el currículum formal y las configuraciones* que adquiere en su desarrollo. Tanto uno como otro requieren ser justificados y racionalizados, por lo que remiten a la necesidad de una teoría del currículum, al *currículum como campo de estudio*. Una amplia tradición de legitimación del currículum y de propuestas para su diseño y desarrollo ha dado lugar a la teoría del currículum, como un campo de estudio de los fenómenos curriculares. A su vez, a partir de los años setenta, esta teoría se ha visto potenciada con teorías sociológicas y filosóficas que expliquen los componentes culturales, ideológicos y sociales del currículum en cada contexto social y político. Ambas tradiciones forman hoy un cuerpo sustantivo de una disciplina plenamente constituida: *Teoría del currículum*.

Paralelamente se ha dado todo el estudio de los procesos de introducir y desarrollar reformas e innovaciones en los contextos educativos, disponiendo hoy también de una *teoría sustantiva del cambio curricular planificado*. Actualmente se han integrado ambas líneas teóricas y de investigación (currículum e innovación educativa), por lo que la teoría del currículum tiene como objeto no solo el diseño y construcción curricular, sino muy especialmente los procesos a través de los cuales se desarrolla, modifica y reconstruye; y cuáles son las condiciones, contextos y estrategias que facilitan o impiden su desarrollo.

2. EL CURRÍCULUM COMO ÁMBITO DE LA REALIDAD EDUCATIVA: DIVERSAS DIMENSIONES BIPOLARES

Fruto de las diversas opciones y concepciones de lo que deba ser la experiencia educativa y el papel de los agentes, se ha acentuado una dimensión u otra. Puede ser ilustrativo para poner de manifiesto estas *diversas caras* o facetas, exponerlas por medio de una cierta bipolaridad, aún cuando se solapen, en una estrategia que ya empleé (Bolívar, 1999c). Entre una concepción restringida (objetivos, contenidos, planes, o materias que son enseñadas en las escuelas), y una definición ampliada (propuestas sobre cómo la educación deba estar organizada, propósitos a los que sirva, etc.) se mueve la conceptualización del currículum. Entre una y otra estaría integrar no sólo los elementos curriculares (objetivos, contenidos, métodos y evaluación) sino las razones que justifican y legitiman su elección e inclusión (Scott, 2001).

El currículum, por un lado, tiene un *nivel formal*, dado por los contenidos o substancia de la escolarización, y un *nivel de experiencias*, que es enseñado y aprendido en la escuela. El currículum son los diseños o planes para la educación institucionalizada, así como todas las oportunidades de aprendizaje y experiencias educativas que ofrecen o tienen lugar en las escuelas en un tiempo y etapas educativas dadas. Por tomar un ejemplo de un manual hispanoamericano, Casarini (1999: 6) expresa esta doble dimensión así: *"el currículum es visualizado, por una parte, como intención, plan o prescripción respecto a lo que se pretende que logre la escuela; por otra parte, también se le percibe como lo que ocurre, en realidad, en las escuelas".*

2.1. El currículum como curso de estudios *versus* curso de la vida

En su origen histórico, ordenar el curso de estudios y reglamentar la disciplina de la vida se presentan unidas, en los colegios luteranos o calvinistas y en las primeras Universidades que lo emplean. Calvino utilizaba para referirse al devenir de la vida *vitae cursu, vitae stadium* y *vitae curriculum*. De ahí se trasladarán (Universidad de Glasgow) al contexto escolar para abarcar la totalidad de la vida del estudiante, "gobernamentalizando" (diríamos en términos de Foucault) tanto los estudios y contenidos con un plan, así como la *vitae disciplina*. De ahí que, como suelen reflejar los diccionarios, "currículum" ha significado conjuntamente (a) "curso de estudio", y (b) "curso de vida". Si el primero ha sido el más empleado y –en algunas de sus versiones burocráticas– también el más criticado, desde posiciones alternativas –acordes con nuestra actual sensibilidad postmoderna– se propone recuperar el segundo ("currículum" como "curso de una vida"). Con el primero se sustantiviza el término en un documento (plan para un curso, carrera o asignatura); el segundo prima el verbo (*currere*: curso de la carrera, recorrido por los individuos).

Como curso de estudios, materializado en planes, se formula en la relación de contenidos que configuran los programas de una carrera o cursos de una etapa educativa. Así cuando preguntamos por cuál es el currículum de un centro, etapa educativa o carrera, nos solemos referir al listado de materias que lo conforman. Tiene, por ello, un sentido administrativista, como sería el que aparecía recogido y definido en el art. 4.1 de la LOGSE (*"conjunto de objetivos, contenidos, métodos y criterios de evaluación..., que regularán la práctica docente"*) o ahora viene a repetir el art. 6 de la LOE, aunque acentuando más la dimensión de programa (*"conjunto de objetivos, competencias básicas, contenidos, métodos pedagógicos y criterios de evaluación de cada una de las enseñanzas reguladas en la presente Ley"*). Jugando con la etimología, dicen Clandinin y Connelly (1992), el currículum, a la larga, más que el curso de la carrera, se convierte en un "carruaje" cargado (objetivos, contenidos, materiales, etc.), y los profesores en los conductores de tales vehículos. En este sentido se asocia a "documentos", donde queda materializado el currículum prescrito a nivel de administración, o planificado a nivel de centro o aula. Y, por ello mismo, también es currículum los libros de texto o materiales, reglados o no, para la enseñanza.

Por el contrario, como *curso de la vida* (presente en "curriculum vitae", dejando de lado el significado burocrático-documental que suele tener al responder a requerimientos administrativos), el currículum es el recorrido o trayectoria personal (correr/"currar" por la vida) que ha dado lugar, sin duda, a un conjunto de experiencias y aprendizajes. El movimiento reconceptualizador fue el primero (el "currere" de Pinar) que reivindicó esta dimensión autobiográfica, que ahora han vuelto a refrendar (Pinar, Reynolds, Slatery y Taubman, 1995). Por un lado, cada individuo (tanto alumnado como profesorado) es portador de un currículum, como conjunto de experiencias de vida (escolares o no) que han forjado la identidad, personalidad y capital cultural con que cuenta (Bolívar, Domingo y Fernández, 2001).

El *curriculum vitae* no es un proyecto de vida, ni un plan de carrera, pues no precede a la vida, más bien la consigna como itinerario seguido efectivamente, haya sido querido o no, planificado o no. Perrenoud (2002) propone, como idea fecunda, pensar el currículum escolar ante todo como un *recorrido de formación* vivido efectivamente por cada uno de los alumnos. El currículum como curso de estudios ("carrera escolar") se mezcla, entonces, productivamente con el conjunto de experiencias formativas sucesivas, que han dado lugar a una particular historia de vida. Sin embargo, los sistemas educativos no dejan los recorridos individuales al azar, los planifican, controlan y guían. Tendríamos, entonces, dos conceptos paralelos: el currículum prescrito institucionalmente, que es censado en la escolaridad, y el currículum real o vivido.

Por otro lado, el currículum escolar, en lugar de un programa estándar por el que todos han de pasar, ha de ser insertado vital e individualmente para que incida en el propio itinerario formativo. Entonces, el currículum-en-acción en el aula se configura como conjunto de experiencias vividas, en una situación compuesta de personas, objetos y conocimientos, que interactúan entre sí, de acuerdo con ciertos procesos (Connelly y Clandinin, 1988). En este sentido los profesores no enseñan un currículum, al contrario, *viven/construyen un currículum* conjuntamente con el alumnado que, para que tenga un significado educativo, pone en juego los itinerarios formativos de las personas, con sus precedentes autobiográficos y sus proyectos futuros.

Desde movimientos como la reconceptualización, narrativa y biografía, se entiende el currículum como identidad. Si el currículum es una carrera recorrida, ésta ha venido a configurar lo que somos. Incluso a nivel nacional, los currículos establecidos oficialmente contribuyen a configurar un modelo de ciudadanía. Desde una posición poscrítica, Tomaz Tadeu da Silva (2001) finaliza su libro sobre el currículum, titulado precisamente *Espacios de identidad*, con estas palabras;

> *"el currículum es trayectoria, viaje, recorrido. El currículum es autobiografía, nuestra vida,* curriculum vitae; *en el currículum se forja nuestra identidad. El currículum es texto, discurso, documento. El currículum es documento de identidad"* (pág. 185).

Primar radicalmente la dimensión personal en la interacción didáctica conduce a tomar el acto didáctico como un *relato* conjunto de narrativas de experiencias (Connelly y Clandinin, 1988). El currículum-en-acción es, en el fondo, un relato compartido, donde se manifiestan las propias autobiografías de los actores. Al fin y al cabo, ambos términos (currículum y biografía) comparten, en un sentido, el significado de "curso de la vida". La enseñanza sería una *"narrativa-en-acción"*, los modos de ser y hacer en clase son vistos como relatos o historias, que los propios actores cuentan y re-viven de modo compartido. *El currículum es el texto relatado y vivido* en los centros y aulas, donde las experiencias de enseñanza son modos de construir y compartir historias de vidas, inscritas en conocimientos culturales más amplios. Los profesores y alumnos desarrollan el currículum en los centros y aulas al construir relatos por medio de las experiencias de enseñanza.

2.2. El currículum como contenidos planificados *vs.* el currículum como experiencias vividas

Desde sus orígenes –como veremos posteriormente en este capítulo– el currículum fue una forma de organizar administrativamente la enseñanza como un *plan de contenidos*: programa de estudios que es enseñado para una etapa/nivel en un tiempo determinado. El currículum queda así limitado a la organización escolarizada de la educación en las etapas educativas. Es cierto que, posteriormente, la noción de currículum se fue ampliando para incluir otros componentes del proceso de enseñanza-aprendizaje: objetivos, metodología, organización del aula, y previsiones de evaluación. En estos casos un currículum, como algo sustantivo fijado en un plan recogido en un documento, es una previsión y organización de propósitos, contenidos, metodología y posibles aprendizajes de los alumnos.

El currículum puede ser asimilado a programa o *syllabus*, como conjunto de enunciado o temas que forman una carrera, curso, materia o asignatura. El programa, como tal, nos indica la relativa importancia de sus tópicos y el orden en que hayan de ser estudiados. El enfoque que entiende el currículum como cuerpo de conocimientos/contenidos analiza su selección, organización y secuenciación. En relación con él, el proceso didáctico lo trasmite a los estudiantes empleando los métodos más efectivos. Cuando se iguala el currículum con el *syllabus* se tiende a limitar su planificación a la consideración del contenido o el cuerpo de conocimiento a lo que se va a transmitir. Esto es lo que hace que pueda ser asimilado a programa.

Por contraposición a lo anterior, el currículum, como práctica, es el *conjunto de experiencias vividas*. En este caso, nos referimos a las diversas experiencias educativas que tienen lugar en contextos escolares, aquello que ocurre en un contexto educativo formal (aula o clase, centro escolar), donde se desarrollan un conjunto de interacciones entre alumnado, profesorado, conocimiento y medio. En ese buen librito que es el de Walker y Soltis (1997) se resaltaba, desde su primera página, no limitar el currículum al documento escrito, sino también al trabajo diario del profesorado y a las experiencias cotidianas vividas en el aula por los alumnos.

Históricamente, Franklin y Johnson (2006) han analizado dos de las propuestas que, en este sentido, se hicieron en la década del cincuenta en los Estados

Unidos para organizar el currículum: la que toma como punto de partida las necesidades derivadas de una supuesta lógica interna de la ciencia, y la que hacía énfasis en las demandas de un sujeto discente entendido habitualmente de un modo esencialista. La propuesta progresiva de un currículum basado en la vida fue, sin embargo, duramente criticada, ya que ya que, según sus detractores, "con la educación centrada en la vida la mayoría de la juventud era incapaz de dominar un currículo académico tradicional y carecía de la capacidad intelectual para realizar estudios universitarios" (p. 9).

Young (1998: 22-33) distingue dos concepciones del currículum: "currículum como hecho" y "currículum como práctica". En el *currículum como hecho* se entiende como una cosa dada de antemano, *externa* a los sujetos, que los alumnos deben aprender a dominar. Es el currículum en tanto que *producto*. El *currículum como práctica* no es un ente prefabricado, pasivamente impartido o recibido por los destinatarios en los escenarios de su aplicación. Por el contrario, es conformado por los propios protagonistas de tales escenarios a través de las actuaciones con que lo dotan de sentido.

Alberto Luis y Jesús Romero (2007) acuden a esta distinción en el marco teórico de su excelente estudio sobre historia del currículum de una disciplina escolar, para subrayar cómo la visión del "currículum como hecho" se encuentra incrustada por doquier, al tiempo que retrata el habitus profesional de muchos enseñantes. Por el contrario, el "currículum como práctica" ubica el currículum más en las vicisitudes del aula, como

> *"construcciones sociales situadas, es decir, el producto de las prácticas de los docentes y los discentes en el ámbito de las contingencias singulares que rodean sus interacciones y transacciones cotidianas... (de este modo) el currículum real no es un ente prefabricado, pasivamente impartido o recibido por los destinatarios en los escenarios de su aplicación. Por el contrario, es conformado por los propios protagonistas de tales escenarios a través de las actuaciones con que lo dotan de sentido"* (pág. 27).

Hay –entonces– una oposición entre entender el currículum como el conjunto de experiencias (planificadas o no) que de hecho tienen lugar bajo la jurisdicción de la escuela, frente al currículum como contenidos planificados. Si bien el currículum formal u oficial lo configuran los contenidos, también es verdad que comprende más cosas. No sólo metas u objetivos, sino también el no planificado, implícito o no escrito que se vive, y aquel que podría ser incluido y ha sido –de hecho– excluido (llamado currículum "nulo" o ausente), como comentamos después. Y es que, como es conocido, una cosa es el currículum intentado (es decir, que se espera sea aprendido), otra el que es enseñado, y por último el que de hecho es vivido/aprendido.

A su vez, también es evidente que los procesos por los que sea enseñado y cómo cobren vida unos determinados contenidos afectan profundamente a los contenidos mismos que son enseñados, la forma es –a veces– el contenido, o el medio es también mensaje. En cualquier caso, es real en la enseñanza la *tensión entre lo idealmente planificado y lo realmente realizado y vivido*. No siempre –por los procesos de reconstrucción, a que nos hemos referido– lo que ocurre en las aulas se corresponde con las pretensiones institucionalmente planificadas. En cualquier caso, hay una inevitable relación entre uno y otro: al igual que el anteproyecto elaborado por el arquitecto guía la puesta en práctica, la planificación de los contenidos escolares condiciona –en mayor o menor medida– lo que sucede en la práctica.

Poner el acento en una dimensión u otra está implicando una determinada concepción curricular: si la práctica de enseñanza deba ser una ejecución fiel de planes o un proceso abierto sometido a adaptación; y si el papel de los agentes se limita a gestionar o a desarrollar. Una arraigada concepción, que –a veces se supone como obvia– entiende que unos definen los contenidos y las intenciones, otros se limitan a gestionarlos en la enseñanza. Por oposición a dicha tradición administrativista, se ha reivindicado que el *currículum* es lo que se transmite y se hace en la práctica, lo que requiere discutir y deliberar, a nivel individual y colectivo, lo que sea mejor hacer en cada situación y momento. Acentuar la dimensión del "currículum como práctica", como resaltan Luis y Romero (2007), tiene la virtud de cuestionar la concepción del currículum como artefacto cultural, restituyendo –en su lugar– a los profesores y alumnado a la dignidad de sujetos activos del mismo.

2.3. El currículum como producto (documento) *vs.* como proceso contextualizado

En paralelo a lo anterior, se ha solido entender el currículum como un *producto o documento* tangible que suele contener un conjunto de componentes interrelacionados (objetivos, contenidos, metodología, actividades y recursos y previsiones de evaluación), como plan para las acciones subsecuentes. La mayoría de documentos oficiales, o aquellos que –por imitación– hacen los profesores, suelen moverse en este plano ideal, a menudo dirigidos a "quedar bien", que –luego– tiene poco que ver con lo que realmente se hace. De hecho suelen tener un uso preferentemente burocrático. El currículum como lo que pretendemos que consignan los alumnos (*resultado o producto*) ha sido una línea reiterada a lo largo del siglo pasado, con distintos momentos de mayor incidencia o relativo silencio.

Por oposición, como ha resaltado Cornbleth (1990), el currículum como práctica no puede ser adecuadamente comprendido o cambiado sin prestar atención al contexto, o mejor que *el currículum está siempre contextualmente situado*. Los enfoques tecnocráticos que priman el currículum como documento lo descontextualizan: a) conceptualmente, porque separan el currículum como producto (documento, programa o libro de texto) de la toma de decisiones en su desarrollo; y b) operativamente, porque tratan el currículum de modo independiente de los contextos estructurales y socioculturales en los que toma vida. Por eso mismo, la programación como documento está separada de lo que operativamente ocurre en clase. Si el cambio se produce será consecuencia de los nuevos diseños, no de haber alterado los contextos.

Por oposición, desde *enfoques críticos* el currículum es un proceso social creado y vivido en los múltiples contextos interactivos que mantienen alumnos, profesores, conocimiento y medio. El currículum no es un producto tangible, es –primariamente– la práctica curricular o el currículum-en-uso. El currículum como praxis, en algunas dimensiones fundamentales, es un desarrollo del modelo de proceso. Pero, mientras el modelo de proceso habla de principios generales sin hacer opciones explícitas por los intereses a los que sirve, en el currículum como praxis hay un compromiso claro por la emancipación. La acción no está simplemente informada, sino comprometida, convirtiéndose en una praxis. Los profesores, entonces, comparten una idea de lo bueno y un compromiso por la emancipación humana, y el desarrollo curricular es una dinámica de acción y reflexión comprometida.

El contexto tiene, conjuntamente, a) una dimensión *estructural*, referida a roles y relaciones, procedimientos puestos en juego, creencias y normas compartidas. Este contexto estructural puede ser considerado en varios niveles (clase individual, organización del centro y administración educativa). Y b) una dimensión *sociocultural*, referida al entorno más amplio, que incluye factores demográficos, sociales, condiciones socio-políticas, tradiciones e ideologías, y acontecimientos que influyen actual o potencialmente en el desarrollo del currículum.

Si el modelo de currículum como producto pone el énfasis en la determinación de objetivos y en documentos planificados para su implementación, otro modo de ver el currículum es como un *proceso*. No es algo físico, sino que primariamente consiste en la interacción de profesores, alumnos y conocimiento. En otros términos, currículum es lo que actualmente sucede en la clase y lo que la gente hace para prepararlo o evaluarlo. En este modelo tenemos un conjunto de elementos en constante interacción. Se pone el énfasis en las particulares situaciones o contexto en que ocurre, lo que impide generalizar, y que los profesores entran en clase con una particular idea de lo que desean que suceda.

Como mínimo, un currículum debe proveer una base para planificar un curso, estudiarlo empíricamente con sus correspondientes materiales y considerar los fundamentos de su justificación. Aquí, en lugar de una propuesta acabada, presta a implementar, se hace hincapié en la idea de experimentación: el currículum como un modo de traducir una idea educativa en una hipótesis susceptible de constrastar en la práctica, decía Stenhouse. En segundo lugar, como ya se ha reseñado, en lugar de algo impersonal, es dependiente de cada contexto (centro, aula, docente) en particular. No hay materiales que puedan valer para cualquier lugar. Por último, en lugar del papel central otorgado a los resultados o a la especificación de los objetivos, ahora se sitúa lo que sucede en el aula cuando profesores y alumnos trabajan conjuntamente. Por eso mismo, el modelo de proceso coloca la interacción en el aula en el núcleo de la actividad curricular.

2.4. El currículum como intención *vs.* realidad

Las distintas dimensiones del currículum pueden agruparse en una *doble concepción curricular*:
   a) El currículum como *intención* o pretensiones educativas, expresadas en contenidos, productos o documentos, y planes de estudios; y
   b) el currículum como *realidad*: experiencias educativas relevantes vividas, en el curso de la vida o en los procesos educativos.

Como *intención* se materializa técnicamente en un currículum oficial, como un documento a gestionar en sucesivos niveles. El currículum como *realidad* son las configuraciones prácticas que proporcionan oportunidades de aprendizaje determinadas. Como tal, es algo a crear y generar en las diversas interacciones prácticas, por lo que debe tener un carácter abierto, sin especificación reglada de contenidos, que transciende/rompe la estructura disciplinar en tiempos y espacios, etc.

Así, unas conceptualizaciones del currículum inciden en su carácter de intención, plan, prescripción, etc.; y otras en lo que es enseñado en las escuelas: *"Y ya que ni las intenciones ni los acontecimientos* –comenta Stenhouse (1984: 27) en las primeras páginas de su libro– *pueden discutirse, a no ser que sean descritos o comunicados de algún modo, el estudio del currículum se basa en la forma que tenemos de hablar o de escribir acerca de estas dos ideas relativas al mismo. Me parece, esencialmente, que el estudio del currículum se interesa por la relación entre sus dos acepciones: como intención y como realidad"*. El currículum se refiere tanto a las experiencias de aprendizaje planificadas como aquellas que se viven con motivo de las primeras.

El currículum como intención, plan, o proyecto es el que más frecuentemente aparece en las definiciones/conceptualizaciones. Ya estaba presente en la organización racional de los estudios de la "ratio studiorum". La conocida definición de Stenhouse (1984: 9) justo pretende reducir la distancia entre propuesta intencional y su realización práctica, al entenderlo como posibilidad abierta a la investigación y crítica: *"una tentativa para comunicar los principios y rasgos esenciales de un propósito educativo, de forma tal que permanezca abierto a discusión crítica y pueda ser trasladado efectivamente a la práctica"*.

2.5. Grandes ejes que delimitan el currículum

"El término 'currículum' es objeto de usos muy diferentes. Algunos lo utilizan para hacer referencia a las orientaciones contenidas en los docu-

mentos remitidos a los centros para perfilar lo que debe estudiarse. Sin embargo, (para) los profesores y otros agentes que se ocupan del desarrollo curricular [...], el currículum es la experiencia que los alumnos y profesores viven en las aulas, no los papeles que componen una guía curricular, un libro de texto o un plan de estudios" (Darling-Hammond, 2001: 295).

Las diferentes caras que hemos revisado antes, en último extremo, se resumen en dos grandes ejes que encuadran y delimitan las acepciones del currículum: Acentuar los *contenidos* (productos) o los *procesos*; y –por otro lado– resaltar la dimensión de *planes* como resultados intencionales del aprendizaje (objetivos o metas), o las *experiencias* vividas en el aula. Una nos delimita los *fines* (planes o contenidos), la otra prima la dimensión de *medios y experiencia*, como el conjunto de oportunidades de aprendizaje que la escuela ofrece o los procesos que pone en juego.

Integrando estas dimensiones, por ejemplo, Marsh (1997: 5) lo define como *"un conjunto interrelacionado de planes y experiencias que los alumnos siguen bajo la guía de la escuela"*. De este modo, el currículum comprende tanto los planes como aquellas experiencias que inevitablemente ocurren con motivo de su puesta en práctica. Se excluyen, no obstante, las experiencias educativa informales fuera de la escuela, para limitarlas a las que son iniciadas o dirigidas por el centro educativo.

Por su parte, para Walker (1990: 5) los núcleos fundamentales del concepto de currículum son tres: contenido, propósito y organización, que combina en la siguiente definición: "El currículum se refiere al *contenido* y *propósito* de un programa educativo conjuntamente con su *organización*". Un currículum consiste en: a) lo que los profesores y alumnos se ocupan conjuntamente; b) aquello que profesores, alumnos y otros implicados reconocen como importante de enseñanza y aprendizaje, y que suelen tomar como base para juzgar el éxito de la escuela; y c) las formas en que estos asuntos están organizados internamente y en relación con otras situaciones educativas inmediatas y en el tiempo y espacio. Esto significa que el currículum se tipifica, en lugar de sus componentes, en las acciones y actitudes de los que están comprometidos en una situación de enseñanza-aprendizaje.

Como señalábamos antes, si bien cabe entender que estas dimensiones conforman el espacio curricular, poner el acento de modo preferencial en una u otra dará lugar a distintos modos de entender el currículum, y –en suma– a tomar postura en una forma particular de entender la tarea educativa, con el papel que debieran jugar los agentes educativos (profesorado, alumnado).

2.6. Distintos niveles de realización del currículum

La teoría del currículum –es conocido– ha descrito cómo éste se realiza a distintos niveles, o –como señalaba Escudero (Escudero, Bolívar, González y Moreno, 1997: 55)– que el currículum es por naturaleza "internamente invertebrado, fragmentario y quebradizo", sin ser algo que funcione de modo homogéneo o compacto. Este carácter fluido y dinámico hace que no pueda ser predeterminado, al tiempo que explica por qué es ingenua –dicho con palabras de Cuban (1993a)– la fe de los reformadores en que un cambio en el currículum (oficial) pueda provocar un cambio en los aprendizajes de los alumnos y en la mejora de la educación, cuando dependerá de otros muchos factores que se realice de una u otra manera en los distintos contextos. Dicho carácter fluido y dinámico del currículum, siempre mediado por contextos personales y sociales, lo impide. Como irónicamente recordaba Eisner (2000a), es una suerte que estos procesos ocurran y que los alumnos aprendan más de lo que sus profesores pretenden enseñarles.

Y es que, por un lado, el currículum abarca un amplio espectro de la realidad educativa, si no toda. Ésta es una de sus virtualidades, frente a enseñanza; aunque para ser un buen dispositivo analítico requiere precisar a qué nivel nos referimos. En una concepción que compartimos, el profesor Escudero (2002) recientemente lo conceptualizaba así:

"Cuando hablamos de currículum nos estamos refiriendo a las cuestiones centrales que conciernen al tipo de educación establecida en un momento histórico particular para los alumnos que asisten a cada uno de los tramos de escolaridad. Entre ellas figuran, por lo tanto, las decisiones relativas a los contenidos que se consideran valiosos y dignos de ser enseñados y aprendidos, y que constituyen el punto de referencia fundamental respecto al cual se establecen los criterios de excelencia escolar, académica, social y personal. No se pueden dejar al margen, igualmente, los procedimientos aplicados para la estimación de la competencia y el aprendizaje de los estudiantes, que suelen presumir de tanta objetividad como, sin que se diga abiertamente, de ostentosos márgenes de arbitrariedad con frecuencia" (pág. 144).

Frente a la mirada positivista, en que el saber y conocimiento es algo dado y objetivo, inmodificable, desde una visión fenomenológica o interpretativa se constata (desde *La vida en las aulas* de Jackson) cómo el currículum es, de hecho, reconstruido y recreado personal y social, en un proceso de mediación, de acuerdo con sus perspectivas y contextos. A su vez, desde el constructivismo sabemos que también los alumnos crean significados, que no están en función sólo de lo que los profesores intentan enseñar.

Entre el currículum oficial, prescrito o diseñado, y las prácticas docentes media, como agente *modulador y reconstructor*, el profesor con su "conocimiento práctico" y constructos personales, que explicará por qué construye el currículum de una determinada manera (Salvador Mata, 1994). El profesorado, como *agente curricular* y no como ejecutor mecánico, trasladará éste a la práctica, no sólo mediatizado por el contexto escolar, sino por su manera propia y personal de entender el currículum propuesto. Esta *función mediadora*, de filtraje y redefinición significativa del currículum inerte propuesto –conformada por modos de actuar, estructuras de pensamiento, creencias o "ideologías"– va a determinar, junto a otros factores contextuales, en último extremo, el currículum en la práctica. El profesor se constituye en un árbitro entre las demandas de los currículos oficiales y la percepción de las situaciones del aula. Este proceso involucra dilemas, en el sentido de que no está claro lo que hay que hacer en una situación, viéndose el docente obligado a decidirse por unas opciones concretas que reduzcan la ambigüedad contextual en que se mueve toda su práctica escolar; cuando alguna de estas decisiones funciona o le resulta más segura y estable, se convierte en rutina.

Goodlad (1979) fue de los primeros que habló de *currículum oficial*, expresado en documentos oficiales de reformas, *currículum material*, presente en los libros de texto y materiales de apoyo al profesorado, *currículum perceptivo*, como aquel que es percibido (y modulado) por los profesores y alumnos, *currículum existencial y operativo*, es el currículum realizado con los significados que adquiere para los participantes. Larry Cuban (1993b) aduce que el "currículum oficial" es sólo uno de los cuatro currículos, siendo los otros: el currículum *enseñado*, el currículum *aprendido*, y el currículum *evaluado*. Por su parte, Gimeno (1998: 124), en una figura muy divulgada, presentó un proceso de la dinámica de transformación del currículum distinguiendo seis niveles: currículum *prescrito*, currículum *presentado* a los profesores, currículum *moldeado* por los profesores, *currículum-en-acción* o enseñanza interactiva, currículum *realizado*, y currículum *evaluado*. Perrenoud (1993) habla de currículum formal, real y oculto. En fin, por no proseguir con su reiteración en diversos manuales, por ejemplo, Posner (1999) habla de cinco currículos simultáneos: currículum *oficial*, currículum *operacional*, currículum *oculto*, currículum *nulo* y *extra*currículum (asimilable a lo que en la tradición española se llaman comúnmente "actividades extraescolares"). Por otro lado, por cifrarme sólo en los más divulgados y con mayor capacidad comprensiva, igualmente se ha hablado de currículum *nulo* o, mejor, "ausente" (Eisner, 1979), de currículum *oculto*, y "currículum *potencial*".

Por su parte, Porter y Smithson (2001), con motivo de establecer indicadores para evaluar el currículum, distinguen entre:

> "a) **Currículum** intentado: *currículum descrito en los documentos oficiales de las administraciones educativas, ya sea como marcos curriculares o líneas orientativas que se presente que los profesores desarrollen en clase.*
> b) **Currículum** realizado: *contenidos curriculares que los alumnos trabajan en el aula.*

c) *Currículum* evaluado: *instrumentos y contenidos presentes en la evaluación.*

d) *Currículum* aprendido: *conocimiento que los estudiantes han adquirido, que puede ir más allá del currículum evaluado".*

Así como el currículum evaluado es un componente del currículum intentado, el currículum aprendido es un componente del currículum realizado. El *currículum oficial* (o prescrito) es aquel que es promulgado por la autoridad educativa y publicado en los diarios oficiales, donde se establecen los nuevos planes de estudio para una Etapa o curso, y los contenidos (*programas*) de cada una de las asignaturas/áreas que lo componen. Este currículum oficial se ve completado por los libros de texto oficialmente aprobados, que establecen el currículum de modo accesible para profesores y alumnos. A su vez, cuando hay evaluaciones externas del currículum uniformadas (por ejemplo, Pruebas de Acceso a la Universidad o Prueba General de Diagnóstico) donde se han fijado las cuestiones que formarán parte del examen, también son currículum oficial. Por su parte, el *currículo planificado*, en las concepciones más tecnológicas consiste básicamente en el diseño de objetivos, contenidos, actividades y previsiones de evaluación, pensando que el desarrollo práctico será una ejecución fiel de lo diseñado. Desde concepciones más prácticas se entiende que no cabe cifrar lo explícito o planificado al ámbito sustantivo del currículo (diseño o materiales curriculares) sino –más específicamente– al propio desarrollo curricular. En lugar de un proceso formalista o burocrático, se entiende como un proceso flexible o progresivo, que irá sucesivamente reformulado, en función de las circunstancias cambiantes.

El currículo *nulo (excluido o ausente)* se refiere, desde que Eisner (1979) lo enunciara, a aquel conjunto de contenidos, aprendizajes y habilidades que no están presentes (o no lo están de manera suficiente) en los currículos diseñados o planificados, pero que constituyen una de las demandas de los alumnos o de la sociedad. Estas omisiones, conscientes o no identificadas por los profesores, pueden responder a determinados intereses ideológicos, aunque en otros casos sean fruto de una decisión entre varias alternativas o de determinadas lagunas en un campo curricular por el desconocimiento de los diseñadores. Aquello que la escuela no enseña o no atiende a los alumnos, ya sea explícitamente decidido o implícitamente inconsciente, responde o refleja determinadas valoraciones sociales e ideológicas del conocimiento. Su análisis plantea la cuestión de que hay aspectos culturales y sociales que no han entrado en el aula y que quizá fuera necesario que entrasen, dejando de estar excluidos. Los profesores pueden incluir los aspectos identificados como necesarios, complementando –de este modo– el currículo oficial. Este currículum puede estar "ausente" por causas de diverso calado: por omisión (faltan aspectos relevantes), por problemas de tiempo, por preferencia del docente, o por no ser evaluados.

Lo ausente se configura así como una dimensión definitoria del currículo tanto como lo presente, no tanto –conviene advertirlo– porque "todo" debía estarlo (lo cual es imposible: todo currículum implica una opción particular), cuanto por la posibilidad de reflexionar y ser conscientes de la esfera ausente y por qué está excluida, posibilitando un escrutinio clarificador de lo que deba conformar el currículo, en un determinado contexto social y cultural. Al analizar un curriculum debemos fijarnos en su configuración y enunciados, pero también en las dimensiones que están ausentes, que desconoce e ignora. Los objetivos que podrían aparecer, los contenidos excluidos, las actividades no sugeridas, los procesos de evaluación no aplicados, etc. constituyen el currículo ausente o nulo. Algún autor (McCutcheon, 1982: 19) ha querido integrar en la definición de curriculum estas dimensiones, diciendo que un curriculum es *"lo que los alumnos tienen oportunidad de aprender a través del currículum explícito y oculto, y lo que no tienen oportunidad por no aparecer en el curriculum"*.

El *currículo potencial* (o "potencial del currículum") se refiere, desde su enunciación por Miriam Ben-Peretz (1975; 1990: 45-64), al conjunto de posibilidades de interpretación y desarrollo (no previstas –en muchas ocasiones– por los diseñadores) que el currículo prescrito y los materiales curriculares ofrecen, susceptibles de ser recreadas/reconstruidas por los profesores, como agentes curriculares, de acuerdo con sus propias perspectivas y el contexto de su clase. El concepto introduce –pues– una dialéctica entre currículo planificado y currículo-en-uso, que permite que éste último no sea una reproducción lineal y fiel de lo prescrito oficialmente. Aunque los profesores en su desarrollo del currículum pueden asumir el papel de meros aplicadores mecánicos de los materiales, pueden también –en un segundo nivel de interpretación– ser implementadores activos y –en su nivel más alto– desarrollar el currículo prescrito con nuevas alternativas. El que tengan uno u otro rol depende primariamente de una política curricular que posibilite una autonomía profesional (aspecto que no suele resaltar Ben-Peretz), pero también de una adecuada formación de los profesores para el análisis del potencial curricular. Como dicen Connelly y Clandinin (1988: 152), "buenos materiales curriculares tienen diferentes usos potenciales para diferente gente en diferentes circunstancias. Como profesores, debemos realizar dicho potencial".

Los profesores pueden –entonces– limitarse a cubrir la "cubierta curricular", o ir más allá de lo especificado, recreando su propio currículum. Los textos o materiales curriculares son algo más que "textos cerrados", ofrecen un *potencial curricular* susceptible de ser recreado/reconstruido de acuerdo con las propias perspectivas de los profesores y el contexto de su clase. Los materiales curriculares ofrecen un conjunto de posibilidades de interpretación y aplicación, no previstas –muchas veces– por sus autores, cuyo potencial curricular los profesores pueden descubrir y elegir de acuerdo no sólo con las cualidades inherentes al propio material, sino sobre todo con sus propias perspectivas/preferencias y también con la situación/necesidades de su grupo-clase. El concepto de "potencial curricular" introduce, así, una interacción dialéctica entre currículum-como-plan y enseñanza ("curriculum-en-uso"), que permite romper la linealidad de los análisis simplistas de que profesores acéfalos mecánicamente hacen lo que el libro de texto prescribe. Ben-Peretz realiza una distinción entre el concepto de *potencial curricular* y "aprendizaje incidental", "currículo oculto" y "currículo nulo", así como varios ejemplos de empleo elección de los profesores del potencial curricular en diversas materias. Siendo implícito (como el currículo "oculto") no es algo natural de los contextos educativos, sino de aquellos en que el profesor asume (o se le deja o posibilita asumir) un papel activo en el desarrollo curricular.

Por su parte, un aspecto natural de los contextos educativos (y no sólo escolares) es que pueden producir aprendizaje no previsto o no planificado. Por ello, los currículos ocultos (*hidden curriculum*) son componentes inseparables de las situaciones educativas (y, más ampliamente, de toda situación comunicativa), lo que sí se puede intentar es su análisis racional o consciente. Como tal, el currículum oculto se refiere a los mensajes no intencionados, o no reconocidos como tales, transmitidos por la estructura social y física de la escuela y por el propio proceso de aprendizaje, al mismo tiempo que el currículo planificado. Jurjo Torres (1990) lo definía como aquel que "hace referencia a todos aquellos conocimientos, destrezas, actitudes y valores que se adquieren mediante la participación en procesos de enseñanza y aprendizaje y, en general, en todas las interacciones que se suceden día a día en las aulas y centros de enseñanza. Estas adquisiciones, sin embargo, nunca llegan a explicitarse como metas educativas a lograr de una manera intencional" (pág. 198).

Su análisis plantea la necesidad de poner en guardia a los profesores para analizar crítico-racionalmente lo que está ocurriendo en sus aulas, tratando de desvelar y explicitar las determinaciones ideológicas de sus prácticas. Se le suele atribuir a Jackson (*La vida en las aulas*. Madrid: Morata, 1991) su primera enunciación con estas palabras:

> "*[...] la multitud, el elogio y el poder que se combinan para dar un sabor específico a la vida en el aula forman colectivamente un currículum oculto que cada alumno (y cada profesor) debe dominar para desenvolverse satisfactoriamente en la escuela. Las demandas creadas por estos rasgos de la vida en el aula pueden contrastarse con las demandas académicas (el currículum 'oficial' por así decirlo) a las que los educadores tradicionalmente han prestado mayor atención. Como cabía de esperar, los dos currícula se relacionan entre sí de diversos e importantes modos*" (pág. 73).

En su momento me dediqué a criticar (Bolívar, 1993a) los planteamientos ingenuos (por su dependencia funcionalista: Parson y, sobre todo, Merton) que se hacían en nuestro medio, curiosamente desde una perspectiva crítica, cuando ésta (al menos desde Habermas) se configura como una crítica al funcionalismo. Decía entonces, con escaso eco, que tras dos décadas de investigación curricular sobre el tema, iba siendo hora de que intentemos clarificar epistemológicamente su estatus (manifiesto/oculto, aprendizaje pretendido/no pretendido) y denotación, sin dar por supuesto que "es algo que no necesita mayores justificaciones" (Torres, 1991: 10). Como entonces estimo que, teóricamente, el concepto de "currículum oculto" necesita ser liberado de la lógica funcionalista. Sin embargo, prácticamente, ha tenido la virtualidad de pensar la educación en un sentido amplio, permitiéndonos preguntar por sus efectos más allá de lo estrictamente instructivo. No tener conciencia de las limitaciones teóricas internas puede dar lugar a crasos errores prácticos, a confundir "molinos con gigantes", como el Quijote.

A nivel de aula, el *currículum-en-acción*, o *currículum enseñado*, que se analizará en otros capítulos, los profesores trabajan cada uno en su aula, decidiendo en cada caso –en función de variados factores– qué enseñar y cómo trabajarlo en clase. Estas decisiones están basadas, como ha estudiado minuciosamente la investigación educativa, entre otros, en función de su conocimiento de los contenidos objeto de enseñanza, de sus experiencias docentes, de las actitudes que tienen ante los estudiantes, etc. De hecho, se puede afirmar que los docentes enseñan diferentes versiones de un mismo currículum oficial. El currículum *enseñado* difiere del currículum oficial. Éste y lo que los profesores enseñan pueden solaparse en distintos momentos, o incluso se pueden utilizar los mismos textos; pero el foco que cada profesor hace y los métodos que emplean difieren sustancialmente de los que están contenidos en el currículum oficial.

A su vez, el *currículum aprendido*, como todo profesor constata en su experiencia cotidiana, difiere también grandemente del currículum enseñado. El currículum *realizado*, como dice Gimeno, por un conjunto de "aprendizajes colaterales", como enunciaba Dewey, no coincide con el currículum planificado, menos con el enseñado. Por último, el *currículum evaluado*, es una lección aprendida –como recuerda Eisner (2000a) para el nuevo milenio– que a menudo es contradictorio lo que los profesores dicen pretender y lo que evalúan de los aprendizajes de los estudiantes.

CAPÍTULO VII

LA CONSTITUCIÓN DEL CURRÍCULUM COMO ÁMBITO DE ESTUDIO Y PRÁCTICA PROFESIONAL

El Currículum, como –en una acertada sentencia– señaló Daniel Tanner (1982: 412), tiene un largo pasado y, sin embargo, una corta historia. Más allá del empleo o no del término, como dice un buen historiador (Kliebard), desde el momento en que se prestó atención consciente a cuál debía ser el plan educativo de los ciudadanos se han planteado cuestiones que hoy llamamos curriculares. En ese sentido ya Platón presenta un currículum en su "República", o –más ampliamente– serían prácticas curriculares la organización formal en cada sociedad de la socialización de los miembros más jóvenes. Sin embargo, el currículum como ámbito de estudio (*curriculum field*) es relativamente reciente, algo del siglo XX, en el que nos vamos a cifrar.

El espacio de debate epistemológico, creo está ya suficientemente saturado, siendo difícil aportar algo nuevo, a riesgo de caer en reiteración o en cantar la misma canción. Por eso, en lugar de volver al ángulo epistemológico (Bolívar, 1995), voy a enfocarlo desde la historia y sociología de la ciencia, que resulta más relevante para comprender nuestra historia reciente y nuestro estado actual. Al fin y al cabo, después del "giro historicista" causado por la obra de Kuhn (1971): *La estructura de las revoluciones científicas* (publicación original en 1962), la epistemología es también historia y sociología de la ciencia. En nuestro caso, también, parecido –reduplicativamente– a la historia del currículum (Goodson, 1995), se trata de comprender y narrar cómo a lo largo del tiempo –por avances en el descubrimiento científico, presiones de grupos y contextos sociales– se ha ido seleccionando, organizando y enseñando un campo disciplinar en las instituciones educativas. Mostrar cómo se han entretejido, formado y reubicado, en un momento y coyuntura determinados, las condiciones de existencia de un *campo discursivo*, en una genealogía de sus matrices, como hemos aprendido de Foucault, es un modo de comprenderlos, al tiempo que puede contribuir a mostrar su fragilidad.

La entrada de "currículum" en el mundo educativo, como ya señalamos en el primer capítulo, sucede a fines del XVI (Hamilton, 1989, 1991; Reid, 1998), cuando –en lugar de la organización flexible de la docencia en la Universidad medieval, en enseñanza no reglada en cursos/carreras– se va imponiendo una organización sistematizada de los estudios, con un orden progresivo y secuencial, y que llegan a una culminación o término (por ejemplo, un título). No en vano en uno de los primeros usos documentados (Universidad de Leiden, 1582) se dice "habiendo completado el currículum de sus estudios". Se entiende como el curso completo multianual que seguía cada estudiante, designando la *ordenación sistemática de disciplinas durante los años que durase la "carrera"*. En ese sentido, es un modo para controlar las prácticas escolares que se han de desarrollar en los centros. De este modo, dice Reid (1998: 12), "el currículum se lanzó al mundo en una época particular y en un lugar concreto de la historia, y se asoció con tendencias en el aprendizaje y en el conjunto de la sociedad que fueron peculiares de esa época y lugar". La invención de la imprenta y la proliferación de libros de texto permitía dicho orden secuencial o progresión ininterrumpida.

La historia del currículum ha puesto de manifiesto que, con el desarrollo económico-social moderno, se va haciendo más necesaria la reforma de los contenidos y disciplinas escolares para que respondan a las nuevas necesidades o demandas. De este modo, el currículum surge como *modo de organización administrativa* y burocrática de la educación, en primer lugar, y como campo de reflexión sobre lo que debieran ser los contenidos disciplinares y conocimientos educativos para cada nivel o etapa educativa, posteriormente. En este sentido, el estudio del currículum, como espacio de innovación y elaboración teórica, es dependiente de las reformas escolares en el capitalismo moderno. Por eso, puede no ser causal que el pensamiento curricular entre en España con motivo de las dos grandes reformas: LGE de 1970, con la programación por objetivos, ausente de un marco ampliamente curricular, y –a partir de las experiencias de Reforma de 1983– con enfoques alternativos de teoría curricular.

El Currículum –como documentó, entre otros, Kliebard– surgió como una forma de regular institucionalmente (administrativamente) la práctica docente. No en vano si es cierto su origen calvinista (Hamilton, 1989), el currículum era para la práctica educativa lo que la disciplina lo era para la social (Goodson, 2000). De hecho, la teoría del currículum se despliega a medida que el desarrollo económico-social, en la segunda mitad de nuestro siglo, va requiriendo la progresiva reforma de los contenidos y disciplinas escolares para que respondan a las nuevas necesidades o demandas.

Cualquier historia del currículum como campo de estudio (*curriculum field*) es –por naturaleza– en exceso americana, con algunos aditamentos británicos y, últimamente, australianos. Y es que, en efecto, como dice Hamilton (1990: 3), *"el concepto de currículum está en el núcleo de las ciencias de la educación de los países anglosajones"*. Vamos a compensar dicha historia con una segunda parte, donde demos cuenta de su desarrollo y constitución en España. En cualquier caso, la investigación curricular se ha extendido por todos los países, como aparece en la obra editada por William Pinar (2003). Paradoja del asunto es que, en el amplio panorama que de la investigación curricular en los distintos países, no aparezca España y sí en cambio países como Turquía, Taiwan o Estonia.

1. DESARROLLO DEL CURRÍCULUM COMO CAMPO DE ESTUDIO

Comparto con Ángel Díaz Barriga (2002) que aquello que sea el currículum así como su desarrollo se encuentra estrechamente ligado a su historia contemporánea. Por eso, en este epígrafe queremos, sumariamente, recoger algunos de los grandes hitos que *históricamente* han configurado la teoría curricular, tal como la conocemos hoy día. Aunque esta historia es casi exclusivamente americana, lo que podría acercar el asunto a un cierto "colonialismo", es evidente que –más allá de su origen anglosajón– somos herederos de las grandes tradiciones y enfoques que han conformado el currículum como campo de estudio, aunque se hayan constituido principalmente en dicho contexto.

El currículum –como *campo de estudio*– se ha ido constituyendo, desde la segunda mitad de siglo (Tyler, 1949), en un conjunto de teorías sobre los procesos de planificación y desarrollo del currículum que, tras la recomposición interna del campo en las tres ultimas décadas, como consecuencia del surgimiento de alternativas (procesuales y críticas) a la "concepción heredada", alcanza ya unos ciertos niveles de sistematicidad u ordenación metateórica. Siendo simplificador todo intento de clasificación, tres grandes enfoques sucesivos o etapas han configurado la teoría del currículum: a) *Modelos de planificación racional*, donde el currículum –desde una separación entre los que diseñan y ponen en práctica– es un instrumento para guiar la práctica; b) *Enfoque práctico o de proceso*, que prima el desarrollo práctico, donde el profesorado delibera y decide lo que es mejor en cada situación; c) *Reconceptualización y teoría crítica*, que entiende de modo comprehensivo el currículum tanto como un medio de reproducción social como una posibilidad de cambio educativo y social.

1.1. La tradición empírico/técnica

La etapa constituyente de la teoría del currículum –que ha servido de marco predominante para el diseño, desarrollo y evaluación del currículum– se caracteriza por proponer *modelos de planificación racional* del currículum. Como tal, acusa la influencia de modelos de gestión industrial y empresarial (taylorista) en la educación americana y de la psicología conductista como fuente del diseño curricular. Si bien es cierto que responden a una ideología de la eficiencia social y utilitarista, también es necesario reconocer que suponen –tanto en el campo curricular como en el de la innovación educativa– el primer intento serio de racionalizar los procesos de enseñanza, para acercarlos a un cierto grado de "cientificidad", ejemplificado en su mayor brillantez en la obra de Tyler de 1949, *Principios básicos del currículum y la enseñanza*, que –en cierta medida– ha ejercido el papel de pequeña "biblia" del currículum, en la medida en que ha quedado como las cuestiones canónicas que se deben plantear en el currículum.

La primera etapa propiamente dicha del currículum, con Franklin Bobbit, que escribe una obra sistemática titulada "The curriculum" (1918) y años después otra titulada "Cómo hacer un currículum" (1928); y posteriormente Ralph W. Tyler (1949); establecieron la teoría y práctica dominante en esta tradición. Así, en su obra *The curriculum* de 1918 escribía (Thornton y Flinders, 1997):

> *"La teoría central del currículum es simple. La vida humana, en sus variadas formas, consiste en la realización de actividades específicas. La educación, que prepara para la vida, es una de las que prepara definitiva y adecuadamente para estas específicas actividades. [...] Podemos representarnos las habilidades, actitudes, hábitos, apreciaciones y formas de conocimiento que el hombre necesita. Estas pueden ser numerosas, definitivas y particularizadas. El currículum será la serie de experiencias que se desarrollen con los niños y jóvenes para conseguir estos objetivos".*

La obra de Bobbit, y particularmente su teoría y práctica del currículum, se inscribe en todo el movimiento, dominante entonces, de gestión científica de los procesos de trabajo (particularmente F. W. Taylor), donde se trata de dividir las tareas en sus elementos más simples, su control de ejecución y análisis del coste, en términos de tiempo invertido. De ahí su énfasis en lo que la gente necesita (competencias) conocer para el trabajo, la vida, etc. El currículum no es, entonces, asunto de posible especulación, sino de estudio y análisis sistemático de tareas. Así, en función de nueve campos que analiza, llega a establecer una lista de 700 objetivos.

La obra de Bobbit, el primer padre de la teoría del currículum, en la década de 1920, se inscribe pues en un fuerte movimiento de *gestión científica* de las organizaciones empresariales, guiado por la eficacia, control y racionalidad científica, reflejando esta tendencia de extender al currículum la gestión eficiente y la consecución de los resultados prefijados. Un currículum se debe construir partiendo de un diagnóstico de las necesidades, especificar y definir éstas en tareas y objetivos, y secuenciar ordenadamente los procesos de enseñanza, de acuerdo con una lógica racional. El currículum surge originariamente como un intento de tecnificar y racionalizar los procesos de enseñanza, a realizar por expertos, en orden a hacer *más eficiente* el funcionamiento de las escuelas, transfiriendo formas derivadas de la emergente ciencia organizativa para las factorías industriales, sin reconocer –por ello– la naturaleza peculiar de la escuela como organización. Eso hizo que su impacto se limitara a la década de los veinte y treinta, quedando relegado cuando comienza con fuerza el llamado "movimiento progresivo" en educación.

Por su parte, la propuesta de Tyler (1949) procedía de un amplio proyecto experimental de reforma de los Institutos de Secundaria para adecuarlos a las nuevas demandas sociales, no de modelos de gestión industrial. La nueva secundaria obligatoria exigía repensar la forma de organizar los contenidos. En su obra *Principios básicos del currículum y la enseñanza* situaba, como componentes claves en el diseño sistemático del currículum, el *análisis de propósitos y objetivos, la selección y organización del contenido y experiencias de aprendizaje, y la evaluación de los alumnos y del currículum*. Su objetivo es "exponer un método racional para encarar, analizar e interpretar el currículum y el sistema de enseñanza de cualquier institución educativa". Si bien comparte con Bobbit su énfasis en la racionalidad y en la relativa simplicidad, sitúa –ya en la primera página– las cuestiones curriculares en las cuatro siguientes, por lo demás suficientemente conocidas y repetidas:

> *"1. ¿Qué propósitos educativos debería tratar de alcanzar la escuela?*
> *2. ¿Qué experiencias educativas se pueden aportar que probablemente alcancen esos propósitos?*
> *3. ¿Cómo se pueden organizar con efectividad esas experiencias educativas?*
> *4. ¿Cómo podemos determinar si se alcanzan los propósitos?"*

La obrita (*Basic principles of curriculum and instruction*) de Ralph Tyler, con sólo 128 páginas en la edición original (136 en la española), vista con perspectiva histórica, ha causado uno de los mayores impactos y se ha constituido en la base canónica de la planificación (racionalidad) currícular. Desde entonces, el modelo de Tyler de planificación del currículum se ha convertido en algo *ubicuo*, como dicen Reid y otros (1990), que hace que reaparezca –cual *ave fenix*– incluso en aquellos que dicen denostarlo. Si pudo ejercer dicho papel es, precisamente, porque venía a recoger sistematizada toda la tradición anterior, en el contexto particular de la Universidad de Chicago. En especial, como retrospectivamente ha recordado Tyler (1987), la publicación en 1927 por la National Society for the Study of Education (Anuario en dos volúmenes: *Curriculum making: Past and present*, y *The Foundation of curriculum making*). Como señalan Beyer y Liston (2001: 46), "no es que sea una novedad o una versión imaginativa de la deliberación curricular, sino que codifica lo que habían defendido los pensadores de la corriente dominante, desde los padres fundadores". Si lo ha seguido ejerciendo posteriormente, tal vez, como sugiere Posner (1999), es porque viene a corresponderse con lo que se suele entender como tareas de la acción educativa y su planificación.

Determinadas influencias y transferencias posteriores de la psicología conductista (promovidas o no por el propio Tyler) darán lugar a la exigencia de definir claramente los objetivos educativos en términos operativos de los tipos de conducta en que se manifiestan. Es discutido si Tyler ya apostó por una formulación conductista ("behavioural") o no. Peter Hlebowitsh (1998a: 174) afirma que "en Tyler hay, desde luego, afirmaciones que conjuran imágenes behavioristas y que transmiten la equivocada impresión de que Tyler avanzó un enfoque de sistemas cerrados para el desarrollo del currículum". Parece evidente que el modelo pone el énfasis en la mensurabilidad de los objetivos. No en vano, Benjamin Bloom (según informa Eisner, 2000b) pretendía continuar el programa de investigación de su maestro. En cualquier caso, desde 1970 con el famoso artículo crítico de Kliebard, ésta ha sido uno de los blancos de la crítica. Así señalaba: "Desde los tiempos de Bobbit, casi todo lo que hemos hecho sobre el tema del papel de los objetivos en el currículum, a través de una incontinencia verbal insignificante, ha sido convertir la 'habilidad de', de Bobbit, en lo que se ha dado en llamar objetivos de comportamiento o términos operativos, encerrando todo el proceso en lo que se conoce como el *Rationale* de Tyler". En cualquier caso, Tyler (1973) expresó sus distancias de la formulación operativa de objetivos que hicieron Popham o Mager.

Kliebard (1970), en ese célebre ensayo, por parte del movimiento reconceptualizador (no en vano fue incluido en el libro-manifiesto de Pinar, 1975), convirtió a Tyler en representante de los "tradicionalistas" y blanco de todo un conjunto de críticas, como modelo curricular dominante. Curiosamente, reconociendo que el modelo de Tyler representa la culminación de una época, acaba su trabajo reclamando que *"ya viene siendo hora de que empiece una nueva época de investigación curricular"*. Actualmente se está revisando (Hlebowitsh, 1998) si el uso y asimilación posterior que se hizo del manual de Tyler (conductismo, modelo de objetivos operativos, enfoque técnico de gestión, etc.) está fundado en las propuestas de su libro, o –más bien– ha sido una malinterpretación e uso impropio, al servicio de otros intereses, no presentes en la obra original. Peter Hlebowitsh saca a relucir en qué grado Kliebard malinterpreta a Tyler, mostrando cómo su crítica es infundada, dando lugar así a una particular polémica. La *Revista de Estudios del Currículum* (REC) publicó en 1998 un número monográfico sobre la polémica (Hlebowitsh; 1998a, 1998b; Kliebard, 1998).

Según Hlebowitsh (1998b), para los críticos, la propuesta de racionalidad curricular de Tyler es la "personificación de todo lo que anda mal en los estudios del currículum, el principal obstáculo para el progreso del pensamiento en nuestra comunidad" (pág. 177). En su lugar, de modo documentado en el libro de Tyler, Hlebowitsh trata de mostrar cómo Tyler no optó por objetivos altamente especificados, menos aún behavioristas. Así señala:

> *"Según ha indicado Reid, los principales problemas atribuidos al libro de Tyler han tenido que ver a menudo mucho más con las extensiones lógicas a las que invitaba y con los factores esenciales que omitía, que con cualquier otra cosa específicamente recomendada por Tyler. Sin embargo, criticar a Tyler por lo que en definitiva no escribió (y por lo que otros se han apropiado) supone cometer una injusticia contra lo que sí escribió. Los principios del libro de Tyler poseen una calidad amplia y prudente que desmiente las caracterizaciones de 'behaviorismo'"* (Hlebowitsh, 1998a: 174).

Dejando como una discusión académica lo que dijo o quiso decir, lo relevante históricamente es que, de hecho, la propuesta de Tyler fue utilizada y asimilada al movimiento de objetivos, al conductismo y a un modelo técnico-gerencial de desarrollo curricular. No obstante, es verdad que cabría reconocer con Stenhouse (1986, 368) *"que es un libro más sensato de lo que pretenden hacernos creer la mayoría de los intérpretes"*. De modo similar, Beyer y Liston (2001: 49) consideran que el libro de Tyler incorpora una perspectiva social que busca promover el "bienestar humano en una visión de educación para la democracia, a pesar del modelo lineal/racional que subyace a todo su planteamiento".

La mayoría de la investigación en la década de los cincuenta y sesenta gira en torno a la idea de que planificar la enseñanza significa mejorarla. De un modo más abierto, el voluminoso y difundido (en español se editó en 1974) manual de Hilda Taba (*Curriculum development: Theory and Practice*, 1962) sitúa las siguientes cuestiones a la hora de planificar y desarrollar un currículum: diagnóstico de necesidades, formulación de objetivos, selección de contenidos y organizarlos de modo coherente, selección y organización de las actividades de aprendizaje y metodología, y determinación de lo que se va a evaluar y de las maneras y medios para hacerlo. La congruencia entre estos componentes marcará un tipo de racionalidad técnica en la planificación curricular que, con determinados aditamentos, llega hasta el Diseño Curricular Base de la Reforma española de 1990.

Este enfoque técnico de diseño curricular, que alcanza su máximo apogeo al hilo del progreso económico, puede ser caracterizado como una *concepción instrumentalista del currículum y del cambio educativo*. Se trata, de acuerdo con modelos funcionalistas de diseño y planificación, de emplear los medios y estrategias más adecuadas para la consecución de un fin. Ello hace que el problema del cambio curricular se convierta en un problema de tecnología social, con el empleo de reglas técnicas, universalmente aplicables y transferibles a cada contexto particular, en la creencia de que los asuntos educativos pueden ser gestionados siguiendo las acciones racionalmente previstas, pues son valorativamente neutros. Se confía en que el cambio se producirá más por la aplicación del diseño técnico-racional que por la capacidad e iniciativas de los afectados para llevarlo a cabo.

Por el contrario, desde una perspectiva deliberadora se va a acentuar, que "en cualquier determinación sobre el currículum se hallan profundamente implicadas cuestiones de valores, intereses e ideales y que sería fraudulento y equívoco pretender adoptar ante ellas un enfoque técnico completamente neutral" (Reid, 2002: 129)

1.2. Reorientar el campo curricular: de la teoría a la razón práctica

En los años setenta se produce un significativo giro en la teoría del currículum orientándola, por un lado, de una fundamentación en la teoría (psicológica) a la razón práctica (donde elegimos según situación); por otro, de la planificación al propio proceso de desarrollo. Más que el qué enseñar, importa ahora el cómo hacerlo (Westbury, 2002). Joseph Schwab, profesor de la Universidad de Chicago (como Tyler), formuló una dura crítica a la teoría establecida del currículum, así como a los desarrollos curriculares que se habían hecho en el período "post-Sputnik", que alcanzó un amplio eco. En un célebre manifiesto (Schwab: 1969: 1), expuesto en 1968 ante la reunión anual de la Asociación Americana de Investigación Educativa, con un lenguaje lacónico (casi panfletario) diagnosticó: primero,

> "'que el campo del currículum está moribundo, incapaz de presentar por sí mismo métodos y principios para continuar su trabajo y a la búsqueda desesperada de nuevos y más efectivos principios y métodos'; segundo, que 'el campo del currículum ha llegado a este triste estado por una inveterada y no cuestionada confianza en la teoría...', tercero, 'que constituye mi tesis: habrá un renacimiento del campo del currículum [...] sólo si las energías que en él se han puesto se apartan en su mayor parte de los objetivos teóricos [...] para orientarse hacia la práctica'".

Schwab inaugura un *nuevo paradigma* práctico y "deliberativo", desarrollado en el Reino Unido principalmente por William Reid, que se opone respectivamente a la perspectiva "sistémica" o de gestión racional anterior y a la "crítico-política" posterior, y que puede ser globalmente calificado como enfoque "práctico-interpretativo". Ahora contamos en español, gracias a la labor de Miguel A. Pereyra, con la excelente recopilación de Westbury (2002). Como señala este último, "la teoría deliberadora del currículum capta el hecho evidente de que es precisamente la gente que trabaja en las escuelas la que mejor puede determinar lo que sucede en ellas. En este sentido, la teoría deliberadora es el único enfoque amplio de pensamiento sobre el currículum que cede un papel central a los profesores y a las gentes que configuran la escuela, como actores participativos que son" (pág. 16).

Tres dimensiones o elementos, al menos, son centrales en este planteamiento:

1. *Los problemas curriculares son prácticos, no teóricos*. En estos trabajos Schwab se pregunta: ¿qué tipo de problemas son los curriculares?, ¿qué principios y métodos deben guiar tales problemas?, ¿qué acciones son defendibles? En respuesta a estas cuestiones Schwab argumenta –acudiendo a la ética aristotélica– que los problemas curriculares son prácticos, referidos a la elección y acción, en situaciones complejas, únicas e inciertas. En esto consiste el "arte" (no la técnica) de la deliberación. Como tal, se opone a que se puedan resolver aplicando teorías del aprendizaje, del diseño instructivo o, en cualquier caso, a procedimientos técnicos por expertos para conseguir objetivos predefinidos. Al respecto, comenta Reid (2002b: 132-5):

> *"Si categorizamos un problema como teórico, el método que utilicemos para abordarlo se desprende de la categoría disciplinar en la que decidamos situarlo. [...] Pero el currículum mismo no es un modo disciplinar de indagación, de modo que tenemos que buscar posibilidades en otra parte. Los problemas del currículum son problemas prácticos, que tratan de mejorar el estado de las cosas y, en consecuencia, no se pueden solucionar mediante la aplicación del método teórico. [...] Los problemas del currículum tienen que clasificarse como problemas morales inciertos".*

La huida del campo curricular para refugiarse en teorías extrañas (por ejemplo, psicológicas) reflejaba –a juicio de Schwab– la debilidad y dependencia del campo. En lugar de un enfoque sistémico-racional ("teórico") en la construcción científica del currículum, se trata de reenfocar el campo –en claves éticas– como un ámbito específico ("lo práctico") y con una racionalidad práctica propia (deliberación), empleando unos medios (artes) eclécticos. "Lo práctico" no se refiere primariamente a algo "práctico" (por ejemplo lo que los profesores hacen en clase). La distinción (teórico/práctico) es aristotélica, donde el campo teórico es el del saber exacto, científico (*episteme*); el saber práctico (*phrónesis*) es el área donde no caben soluciones únicas, exigiendo la deliberación (propia de la esfera de la praxis). Hay en esto un *neoaristotelismo* (*phronesis* frente a *episteme*) explícito en toda la propuesta de Schwab, justo antes de la resurrección que posteriormente ha tenido en el movimiento comunitarista. Influido por la obra de R. McKeon, colega de Schwab en Chicago, fue editor de Aristóteles en USA y diferentes estudios sobre la ética y filosofía moral. Por ello certeramente señala Reid (2002a: 26): *"'Lo práctico' y 'lo teórico' se hallan en contraste la una con respecto a la otra, aunque lo práctico puede ser objeto de indagación, del mismo modo que puede serlo lo teórico"*. Para evitar estas confusiones mejor sería, por tanto, como hace Kemmis (1988, 63), asimilar "teórico" con "técnico".

2. *Los problemas curriculares se resuelven por deliberación*. Un problema práctico es por definición *incierto*, que no se puede resolver por deducción prescriptiva de una teoría "externa" al campo. Es en los contextos particulares, en función de su especificidad, donde las decisiones se tornan adecuadas o no. Por eso, importa particularmente capacitar al profesorado para que, con un juicio informado, pueda tomar buenas decisiones sobre la enseñanza y el aprendizaje. Dado que no son resolubles por la aplicación de un determinado procedimiento –por no estar claras las decisiones a tomar, pues entrañan conflictos de valor y contextos únicos, suponiendo compromisos morales que afectan a los deseos e intereses de los intervinientes–, sólo cabe deliberar y consensuar las decisiones a tomar. Los criterios de lo que se deba hacer son siempre contextuales y particulares a la situación. *"La deliberación* –dice Schwab (1969)– *trata conjuntamente de medios y fines, y debe tratarlos como si se determinaran mutuamente. Tiene que identificar, con respecto a ambos, qué hechos puedan ser relevantes [...], tiene que sopesar las alternativas, con sus costos y consecuencias, y elegir, no la alternativa correcta, pues esta no existe, sino la que se estima mejor"*.

3. El currículum como *práctica* se refiere a las acciones y decisiones que toman los agentes morales particulares, actuando responsablemente para promover y proteger el bien en los estudiantes. De ahí que se proponga mejorar la capacidad de la gente, individual y colectivamente, para tomar buenas decisiones sobre la enseñanza y el aprendizaje Además, es una *práctica contextualizada*, que opera y tiene lugar en instituciones, lo que limita las posibilidades de desarrollo. Junto a los intereses personales de los participantes están los de la propia institución, en orden a mantener su estabilidad y continuidad (Reid, 1999). En este marco, comenta Gimeno (1998):

> *"El mundo de la acción pedagógica no es el de la técnica* (techné), *en el que reglas fijas regulan acciones para conseguir metas. Tampoco es el de un mundo determinado por leyes y estructuras externas. Es más bien en el de la praxis aristotélica descubierto por los sujetos, donde el razonamiento práctico lleva a encontrar la acción moralmente informada acerca de lo que es conveniente en cada momento"* (pág. 71).

En este marco aristotélico, que Schwab recibe de McKeon, la educación, como un asunto humano, requiere el ejercicio de la *racionalidad práctica o deliberativa*, como transacciones entre individuos comprometidos moralmente en la institución escolar, propia de un modelo interpretativo. Este enfoque consensual en la identificación y solución de problemas es el que lo acerca a la racionalidad comunicativa. Como certeramente señala Shulman (1984, 184): *"Los escritos de Schwab sobre lo práctico no tratan sólo del currículum y su construcción, enuncian también una teoría de la investigación educativa y, más abiertamente, una filosofía de la ciencia social"*.

En la década de los sesenta se produce un amplio *movimiento de reforma de los currículos* de las escuelas, motivado por el avance espacial soviético, dando lugar a diversos proyectos curriculares (nuevas matemáticas, enfoques integrados de sociales, etc.), en los que intervienen, aparte de Schwab, grandes profesores universitarios como Bruner (*El proceso de la educación*, 1960). Se pretende revalorizar las estructuras básicas (sustantivas y sintácticas) de los *contenidos disciplinares* para incluirlas en el currículum. Si bien puede ser juzgado críticamente por su excesivo acento cognitivo o por el papel de aplicación de materiales externos que se le otorga al profesorado, también contribuyó decisivamente a "materializar" la idea de *proyecto curricular*: enfoque integrado de contenidos, que –para poder ser puesto en práctica– debe concretarse en los correspondientes materiales curriculares.

En paralelo a los proyectos curriculares americanos post-Sputnik, en esta década de los sesenta, plétora de reformas curriculares, en el contento inglés, la creación en 1964 de los *Schools Council* posibilita la innovación y el desarrollo del currículum a través de "proyectos curriculares", particularmente necesarios para responder a la ampliación de la escolaridad obligatoria hasta los 16 años. En ese contexto, *Stenhouse* desarrolla un célebre proyecto curricular ("Proyecto Curricular de Humanidades") que supone, entre otras, dos grandes aportaciones a la teoría del currículum, alternativas a las tylerianas, de amplia influencia posterior:

1. El currículum se concibe, al igual que Schwab, como un problema práctico, expresado en un conjunto de *procedimientos hipotéticos* a desarrollar en clase, abierto a la investigación práctica, y al juicio reflexivo que formulen los enseñantes. El currículum no es algo a aplicar por los enseñantes, sino un campo de investigación y acción, a experimentar en sus aulas por los propios profesores. No es un medio para conseguir objetivos prefijados, sino que las finalidades educativas se expresan y realizan en el proceso mismo de enseñanza-aprendizaje, a través de materiales y principios de actuación.

2. La clave del currículum está en el propio *proceso* de desarrollo curricular, revisión y cambio; proceso en el que el conocimiento, habilidades, conocimientos y creencias de los participantes desempeñan un papel fundamental. Un currículum se juega, no en el diseño como plan racional, sino en el propio proceso de reconstrucción práctica. Como tal va siendo sucesivamente reformulado, en contextos de deliberación y crítica, formativo para los propios docentes. El desarrollo curricular, en este sentido, va unido al desarrollo profesional.

***

Tanto el enfoque del currículum de Schwab como el de Stenhouse pueden ser englobados bajo una *perspectiva interpretativa*, concebido como una práctica mediada social y personalmente, en la que es preciso decidir y actuar dentro de una incertidumbre y pluralidad valorativa. En lugar de acciones instrumentales que determinan las decisiones mediante estrategias basadas en un saber empírico-analítico (validado teórica o experimentalmente), la *racionalidad deliberativo-comunicativa* busca el entendimiento intersubjetivo de los participantes en un proceso de decisión moral (y, por tanto, situacional). Por eso, se acude a metodologías y técnicas de investigación cualitativas, sensibles a los contextos y personas.

Es verdad que determinadas variantes de esta perspectiva interpretativo-cultural, que acentúan la dimensión personal, presentan algunas *limitaciones*, destacadas especialmente por enfoques críticos. Los cambios en educación no son sólo –como se piensa desde un humanismo personalista– individuales, aunque éste sea su primer nivel, suelen exigir también toma de conciencia de las condiciones sociales y políticas que los sobredeterminan. Sin levantar altos vuelos, se puede pensar –como Stenhouse– que de modo realista conviene cifrarse en lo que está en manos del profesorado o de lo que es realizable, pero también una deliberación comunicativa en un plano de igualdad de los agentes exige condiciones organizativas y sociopolíticas que posibiliten su ejercicio.

1.3. Polémica sobre la ruptura o desarrollo entre Schwab y Tyler

Se ha desarrollado una larga polémica –de modo parecido a como ha sucedido con Tyler– sobre si Schwab, efectivamente, como creemos, inaugura un nuevo modo ("paradigma") de plantear el currículum; o es una versión evolucionada de una única perspectiva. En el fondo lo que se discute, y esto es relevante, es si no hay más que una concepción dominante del currículum que evoluciona o, a partir de Schwab, se inaugura otra nueva. Primero Jackson en la exposición que hace de las perspectivas curriculares (*"Conceptions of curriculum and curriculum specialists"*) en su *Handbook* (Jackson, 1992), estima que Bobbit, Tyler y Schwab suponen *"tres versiones de la perspectiva dominante en diferentes estados de su desarrollo"*. Posteriormente, Reid (1993) se opuso a la interpretación sugerida por Jackson en un artículo (*"Does Schwab improve on Tyler? A response to Jackson"*) en que mantiene que presentar la historia como una evolución no se corresponde con la historia real que debe ser explicada –más bien– en términos de revolución o cortes epistemológicos.

Reid (1993) se opone a que puedan considerarse enteramente compatibles la línea inaugurada por Schwab con Tyler. Contar una historia ("story"), como hace Jackson, no es hacer una historia social ("history") de las ideas, que debe contar con los textos de los especialistas en cuestión y sobre todo con categorías de la teoría social. Para Reid hay dos teorías radicalmente diferentes de la práctica (teoría y práctica como campos separados en Tyler, y un modo dialéctico de interacción en Schwab), así como dos enfoques radicales del diseño curricular (logístico o del ingeniero en Tyler como traslación técnica de un conocimiento base a las acciones prácticas de enseñanza; y un enfoque de resolución práctica de problemas, mediante un proceso de deliberación). Todo lo cual le lleva a concluir:

"En lugar de ver a Tyler y Schwab como representantes de sucesivos planteamientos que desarrollan el potencial del modelo dominante, debemos ver la perspectiva problemática de Schwab como un modo alternativo de diseño curricular, que trata de corregir algunas deficiencias del modelo operativo ofrecido por Bobbit y Tyler" (pág. 506).

Sin embargo la historia primera no es del todo clara. El primer *paper* (Schwab, 1969: 23) contiene una confusa nota (núm.4) a pie de página en la que Schwab parece defender que su concepción curricular es complementaria e inmanente a la propuesta tyleriana, dado que también Tyler hace referencia al tratamiento práctico y ecléctico de una variedad de factores, sólo que "viciado" por su incidencia en los objetivos y ausencia de procedimientos deliberativos. En esta nota (ausente en la edición castellana de Gimeno y Pérez) muchos (entre ellos Jackson, 1992) se han apoyado para defender que no hay más que un paradigma dominante. Reid (1993: 507) dice "una interpretación alternativa de la nota a pie de página de Schwab en el primer paper sobre 'lo práctico' es que la implementación de la propuesta de Tyler requiere deliberación" y, en esa medida, su propuesta es novedosa.

Todo esto podría ser una discusión interna y académica americana, que no tiene relevancia para nuestros propósitos en España. Pero por encima de ese matiz, como hemos dicho, lo que se está discutiendo es si no hay más que una concepción dominante del curriculum o, a partir de Schwab, se inaugura otra nueva.

Posteriormente Tyler (1984), con motivo de un comentario al "Paper 4", dedicado a lo práctico de Schwab, llevándoselo a su terreno quiere mostrar que lo que éste propone como comunidades deliberativas eran lo que ellos hacían en el conocido "Eight-Year Study" y parece inaceptable, a no ser que se exculpe por la propia vejez de Tyler, que afirme (ibid., 103): "mi lectura de la descripción de Schwab sobre la deliberación y el papel director me trae a la memoria nuestras experiencias con el taller de verano de 1936 a 1941".

Más recientemente, Peter Hlebowitsh (2005) ha vuelto al asunto, defendiendo que hay una continuidad de ideas y progresivo desarrollo entre Bobbitt, Tyler y Schwab. El desarrollo del currículum, señala, es una idea de dicha generación, que proviene inicialmente de Bobbit, y que sería continuada por Tyler y Schwab, sucesivamente alumnos y maestros. Su libro de 1924 (*How to build a curriculum*) formaliza y legitima el desarrollo del currículum como un campo de estudio, si bien no tiene un tratamiento teórico. Tyler sería un continuador de Bobbit y, cuando Schwab habla del estado moribundo del currículum, ser refería a las teorías extrañas que se le habían introducido. En este sentido, es tanto un continuador como un innovador.

Entre otras respuestas, Ian Westbury (2005) no está de acuerdo con dicha interpretación. Schwab introduce, de hecho, una "fisura" en el movimiento curricular, que estaba moribundo. Introduce un punto de vista alternativo para pensar la realidad educativa, como es la disciplina de lo práctico.

> *"Los papers sobre lo práctico, con su énfasis en la deliberación como método de lo práctico, perfilan un marco para reconcebir el currículum como un campo dentro de la teoría educativa, que debe ser reconstruido. En suma, estos papers configuran un marco para repensar toda la teoría privilegiando como investigación el nexo entre teoría y práctica"* (p. 94).

1.4. El movimiento reconceptualizador en teoría del currículum

> *"El campo hoy está preocupado con la* comprensión. *Comprender el currículum no significa que algunos de nosotros no queramos cambiar el currículum, tanto teórica como institucionalmente, nosotros queremos cambiarlo. Sin embargo, algunos grados de complejidad han penetrado nuestra concepción de lo que significa hacer investigación curricular. En general, no somos por más tiempo técnicos"* (Pinar et al, 1995: 6).

En la década de los setenta, en conexión con la incipiente "nueva sociología de la educación", surge un movimiento llamado "reconceptualismo", que se presenta (Giroux, Penna y Pinar, 1981) como distinto de los "tradicionalistas" o modelos de corte técnico (Tyler y otros), y de los "empiristas conceptuales" o enfoques práctico-deliberativos (herederos de Schwab como Walker, Reid, etc.). El movimiento "reconceptualizador" del currículum, en un primer momento, es una agrupación de tendencias intelectuales alternativas en educación; por otro –como dice uno de los representantes (Pinar, 1978a: 236)– es una *"perspectiva cargada de valores y un planteamiento que intenta la emancipación política"*.

En una situación de descontento con la situación educativa y social en torno a los 70 (guerra del Vietnam, protesta juvenil, reivindicación de derechos para minorías, desigual distribución económica y del poder, etc), se fragua un "grupo", informalmente constituido, unido por la *insatisfacción ante la falta de un discurso teórico y normativo* en educación, por el predominio de una perspectiva empírico-cuantitativa, y de un modo tecnológico de pensamiento en la teoría del currículum, que juzgan inadecuados para hacer frente a la complejidad social, política y moral de los problemas educativos. En un trabajo reciente, Martínez Bonafé (2004) lo caracteriza del siguiente modo:

> *"La idea central es el reconocimiento de las interdependencias entre lo que ocurre en la escuela y las estructuras y relaciones sociales. Y la estrategia teórica clave es pensar la construcción científica del conocimiento sobre el currículum como un proceso de reconstrucción crítica de la propia experiencia de planificación y desarrollo curricular"* (p. 389).

Las orientaciones ideológico-filosóficas que unen al grupo son muy plurales, cuyo lazo común es no formar parte de lo establecido y, en general, inspiradas en tradiciones filosóficas europeas, no del todo compatibles: neomarxismo y Escuela de Francfort, la tradición psicoanalítica (desde Freud a Lacan), el existencialismo (de Heidegger a Sartre) y la fenomenología (Husserl, Merleau-Ponty o Ricoeur), la crítica artística y literaria, etc. Esto hace que se delimiten cuatro grandes grupos: crítica político-social (Apple, Giroux, Popkewitz), psicoanálisis y existencialismo (Pinar, Grumet), estética (Eisner) e histórica (Kliebard, Franklin). Con la aplicación de este conjunto de teorías al campo curricular para su revitalización, se configura la *teoría del currículum*, como intento de configurar un campo conceptualmente autónomo para pensar la educación, abandonando perspectivas tecnológicas o dependientes de otras supuestas ciencias básicas, como la psicología.

Por un lado, el currículum se interpreta según es experienciado individualmente (los significados ocultos y personales del currículum), y –por otro, en paralelo– se exploran las relaciones entre éste y los niveles económicos, políticos y culturales. Como ha expresado recientemente Pinar, en la invitación del Programa para la Conferencia Internacional sobre el currículum:

"La teoría del currículum es un campo de investigación que se esfuerza por comprender el currículum a través de todas las disciplinas académicas. Mientras que toda especialización en una materia (tal como la enseñanza del inglés, de las ciencias o de las matemáticas) tiende a centrarse en la enseñanza de estrategias y sobre las cuestiones de los programas en el seno de un único campo; la teoría del currículum aspira a comprender la significación global del currículum para la educación, prestando particular atención a los temas interdisciplinares, así como a las relaciones entre el currículum, el individuo y la sociedad".

En 1979 comenzó a articularse plenamente el movimiento, con la publicación regular de su propio órgano de expresión: la revista *Journal of Curriculum Theorizing*. Veinte años después William Pinar (1999) ha editado un libro (*Contemporary curriculum discourses: Twenty years of Journal of Curriculum Theorizing*) donde da cuenta de lo que ha significado la revista en el desarrollo del movimiento reconceptualizador. Como han expresado elocuentemente Pinar *et al.* (1995: 238), en su monumental obra, "su éxito fue la causa de su desaparición en tanto que movimiento. La reconceptualización ha cumplido bien sus objetivos". En efecto, su internalización (éxito) ha significado la desaparición de un grupo específico. De hecho Pinar ha fundado, con sede en la Universidad estatal de Lousiana, el *Curriculum Theory Proyect*, donde la teoría del currículum, como campo de estudio e investigación, pretende acoger –además del campo nacional– los estudios a nivel internacional. En abril del 2000, precediendo a la reunión anual de la AERA, ha tenido lugar en Nueva Orleans un Coloquio internacional sobre Teoría del currículum.

La "reconceptualización" del currículum significa el esfuerzo por desarrollar unas *formas alternativas*, no técnicas, de pensar el currículum. Postulado fuerte de este movimiento (de sabor muy ilustrado) es que la práctica curricular sólo podrá progresar cuando se conceptualice con nuevas teorías filosóficas. El "reconceptualismo" es, entonces, un "término paraguas" que agrupa a diversos grupos que tienen en común su oposición a las tesis de Tyler, al conductismo y al carácter ahistórico y ateórico del campo. Desde el principio, como explicó Mazza (1982) o, más recientemente, Egéa-Kuehne (1999), dos grandes orientaciones/tensiones dominaron en el movimiento reconceptualizador, unidos ambos por su oposición a la tradición tyleriana: centrada en el individuo (enfoques autobiográficos, literarios o existenciales, en las Universidades de Ohio o Rochester) y centrada en los aspectos políticos-sociales (teorías neomarxistas, en las Universidades de Columbia y Wisconsin). Por su parte, en su historia del currículum (Marshall, Sears y Schubert, 2000: cap. 6) distinguen dentro del movimiento de reconceptualización (al que califican de "renacimiento transformador"), que cifran de 1970-78, dos líneas: discursos críticos e históricos (1970-78), cuyo punto seminal sería la crítica de Kliebard a Tyler, y discursos postcríticos.

En relación con el movimiento podemos señalar las siguientes características:

1. Como he sostenido en otros lugares (Bolívar, 1995, 1999c), se puede afirmar que, en sentido propio, la *teoría del currículum* se constituye como tal en el movimiento de reconceptualización, en el intento de configurar un campo conceptualmente autónomo para pensar la educación, abandonando perspectivas tecnológicas o dependientes de otras supuestas ciencias básicas.

2. Una postura mantenida por el grupo es la autonomía o independencia de la teoría en relación con la práctica curricular; en cualquier caso, debe trascenderla e ir más allá de ella. El campo del currículum será revitalizado cuando se configure como un dominio de investigación, teórica e históricamente (Egéa-Kuehne, 1999). En su presentación del primer libro que aglutinó el movimiento, Pinar (1975) exponía las tareas de la siguiente forma:

> *"El fin del trabajo curricular no está en guiar a los prácticos, ni en hacer investigaciones empíricas sobre los fenómenos. Su función es la de comprenderlo de una manera parecida a la que aspiran las ciencias humanas. En consecuencia, este grupo ha mostrado una predilección por estos tres modos de investigación: la investigación histórica, la investigación filosófica, y la investigación literaria"* (pág. xii).

3. Esta posición vino determinada, fundamentalmente, por su rechazo al punto de vista tradicional (positivista), centrado en "desarrollar", para primar el lado de la "comprensión" (*Understanding vs. Development*). En el texto de W. Pinar *et al* (1995) se dice en las páginas iniciales (6-7) que "el campo general del currí-

culum [...] hoy no está preocupado tanto por el *desarrollo*, cuanto por la *comprensión*. Es preciso comprender el campo contemporáneo como discurso, texto, y más simple pero profundamente como palabras e ideas". Pero, al desdeñar ese otro ángulo del desarrollo curricular, generaron otros problemas: peligro de una teoría alejada del mundo de la práctica. El propio Pinar (1999) reconocía dicho déficit al hablar de la necesidad de una segunda ola de reconceptualización curricular: "mientras que el campo del currículum ha sido reconceptualizado, las ideas que constituyen el campo contemporáneo no han llegado aún a los educadores de las escuelas primarias y secundarias. Si hay una 'segunda ola' de reconceptualización, ésta deberá situarse en las escuelas mismas".

4. Se concibe, por ello, como una tarea académica, de profesores universitarios que teorizaban el campo, pero que –en principio– no incidían en la posibilidad de que los propios profesores o prácticos teoricen su práctica. La preocupación central del movimiento se dirige a reivindicar la teoría del currículum (el título de su órgano principal de expresión, *Journal of Curriculum Theorizing*, es un ejemplo). En la medida en que la teoría del currículum surge inicialmente dentro de este movimiento, estaría –desde su origen– herida de este problema. Exaltar el valor de la teoría, a expensas de la práctica o hablando –al modo althusseriano– de "práctica teórica", puede ser también un modo de automarginación, o mejor, para recaer en un criticismo (literario), que es un modo de "teoricismo".

5. Por eso, la grandeza de este movimiento también conlleva su miseria. Como comenta Wraga (1999: 11): "esta bifurcación de la teoría y práctica sanciona una relación del teórico curricular con la práctica, concibiendo al teórico como crítico y contemplador con poca responsabilidad para dar soluciones a los problemas que afectan a millones de estudiantes, profesores, y administradores, negándose a someter sus teorías al test de la práctica".

Mazza (1982, 75), en su excelente y primera revisión del movimiento reconceptualizador, da en la clave de uno de los déficits que arrastra –desde entonces– el movimiento. Cifrándose en un elemento esencial, como es la crítica al modelo de diseño curricular tyleriano, califica de ambigua su posición sobre el tema: "Por una parte han generado una argumentación convincente contra la continua dominación de los objetivos y contra el uso de una concepción instrumental de la educación. Pero *han fracasado al establecer una concepción reconceptualizada del diseño curricular* que, liberada de una concepción instrumental de la educación, pueda retener la capacidad de actuar".

El movimiento reconceptualizador se concibió como una tarea académica de profesores universitarios que teorizaban el campo, pero que –en principio– no incidían en la posibilidad de que los propios profesores o prácticos teoricen su práctica. A esta segunda versión de la reconceptualización Pinar, uno de los principales teóricos del movimiento, la llama una "segunda ola" de teorización curricular, entendida como *"la comprensión académica y disciplinada de la experien-*

cia educativa, particularmente en sus dimensiones políticas, culturales, de género, e históricas" por parte de las escuelas primarias y secundarias. Dejando las nuevas orientaciones curriculares de ser un campo de la comunidad académica, éstas estarían comenzando a ganar terreno en los centros escolares.

La relación teoría/práctica en la reconceptualización del currículum objeto de polémica

La crítica de las prácticas curriculares imperantes en las escuelas, con buenos fundamentos teóricos, no da lugar –sin embargo– a proponer modos alternativos de diseño y desarrollo curricular. Además un grave problema que afecta a todo el movimiento de reconceptualización curricular, traspasado hoy a la tradición crítica, sin duda, es *su lenguaje abstracto, alejado de los prácticos*. Acudir a teorías sociales o filosóficas para potenciar la teoría curricular ha conducido –por contrapartida– al empleo de un lenguaje académico y esotérico, propio y específico de las propias "tribus" universitarias. Por eso una de las fuertes limitaciones que ha aquejado a este movimiento ha sido su repliegue en los problemas teóricos, como plataforma de transformación de la práctica.

Esto ha sido objeto de una particular polémica en la revista *Educational Researcher* (28/1, 1999) entre Wraga y Pinar. Para Wraga, los estudios de reconceptualización del currículum han contribuido decisivamente a la separación (y dualismo) de la teoría de la práctica. De hecho, esto es lo que originariamente significó la reconceptualización: Un cambio de foco del desarrollo curricular a la altura de la conceptualización curricular, un repudio del campo tradicional. que se juzgaba había estado en exceso comprometido con los prácticos (Pinar, 1978b). Además, el tema de la investigación currícular fue conceptualizado como teorización curricular (*curriculum theorizing*). Y, finalmente, explica Wraga (1999), es una llamada explícita a la separación entre teoría y práctica.

William Pinar ha sido el miembro más prominente y principal portavoz del movimiento de reconceptualización curricular. En este sentido, Pinar abogó por un concepto expansivo de currículum, no reducido al desarrollo curricular. En esta expansión se incluyen las experiencias personales y existenciales (autobiográficas y psicoterapéuticas) que cada uno tiene, como "personal curriculum theorizing" o "currere". Wraga (1999) critica que centrarse en la historia de vida personal (aunque incluya la experiencia escolar va más allá de ella) significa devaluar la primera misión histórica que el currículum tuvo de mejorar la experiencia escolar de los alumnos. Cuando el currículum queda reconceptualizado como el *curso de una vida,* virtualmente todo fenómeno calificado de subjetivo puede ser objeto de teorización curricular.

De hecho, Pinar criticó a los "tradicionalistas" conjuntamente como ateóricos y ahistóricos por su preocupación con temas prácticos. Los problemas curriculares para los reconceptualistas se inscriben en la cultura, en general, y, sin desdeñarla, no en los problemas que tengan los profesores en su práctica cotidiana. La teoría, en el sentido contemplativo griego, no tiene como función resolver los problemas prácticos. Más bien debe ofrecer espacios amplios desde los cuales los profesores puedan pensar y dar significado a su trabajo.

La respuesta que da Pinar (1999b) a la crítica de Wraga (1999) es que los hechos son los hechos: las reformas curriculares en USA no han sido conducidas por profesores de currículum (la más espectacular de los años sesenta en la era Kennedy o post-sputnik fue realizada por profesores especialistas en disciplinas) ni las escuelas están bajo la jurisdicción de los teóricos curriculares. Justo porque el campo tradicional del desarrollo del currículum no era en los setenta una opción de los teóricos generalistas del currículum se tomó la opción reconceptualizadora. Esta opción ha posibilitado que hoy el currículum no sea entendido sólo como las orientaciones administrativas, los libros de texto o los objetivos.

Otra particular polémica la ha auspiciado la revista *Curriculum Inquiry* (29/3, 1999). En un polémico trabajo, Peter Hlebowitsh (1999) plantea que la crítica/ruptura realizada por el movimiento de reconceptualización curricular contra el legado histórico, aparte de provocar un cierto cisma, ha relegado el campo práctico como desarrollo curricular. Formula, desde un "nuevo conservadurismo", duras acusaciones contra la historia del currículum que Pinar *et al.* (1995) han hecho, al olvidarse de dicho legado histórico. Ian Westbury (1999), compartiendo el lamento de Hlebowitsh de no contar con un campo coherente como base común, no está de acuerdo con el diagnóstico presente y, menos aún, con sus líneas futuras. Si bien el asunto central debe ser cómo las escuelas pueden ser mejoradas, esto no depende sólo de asuntos internos, sino que visiones procedentes de otros campos disciplinares pueden legítimamente contribuir a mejorar. Y en esto ha contribuido decisivamente el movimiento iniciado por la reconceptualización del currículum. Además, las respuestas que necesitamos no se encontrarán resucitando las viejas ideas de los padres del currículum. William Pinar (1999c) cierra la polémica, resaltando que el movimiento quiso acentuar el rol docente para no limitarlo a una aplicación de los diseños expertos. Esto precisa de una comprensión de la praxis, que podían proporcionar los nuevos conceptos de las ciencias sociales.

El voluminoso texto de Pinar, Reynolds, Slattery y Taubman (1995), que pretende ser un libro sinóptico del currículum desde la mirada reconceptualista, precisamente se llama *Understanding Curriculum*. Pero, erigir la comprensión del currículum sobre la tarea central de desarrollarlo lleva a alejarlo del campo práctico. En él se defiende que la teoría sólo puede servir a la práctica si mantiene una distancia con ella, con el fin de explorar ideas que van más allá de los contextos de actuación diaria: "*las funciones de la teoría son provocar pensar, ayudarle a pensar más profundamente, en su situación individual específica*" (Pinar y otros, 1995: 8-9). Esto le daba, según se ha puesto de manifiesto desde posiciones postmodernas, un carácter elitista a la teoría curricular.

Así, en el texto de los cuatro autores citados (1995), tras su larga revisión histórica de lo que ha sido el currículum como texto, se preguntaban sobre cómo salir de la *crisis de identidad* que vive el campo curricular, con una "proliferación de discursos", provenientes de tan diversos campos, que, al mismo tiempo que pueden significar una renovación de la teoría, pueden llegar a disolver el campo. Su conclusión, sobre la que luego volvería Pinar en trabajos posteriores, es que la próxima etapa en teoría del currículum tomará tres direcciones:

> *"1. La producción de investigación etnográfica sobre las escuelas a partir de unos fundamentos teóricos;*
> 2. *La coordinación de diferentes voces, para lo cual la* continuidad temática *de los trabajos de Dewey, sugerida por Hlebowitsh, se presenta como una oportunidad; y*
> 3. *La participación de la 'segunda ola' en el movimiento de* back-to-school *(vuelta a la escuela)".*

2. TEORÍA CRÍTICA DEL CURRÍCULUM

> *"Existe, en cada período histórico y en cada sociedad, una jerarquía de conocimiento legítimo para el estudio en las escuelas, jerarquía que forma parte de los instrumentos de pensamiento que los individuos reciben durante su formación"* (Young, 1971: 191).

La teoría crítica en educación, tal como se ha configurado hasta hoy, incluye *componentes muy dispares*, sucesivamente acumulados: historia del currículum, nueva sociología de la educación, movimiento reconceptualizador del currículum, análisis neomarxistas, teoría crítica de las ideologías, estudios multiculturales y de género, y varias formas de análisis postmodernos y postestructuralistas. Además ha sufrido en su desarrollo distintas preocupaciones, enfoques e intereses. Por ello en el desarrollo del tema será preciso combinar a grandes rasgos, con fines clarificadores, la presentación *histórica* y el análisis *sistemático*. Por otra, en la medida en que se ha producido un cuestionamiento de la modernidad ilustrada, éste afecta a la teoría crítica, como hija primogénita de dicha modernidad. A su vez, este cuestionamiento ha derivado a propuestas postmodernas, que del mismo modo atañen a la *recomposición de la teoría crítica* en la actualidad.

En su recopilación, Pinar (1975) ya establecía una neta distinción entre los teóricos críticos (teoría política) y teóricos postcríticos (teorías autobiográficas, fenomenología o psicoanálisis), induciendo que –por el propio nombre "postcríticos"– el segundo grupo era más avanzado a nivel teórico y filosófico. Esto provocó una agria reacción de los primeros, que llegaron en algún momento a dominar en el grupo, y –finalmente– a escindirse como una línea propia. No obstante, como hemos mantenido (Bolívar, 1999c: 39), "la llamada *teoría crítica (sociopolítica) del currículum* aparece –al principio– como una rama del grupo reconceptualizador, que quiere ir más allá de una perspectiva humanista, basada en enfoques fenomenológicos, artísticos o literarios". Por otra, el surgimiento de la teoría crítica del currículum se inscribe en todo el proceso de *revisión epistemológica de las ciencias sociales* en el último tercio de nuestro siglo: desde su discontinuidad epistemológica con las ciencias naturales (caída del neopositivismo), surgimiento de enfoques interpretativos, y su superación por perspectivas críticas.

2.1. Configuración

La recopilación de trabajos que, en 1971, Michael Young hizo bajo el título *Knowledge and control: New Directions for the Sociology of Education*, marcó un primer manifiesto de lo que iban a ser la teoría crítica del currículum. Las conexiones desde su historización entre poder, conocimiento y escolarización, como recoge el texto citado al comienzo de este apartado, plantean nuevos análisis del currículo. Precisamente, en la contribución de Bernstein a este volumen, se dibujaba un programa de investigación basado en el principio de que "el modo en que una sociedad selecciona, clasifica, distribuye, transmite y evalúa el conocimiento educativo que se considera público, refleja tanto la distribución de poder como los principios del control social". La llamada "nueva sociología del conocimiento escolar" puso de manifiesto los conflictos inherentes al acceso desigual de los alumnos a un currículum fuertemente estratificado, sus reflejos sobre la interacción social en las aulas y, en definitiva, el *choque* entre curricula oficiales, culturas escolares y culturas estudiantiles.

Por su parte, desde el otro ángulo, reconociendo las insuficiencias de los enfoques hermenéuticos e interpretativos, las posiciones críticas se dirigen a mostrar que el conocimiento de la educación, como práctica social, está necesariamente (socialmente) condicionado, por lo que se han de desvelar dichos condicionantes para que los actores tomen conciencia por un lado, y –por otro– incidir en propuestas educativas que contribuyan a la progresiva emancipación de la falsa conciencia y de las estructuras sociales y educativas injustas. Tras el giro interpretativo en la ciencias sociales, se debate si los condicionamientos y prejuicios que toda comprensión conlleva, procedentes de la tradición histórica y contexto situacional, pueden ser superados por una crítica de las ideologías con fines emancipatorios. En este debate, desde el ángulo de la teoría de las ciencias sociales, se configura –de un lado– la teoría crítica. De otro, situado ya en la propia teoría del currículum, el movimiento de "reconceptualización", en palabras de uno de sus mejores analistas (Mazza: 1982: 5), *"es a la vez un intento de renovar la teoría del currículum y una crítica del sistema escolar. Como movimiento crítico sitúa la teoría del currículum y de la escuela en el nexo de factores económicos, históricos, culturales y políticos".*

La distinción entre la perspectiva interpretativa y crítica tiene propiamente su origen histórico en una célebre *polémica* sobre *"Hemenéutica y crítica de las ideologías"*, que tuvo lugar a fines de los sesenta, siendo sus representantes principales los filósofos alemanes Gadamer y Habermas. Debido al acento que los pensadores de orientación hermenéutica (Gadamer) ponen en el peso de la tradición (precomprensión o pre-juicios), como condicionantes de toda interpretación, se resaltó (Habermas) la necesidad de una *crítica de las ideologías*, que supere críticamente los condicionantes situacionales, reduciendo la dependencia que la comprensión tiene del contexto.

Así, Gadamer (1992: 233) defendía que *"en las ciencias comprensivas el sujeto no logra evadirse del contexto histórico-efectual de su situación hermenéutica hasta el punto de lograr que su comprensión misma no entre en el proceso"*. Estos juicios previos forman parte de la tradición operante en la situación de análisis y comprensión, de la que no cabe remontarse –cual Dios– a una posición privilegiada, porque toda comprensión está inmersa en la situación histórica de la que no puede escapar. Como dice Elliot (1990: 123), desde una postura hermenéutica, *"la defensa de un paradigma crítico podría tener que ver con un pequeño enmascaramiento ideológico, porque ¿acaso no permite una vez más que los expertos académicos jueguen a ser Dios con los profesores"*. Este tipo de argumento es recurrentemente destacado cuando se pregunta, por ejemplo, quiénes son los representantes de la pedagogía crítica como para hablar en nombre de los "oprimidos". La racionalidad, en lugar de situarse supraterrenalmente, se dice, debe estar situada contingentemente en las comunidades particulares de discurso.

Por el contrario, Habermas, aún reconociendo el mérito de la hermenéutica como enfoque para las ciencias sociales, considera que la reflexión tiene como función última, no sólo reconocer la supuesta realidad de las situaciones y tradición histórica, sino intentar transformarlas. Frente a los condicionamientos del momento histórico, que dice Gadamer, Habermas defiende el *poder de la reflexión crítica* para poner de manifiesto los posibles intereses implícitos de las tradiciones y recusar la propia tradición recibida. Justo esta capacidad es la que configura la crítica de las ideologías.

De esta forma, el problema queda delimitado a si el investigador educativo debe limitarse a un mero registro y descripción fenomenológica de lo que observa y de las autoconcepciones que expresan los docentes o puede legítimamente plantear prescriptivamente alternativas críticas a la realidad observada. La tradición crítica ha resaltado que en educación no se debe reificar conservadoramente la situación observada, reproductora de la cultura dominante y –por ello– ideológicamente deformada; por lo que, yendo más allá de lo que la propia descripción de la realidad permite, es necesario introducir instancias normativo-críticas desde las que juzgar la realidad descrita y promover líneas de transformación. Así, cuando Carr (1996) mantiene que una investigación educativa *"no puede contentarse en las propias interpretaciones de los practicantes, sino que también debe estar dispuesta a evaluarlas críticamente y sugerir explicaciones alternativas que en algún sentido sean mejores"*, está –obviamente– siguiendo la crítica de Habermas a Gadamer.

El debate, entonces, queda formulado en los términos de si es necesario superar la dependencia (y relativismo) del contexto histórico o cabe una crítica radical (es decir, situada más allá) de las determinaciones y distorsiones contextuales-históricas. La autorreflexión analiza críticamente las propias tradiciones recibidas, desde parámetros de racionalidad aún no realizados. Los pre-juicios no pueden dominar la reflexión, sino que han de ser controlados por ella. Mediando en el debate, algunos autores (Ricoeur, Apel), han defendido que si es preciso una comprensión intencional de las acciones, también se han de superar las limitaciones contextuales e históricas por una dialéctica de fines emancipatorios. Sin embargo, dicha superación sólo puede hacerse partiendo de una tradición histórica y cultural, por lo que ambas posiciones pueden verse como *complementarias*.

¿Qué limitaciones ve –entonces– la tradición crítica en los enfoques de corte deliberativo y práctico? No basta constatar/ejemplificar que cada profesor tiene un modo personal e idiosincrásico de desarrollar el currículum, en función del que reconstruye el "currículum oficial"; son necesarios criterios normativos –señala la perspectiva crítica– para dilucidar/discriminar qué "teorías" y desarrollos personales son *más justificables*, válidos o pertinentes que otros. Desde estas coordenadas, Carr y Kemmis han insistido en que no es suficiente una teoría educativa exclusivamente fundamentada en las interpretaciones de los enseñantes, pues el autoentendimiento de los individuos puede estar ideológicamente deformado por las condiciones de existencia. La teoría crítica se configura en el intento de superar los constreñimientos situacionales del contexto que condicionan la comprensión y la propia actividad. Así señalan (1988, 142-3): *"Cualquier enfoque adecuado de la teoría interpretativa debe suministrar medios para distinguir las interpretaciones que están ideológicamente distorsionadas de las que no lo están; y debe proporcionar también alguna orientación acerca de cómo superar los autoentendimientos distorsionados"*.

2.2. Sucesivos núcleos de preocupación

Por los propios componentes muy dispares (movimiento reconceptualizador del currículum, "nueva sociología de la educación", análisis neomarxistas, "teoría crítica" de la Escuela de Francfort, etc.) que han contribuido a configurar la teoría crítica, ésta *ha sufrido –en su desarrollo– distintas preocupaciones*, enfoques e intereses. Pinar y Bowers (1992) han hecho una buena revisión del movimiento, distinguiendo como núcleos organizadores –en una primera fase– la reproducción o la teoría de la resistencia; una segunda, focalizada en los conflictos de género, raza y clase, y una tercera de controversias y autocrítica. Inspirándome en ella, voy a diferenciar, a efectos clarificadores, *tres grandes fases* en la tradición crítica.

2.2.1. *Primera fase (años setenta): Reproducción*

En la primera etapa, la teoría crítica está muy marcada por un esquema mecanicista, neomarxista o durkheimiano, de la *teoría de la reproducción* (económica, cultural o de hegemonía de Estado). La escuela es, a su pesar, un aparato de reproducción social o, en la versión althusseriana, un aparato ideológico de Estado, mediante una provisión y distribución desigual del conocimiento según las clases sociales. En éstos primeros análisis críticos de los setenta (Bourdieu y Passeron, 1977; Bowles y Gintis, 1976), al seguir explicaciones mecanicistas de la reproducción, se substraía el análisis interno de la escuela y el papel activo de los agentes como una especie de "caja negra". El cambio educativo, entonces, se subordina al cambio social; y los profesores, como pertenecientes al aparato reproductor, son recursos instrumentales del sistema. Por eso, como vio Giroux (1987), la teoría de la reproducción es un "discurso de la desesperanza", que dejaba desmovilizados a los docentes ante las posibilidades de cambio, al tiempo que los convertía en culpables o, al menos, en instrumentos de la reproducción capitalista.

La mayoría de los análisis, formulados en claves del marxismo estructuralista francés, tuvieron –al menos– dos graves limitaciones:

a) *Pensar las relaciones entre sistema educativo y sistema social* como un sistema homogéneo. *Esta imagen monolítica* impedía pensar el cambio educativo *como algo diferente del cambio político.*
b) *Esto implicaba que los profesores son impotentes para cambiar la educación, más bien* son recursos instrumentales del propio sistema, *con una función ya otorgada por la propia estructura (transmisión ideológica, reproducción de las clases sociales, etc.).*

Para romper con la concepción de la escuela como mero reflejo mecánico de la estructura social se habla de que la esfera cultural tiene una *autonomía relativa*, guardando una cierta independencia de la infraestructura. Pero, en conjunto, estos análisis, bajo la sobredeterminación de la infraestructura, no daban un papel propio a los propios agentes, en sus esfuerzos pedagógicos y didácticos en la lucha contra el fracaso escolar. Ante este situación, a fines de los setenta, Henry Giroux (1990), uno de los más lúcidos representantes, planteaba así el problema: "¿Es el campo del currículum un estado de secuestro, incapaz de desarrollar otras intenciones emancipadoras o nuevas posibilidades curriculares?".

Una primera forma de cuestionar la reproducción fue la *teoría de la resistencia*. P. Willis en su obra *Aprendiendo a trabajar* mostraba cómo los jóvenes de clase obrera se oponen a la reproducción de la cultura escolar dominante, por lo que el proceso de reproducción era contestable, o al menos dialéctico (no mecánico). No obstante, la tesis de Willis de que la resistencia viene provocada por factores de clase o raza ha sido contestada por McFarland (2001), en un documentado estudio, donde argumenta que son factores organizativos del aula y centro los que determinan la resistencia estudiantil. En cualquier caso, la teoría de la resistencia dio lugar, en su momento, a un *lenguaje de la posibilidad*, que indujera a contestar activamente sobre el terreno las imposiciones administrativas o sociales hegemónicas. Otra forma de oponerse a la fatalidad sociológica, fue mostrar cómo el *surgimiento de las nuevas clases medias* rompía con la lógica de la reproducción social.

Al reconocer el carácter de relativa autonomía y resistencia de los propios agentes, se pasa a reconstruir la teoría crítica con un modelo más dialéctico entre escuela y sociedad, de modo que rescate los fines emancipatorios que antes despreciaba, bajo el lema escéptico de "no hay salvación dentro del sistema", y contribuyendo –en cierta medida– a mantener el *status quo* vigente. Por eso, hoy una teoría crítica –por decirlo con palabras de Kemmis (1988)– tiene que *ir más allá (superar) de la teoría de la reproducción*. La recepción del pensamiento de Habermas va a contribuir a esta tarea. Precisamente los análisis más lúcidos en esta perspectiva están formulados apoyándose, como marco conceptual, en la "Teoría crítica" francfortiana.

2.2.2. *Segunda fase (años ochenta): Emancipación*

En los primeros años de la década de los ochenta, numerosos teóricos del currículum (Giroux, Apple, Popkewitz, etc.) tratan –por un lado– de superar el reduccionismo a determinaciones economicistas, para orientarlo en la propia transformación de la práctica escolar; o, por otro, desplazando –a mediados de los ochenta– las contradicciones al género y raza, más que a la propia reproducción de clases. A su vez, la influencia de la teoría crítica de Francfort (Habermas), como señalábamos, ha marcado esta segunda fase. La corriente australiana (Kemmis, R. Bates, etc.) e inglesa (Wilfred Carr) han contribuido del mejor modo a situar las *metas emancipatorias* y la *relación entre teoría y práctica*. Así Carr y Kemmis (1988: 157) afirman: "La ciencia social crítica será, pues, aquella que yendo más allá de la crítica aborde la praxis crítica; esto es, una forma de práctica en la que la 'ilustración' de los agentes tenga su consecuencia directa en una acción social transformada. Esto requiere una integración de la teoría y la práctica en momentos reflexivos y prácticos de un proceso dialéctico de reflexión, ilustración y lucha política".

La teoría crítica se propone, entonces, emancipar a las personas tanto del dominio del pensamiento positivista como de las condiciones en que actúan, mediante procesos conjuntos de ilustración. Giroux (1990), en su obra *Los profesores como intelectuales*, señalaba: "Debemos desarrollar un modo de currículum que cultive el discurso teórico-crítico acerca de la calidad y propósitos de la escuela y vida humana..., las necesidades individuales y sociales tienen que unirse y ser mediadas por una perspectiva que enlaza con la noción de emancipación. (...) La lucha por un modo de racionalidad curricular no puede ser abordada sólo como una tarea técnica. Tiene que ser vista como un esfuerzo social profundamente comprometido con lo que Herbert Marcuse ha llamado la emancipación de la sensibilidad, razón e imaginación en todas las esferas de la subjetividad y objetividad".

Las características de la teoría crítica, que se han destacado anteriormente, provienen todas ellas de esta segunda fase. No obstante, emergen *otros temas e influencias* en la última parte de esta década: los intereses se concentran ahora en los temas de raza, género y multiculturalidad. A su vez, cuando ya no es "políticamente correcto" acudir a citas de Marx, se recuperan otros autores (como Pablo Freire) para entender el currículum como un texto político y hacer conscientes a los implicados de las determinaciones sociales, induciendo a su liberación (asimilada a emancipación). Por otra parte, si no cabe la realización de la utopía de un mundo de libre comunicación, o de comunicación no distorsionada, sí cabe un lenguaje de posibilidad, como utopía realizable.

2.2.3. *Tercera fase (noventa): Autocrítica y cruce de caminos*

La tercera fase (fines de los ochenta y años noventa), estaría marcada por una cierta crisis dentro del movimiento sociocrítico y la huida de una parte hacia movimientos "seductores", como el postmodernismo o el feminismo. Nos encontramos en un *cruce de caminos fronterizos*, por recurrir al título de Giroux (1997). Junto a versiones apolíticas del discurso postmodernista, de la argumentación con identidad propia de la teoría feminista, o de la entrada paralela de Foucault en el contexto anglosajón, se están originando análisis micropolíticos y genealógicos de las prácticas discursivas de las instituciones educativas modernas, que vienen a renovar los análisis marxistas conocidos y "aburridos". Desde nuestra situación actual, Kincheloe y McLaren (2000) describen que a la teoría crítica le concierne analizar el poder y la justicia y los modos en que la economía, los asuntos de raza, clase, género, ideologías, discursos, educación, y otras instituciones sociales y dinámicas culturales interactúan para construir un sistema social. Ahora le concierne no sólo la crítica de la racionalidad técnica, sino también los deseos y emociones, o el poder discursivo.

Mientras, tras la caída de los postulados neomarxistas, una parte del movimiento de la pedagogía crítica se ha pasado decididamente al bando postmodernista (calificados como los "PoMo"), otra (singularmente Michael Apple), aún reconociendo los efectos saludables de nuevas problemáticas, se ha mantenido escéptica de que estos nuevos movimientos intelectuales teoricistas puedan tener algún poder para cambiar la realidad educativa. En algunos casos, denuncia, la tendencia a estar en la última moda ha dado lugar a una élite cultural, con su propia "jerga", que más sirve para escalar puestos y prestigio dentro de la Academia, pero no para las escuelas y docentes comprometidos con el cambio. La cuestión última, entonces, es si estos enfoques últimos pueden o no aportar elementos para posturas críticas o transformadoras en la actual coyuntura. Giroux (1994), por ejemplo, piensa que sí: *"El postmodernismo necesita ser recuperado de forma crítica para poder ayudar a los educadores a entender la naturaleza propia de la modernidad de las escuelas públicas".*

El postmodernismo, vienen a mantener, ha cambiado radicalmente la política de la emancipación. Giroux (1997), a este respecto señala: *"modernismo, postmodernismo, y feminismo representan tres de los más importantes discursos para desarrollar una política cultural y acción pedagógica capaz de extender y hacer avanzar teóricamente una política radical de democracia".* La contradicción interna e ideológica entre estos tres tipos de discursos, en los tiempos actuales, puede ofrecer un potencial para repensar las relaciones entre escuela y democracia. De esta combinación entre la acogida de los nuevos lemas postmodernistas y los viejos ideales ilustrados de emancipación surge la propuesta de la *pedagogía de los límites*, que intenta vincular un concepto emancipador del modernismo con un postmodernismo de resistencia que, renunciando a los ideales fracasados de la modernidad, apuesta por nuevas metas emancipadoras (defensa del medio ambiente, de la paz, feminismo, multiculturalismo, etc.).

Además, esta tercera fase de la tradición crítica se está caracterizando por evaluar y *autocuestionar* –desde dentro– en qué medida los análisis críticos han contribuido a transformar los problemas educativos a los que se dirigía. Desde el lado feminista (Ellsworth, 1989; Gore, 1996) se ha hecho una *crítica de la pedagogía crítica*, en la medida en que este tipo de discurso (con un alto grado de abstracción y racionalismo) contribuye a perpetuar y reproducir las relaciones de dominación en el aula. La crítica racional es una práctica entre otras, y no debe gozar de una posición privilegiada para prescribir –desde una visión universalista– a los implicados lo que deban hacer, ni menos suplantar sus voces. La cultura del discurso crítico, con sus términos abstractos, está desconectada de las creencias, valores y prácticas de los grupos docentes; por otra, silencian las diferencias reales que se dan en una clase, desempeñando un papel parecido al del discurso liberal clásico: oprimir las diferencias. Es necesario focalizarse en el entorno inmediato y local para iniciar intervenciones políticas directas, en lugar de teorizar sobre grandes problemas sociales (p. e. "el racismo en los Estados Unidos"), como ha sido comúnmente el discurso de la pedagogía crítica. Así, recientemente, Susan Gabel

(2002) muestra cómo la pedagogía crítica (por ejemplo, McLaren), hablando mucho de grupos oprimidos racial o culturalmente, ignora a los estudiantes con discapacidad, que están ausentes del discurso crítico, o exigiendo habilidades (por ejemplo, considerar críticamente la realidad, etc.) que están fuera de estos alumnos.

2.3. Recomposición de la teoría crítica

> *"En la comunidad de estudios del currículum hay muchos elementos que se han acostumbrado a la idea de promover un cuerpo de crítica como teoría, y de teorizar sin una circunscripción activa en la escuela. Tenemos un nuevo sentido de la diversidad, que naturalmente debería ser celebrado y debatido, pero nuestra teoría se ha convertido en algo así como una nube que flota libremente, cubriendo una vasta extensión territorial, siempre airosa pero sin tocar nunca el suelo".* (Hlebowitsh, 1998: 183).

Tras el desarrollo descrito, en la última década, se ha cuestionado, desde dentro, seriamente cuál ha sido –finalmente– su contribución para transformar la práctica; a lo que ha contribuido, además, una cierta "desbandada" a análisis "blandos" postmodernistas. Esfumada la fe y desengañados de que el sujeto del cambio (en otros tiempos "revolución") fuera la clase obrera, los intelectuales críticos han dirigido la mirada del cambio hacia los nuevos movimientos sociales (género, raza, minorías culturales o nacionales, grupos marginados socialmente), a aspectos no tratados (identidad personal, producción de deseos, nexos entre saber y poder), o han preferido refugiarse en los juegos lingüísticos postestructuralistas. Apple defiende que, si bien los estudios culturales y postmodernos hayan podido tener efectos saludables en la reconceptualización del discurso, ha llevado a un criticismo abstracto alejado e incapaz de las prácticas escolares (Carlson y Apple, 1998). En este sentido, aunque la deuda con dicha tradición es impagable, nos encontramos en una época (post)crítica.

La relación con la práctica y con los prácticos en la educación ha sido punto de toque que, al final –junto con otros factores, de los que no es menor la crisis del marxismo– ha supuesto una recomposición de la llamada "teoría crítica" del currículum, cediendo –en unos casos– a posiciones postmodernas, en otros, acogiendo nuevos problemas (género, cultura o etnia) o cambiando de apoyos teóricos (Marx por Freire o Foucault). Y es que cualquier tipo de enfoque o teorización sobre el currículum será, tarde o temprano, considerado y juzgado a la luz de las alternativas prácticas que esté en condiciones de sugerir, plantear y habilitar. Ya en 1991 Young reconocía retrospectivamente que la nueva sociología del curriculum fracasó *"en parte debido a su frecuente e innecesario lenguaje oscuro y a su ausencia de alternativas estratégicas y prácticas"*. Más recientemente, dos representantes egregios con Giroux y McLaren, reconocían:

"En términos generales, los pedagogos críticos no han sido capaces de desarrollar un discurso crítico que proporcione la base teórica necesaria para plantear enfoques alternativos a la organización escolar, al currículum, a la pedagogía en el aula y a las relaciones sociales" (McLaren, 1997: 51).

Parece claro que el amplio conjunto de investigaciones críticas, desarrolladas en el último cuarto de siglo, como dice en su autorrevisión Beyer (1988: 141), han sido *"perspicaces e irreemplazables. Los análisis realizados sobre currículos ocultos y públicos, sobre las formas de la pedagogía y de la evaluación, sobre los modelos de organización dominantes en las escuelas, entre otros temas, son de importancia transcendental"*. La cuestión está en por qué esta literatura no ha penetrado, ni ha tenido la influencia esperada, en los centros. Vamos a recoger, en este epígrafe, algunas de las razones más interesantes que se han aducido.

1. El carácter fuertemente *prescriptivo*, cuando no normativo, de la teoría crítica, sobre los actores educativos (profesores y alumnado) ha sido contestado en los últimos años. El intelectual transformador de la teoría crítica, como dicen Lather o Ellsworth, ha actuado –en ocasiones– como maestro de la verdad y la justicia, por encima de las dinámicas locales y concretas. En estos casos, las prescripciones generales de la teoría crítica quedan tan abstractas, como grandes narrativas, que las incapacitan para resolver los problemas concretos, al tiempo que silencian las "voces" de los actores encargados de llevarlas a cabo.

Esta orientación fuertemente normativa sobre las acciones de los agentes ha imposibilitado un compromiso de éstos en las fases de cambio de un proyecto crítico. Por eso mismo, en lugar de imponer unos determinados juicios a los implicados, la investigación y discurso crítico debe dirigirse a una acción cooperativa entre ambos. Esto ha llevado también, con excesiva frecuencia, a una concepción "misionera", cuando no "redentora", de la teoría crítica: ocupar una posición desde la que predicar cómo arreglar el mundo educativo y cómo los educadores se deban convertir en hombres "nuevos" (a menudo llamados "reflexivos", críticos o emancipados).

2. *Inadecuada atención a la práctica del currículum*. En lugar de criticar documentos curriculares (libros de texto, planes o programas), que sigue siendo una posición tecnocrática; es preciso –dice Cornbleth (1990)– cifrar los análisis en la práctica del aula, para así poder cambiar sus condiciones. A su vez, la predilección por los factores socioeconómicos para explicar la práctica ha hecho, a veces, olvidar otras dimensiones biográficas o personales, presentes en los contextos prácticos. Como reconocen, desde el principio, Beyer y Liston (2001: 12), las teorías críticas de los ochenta y principios de los noventa *"han carecido de claridad y concreción. Además, en ocasiones dichas respuestas han sido excesivamente abstractas y no han prestado la atención necesaria a la realidad actual de la*

educación ni a las visiones alternativas con las que se podían articular las prácticas educativas que examinaban".

3. *Distanciamiento de los profesores y otros agentes educativos.* La abstracción de sus teorías, su lenguaje esotérico y la falta de familiaridad con ese tipo de discurso han alejado a la teoría crítica de la práctica de los profesores y profesoras. Su nivel de abstracción la ha imposibilitado para identificar el papel y responsabilidad del agente individual en la situación problemática a cambiar. Se ha establecido una *propia "jerga" lingüística y metodológica*, cual nueva escolástica, dando lugar a una discusión cerrada, perdiendo, en parte, el norte de a quién se dirigen las investigaciones, si a los propios colegas académicos o al profesorado. Esto ha hecho que, en gran medida, hayan sido "autofagocitados" dentro de la Academia.

4. Habiéndole preocupado de modo predominante *sustituir la epistemología positivista por otros fundamentos* sobre los que basar la investigación crítica, esto la ha conducido a no ofrecer *"pautas de intervención en las escuelas que respondan a juicios morales y políticos y que no descansen sobre fundamentos epistemológicos"* (Beyer, 1988: 142). Y cuando ha intentado ofrecer dichas pautas específicas de acción, alternativas a las positivistas, ha caído –bajo nueva forma– en ciertos prejuicios positivistas. Esto último sucede por ejemplo, como decía Mazza, cuando se ha querido ofrecer otro modo de diseño curricular: no ofrecer ninguno, pues es algo técnico, y si hay que ofrecerlo rediviven dimensiones tylerianas.

Ello fuerza a reorientar su sentido para establecer comunidades, con participación activa, en cuyo interior pueda iniciarse el diálogo entre grupos dispares: *"capacitar a las personas para creas valores e ideas que perfilen otras posibilidades. De igual importancia es la capacidad de esta comunidad para generar prácticas concretas que se ajusten a una visión moral –una visión que no se reduzca a las realidades presentes, pero tampoco sea solamente una construcción idealista–"* (Beyer y Liston, 2001: 217). Con todo, tras el "discurso de la desesperación" reproduccionista y el posterior derecho a la resistencia de los afectados, la profunda crisis de la filosofía marxista y de la sociología del currículum nos fuerzan a reconstruir nuestros análisis. Nuevos preocupaciones y temas (que analizamos en el tercer apartado), situados hasta ahora en los márgenes fronterizos, han emergido como núcleo de los análisis críticos y postmodernos: la individualidad e identidad, género y raza, nueva sensibilidad, diferencia y diversidad, etc.

Por eso, continúa siendo una necesidad pensar, con nuevos marcos conceptuales emergentes, los efectos de la enseñanza y tratar de desvelar los significados profundos de las prácticas docentes. La actual emergencia de las políticas educativa neoliberales en Occidente, introduciendo una progresiva "mercantilización" de la educación, fuerzan a volver a planteamientos que acentúen la dimensión ideológica y económica de la teoría crítica. Pero también, como ha señalado Apple (2002b),

> *"El análisis de 'lo que es' ha conducido a una negligencia en lo 'que debería ser'. Por ello, ha existido una disminución a largo plazo sobre alternativas posibles a las perspectivas, políticas y prácticas neo-liberales y neo-conservadoras, aquéllas que se moverían convenientemente más allá de ellas. [...] Deben desarrollarse y hacerse ampliamente accesibles prácticas y políticas progresistas, así como críticas alternativas de currículum, enseñanza y evaluación, que sean defendibles, articuladas y completamente desarrolladas"* (pág. 245).

3. CONSTITUCIÓN Y DESARROLLO DEL CURRÍCULUM EN ESPAÑA

Introducción: Descontextualización y falta de identidad

Antes de empezar esta breve reseña de la historia más reciente del currículum en España, para no ser ciego a la realidad, es preciso advertir que nos referimos exclusivamente al currículum como campo de estudio. No sólo ha existido como práctica, sino como propuestas curriculares. Por remontarnos a lo más lejano en la modernidad, cabe considerar que ya el *Informe sobre la Instrucción Pública*, elaborado por M. J. Quintana por encargo de las Cortes de Cádiz (1812), que dará lugar a una ordenación general del curso de la enseñanza (*Proyecto de arreglo general de la enseñanza pública*, 1814), formula nuestra primera propuesta curricular (qué se ha de enseñar/aprender en la primera y segunda enseñanza) de los objetivos y contenidos del currículum. En cualquier caso, escasamente tuvimos en todo el XIX programas curriculares oficiales; fueron los manuales escolares (muchos de ellos publicados precisamente bajo el título de *Programas*) los que –de hecho– ejercieron (¿y ejercen?) el papel de currículum nacional.

Como ha escrito Agustín Escolano (1996: 292), "a lo largo de todo el ciclo histórico secular que transcurre entre el despegue de nuestro sistema nacional de instrucción pública y la guerra civil, el currículum de la escuela elemental, en sus contenidos y métodos de desarrollo, estuvo pautado por los textos que se utilizaron en la enseñanza". Estos libros de enseñanza, muchos publicados bajo el título de *Programas*, son "la objetivación cultural de su currículum en todas sus dimensiones, es decir, en sus estructuras y contenidos, en sus imágenes sociales y en sus formas de desarrollo" (pág. 293). No en vano la propia Ley Moyano determinaba que tales textos debían ser fijados por el Estado. La no existencia de programas oficiales convenía conjuntamente al liberalismo como a los conservadores, dado que era la aprobación oficial de los libros de texto para unos, o la libertad de elección de textos para otros, la que permitía –de hecho– regular el currículum.

Los estudios curriculares norteamericanos (y sus ramas británica y australiana) fueron penetrando en Europa en los setenta, siguiendo una determinada secuencia (Pinar, 2003). En primer lugar, Alemania, con el libro pionero de Frey

(1971), seguida de los países escandinavos, especialmente Suecia (Lundgren, 1992; Englund, 1997), también Europa central y Holanda; y, por último, de manera irregular y ardua, los países del sur de Europa, entre los que sin duda destaca en este caso el nuestro. Podría decirse que el entronque –genealógicamente hablando– entre los *linajes* de Didáctica y Curriculum quedó formalmente establecido y sancionado en el Simposio "Didaktik and/or Curriculum", organizado por el Instituto de Ciencias de la Educación de Kiel (Alemania) en Octubre de 1993. La conocida revista *Journal of Curriculum Studies* ha venido desde entonces promoviendo la integración y el intercambio entre ambas tradiciones de pensamiento, la didáctica y la curricular.

La irrupción en nuestro ámbito cultural de discursos y vocablos procedentes del mundo anglosajón da lugar a replantear las relaciones semánticas y objetuales de similitud/disimilitud o congruencia/complementariedad entre el ámbito de la "Didáctica" y el del "Currículum". Tampoco España es una excepción en el asunto. He mantenido que tenemos que aprender de otros países centroeuropeos, especialmente Alemania. Como consecuencia inevitable del encuentro de dos tradiciones académicas distintas, la centroeuropea y mediterránea de la Didáctica y la anglosajona de la Teoría del Currículum, están compelidas por este motivo al diálogo, como ya hemos mantenido en el capítulo primero.

Las tesis que voy a mantener, ya apuntadas en un escrito anterior (Bolívar, 1998), serán conjuntamente tres, encadenadas entre sí.

1. La primera es que la introducción del *corpus* teórico curricular supone un *enfoque propio* de entender la realidad educativa y tiene también como presupuesto subyacente unos modos de gestionar y llevar a cabo la educación. No basta la innovación semántica de "currículum" si no cambian los modos de llevar la educación, como construcción social que respondía a unas prácticas previas, por lo que precisaba una pertinente contextualización. Como reconoce Thomas Popkewitz (1996: 130), con motivo de la introducción del "curriculum" y profesionalismo en la reforma educativa sueca, "son conceptos tomados de las tradiciones angloamericanas de gobernación de la educación. Estas tradiciones tienen un fuerte contraste con las anteriores prácticas estatales europeas continentales".

Esto era, de hecho, reconocido por todos los introductores. Así, en su momento, presentando al público español la obra de Lawrence Stenhouse (1984: 10), decía el profesor Gimeno: "entre nosotros no se ha generado un pensamiento curricular porque ni era necesario ni tampoco venía motivado por la práctica de decidir e implantar planes de estudio en la realidad escolar". Igualmente al comienzo de su tratado (Gimeno, 1988: 39) alertaba de que, por no poseer una teoría del objeto pedagógico llamado currículo, "para nosotros exige descubrir las condiciones básicas en que esa realidad se produce, como algo prioritario desde el punto de vista del compromiso del pensamiento con la acción y con la realidad histórica, antes de buscar la extrapolación de teorizaciones elaboradas desde otros contextos prácticos (...) que pueden despistarnos y alejarnos de las condiciones de nuestra propia realidad".

2. En segundo lugar, sin embargo, la introducción de la teoría del currículum fue oportuna, y no fruto sólo de un azar histórico o de los nuevos asesores ministeriales. El currículum aportaba una base teórica y práctica para un mayor profesionalismo y dar mayor autonomía o capacidad a centros y profesores en la toma de decisiones sobre *qué cultura* merece ser enseñada, sin quedar relegado a instrumentalizar metodológicamente *lo que* la administración educativa prescribe. En ese momento (1982-85), grupos comprometidos del profesorado demandaban cambios democráticos en la educación, donde tuvieran mayor protagonismo. La irrupción del discurso curricular fue, pues, oportuna en la medida en que podía dar respuesta a dichas demandas, que coincide justo en el tiempo con el cambio político.

Así pensamos, como dice Popkewitz (1996: 149) en relación con el caso sueco, parecido al español, "allí donde una fuerte planificación estatal ha dado paso ahora a una planificación centralizada/descentralizada la idea de currículum tiene sentido en la medida en que reestructura la identidad del maestro". En otro trabajo desarrolla la misma idea con estas palabras:

> "'Currículo' es una palabra procedente del contexto anglo-norteamericano de gobernación escolar. La palabra no sólo describe los principios relativos a las acciones del profesor, sino que responde discursivamente a determinadas pautas de gobernación del profesor vigentes en estos sistemas estatales. (...) Cuando la rígida planificación central estatal de Suecia da paso a una planificación centralizada-descentralizada, las reglas discursivas que definen al profesor cambian a otras que guardan cierta semejanza con las tradiciones estatales anglo-norteamericanas. [...] Este contexto 'da sentido' a la idea del currículo como práctica de gobernación"* (Popkewitz, 1998: 62-63).

3. En tercer lugar, en el referido número de debate sobre los estudios curriculares en España, que coordiné, Juan Manuel Moreno (1998a, 1998b) mantuvo la tesis de que la suerte del "currículum" ha ido unida a la Reforma, al haberse generalizado –y percibido por la mayoría del profesorado– como formando parte de la nueva jerga de la Reforma (Rodríguez Diéguez, 2001), lo que haría que su futuro se juegue en la percepción misma de dicha reforma educativa. Ahora una vez derogada la LOGSE por la LOE, tras el breve paréntesis que significó la LOCE, donde venía a hacer "tabla rasa" con el lenguaje curricular, son otros aires los que dominan. La propia LOE ha dado por bueno la supresión del "proyecto curricular" que hizo la LOCE. En la nueva agenda de la Unión Europea la cuestión es asegurar a toda la ciudadanía las competencias básicas, reformulando el currículum actualmente establecido.

En este contexto, a falta de tradición y memoria compartida, que es la que crea comunidades discursivas y permite echar raíces, y sin haber cambiado sustancialmente los modos de gestionar la educación, el peligro de teoricismo en unos casos, de jerga en otros, ha sido real. De este modo, y la crítica nos la aplicamos a todos, la *identidad* de los estudios curriculares en España no existe o no se ha podido construir, al haber estado al arbitrio de sucesivas olas migratorias de pensamiento. De este modo, aun habiendo sido oportuna su entrada, máxime si se amplía la mirada a los países de nuestro entorno, creo también hemos de reconocer que ha estado un tanto descontextualizada. A esto se ha unido, para el profesorado, ser visto como la imposición de una determinada "ortodoxia curricular", unida a la Reforma.

Es verdad, para no limitarnos al espacio peninsular, que la introducción del currículum como concepto en español se hizo a través de Iberoamérica; cosa nada extraña puesto que lo mejor de la cultura europea y anglosajona, y no sólo pedagógica, incluida la Didáctica, venía –en aquellos años de dictadura– a través de las traducciones sudamericanas. Furlán y Pasillas (1996) señalan que a partir de 1968 se expande la noción de currículum en Hispanoamérica, por dos vías: traducción de obras anglosajonas, donde se conserva el término curriculum/currículo, y Seminarios y cursos que, apoyados por organismos educativos internacionales, contribuyen también decisivamente a extender la noción.

Voy, pues, a hacer una reconstrucción (personal) de lo que han sido los principales períodos de entrada/desarrollo del discurso del currículum en España, que cifro en cuatro, aún siendo consciente de que exigiría una perspectiva temporal más amplia de veinte años, para dar debida cuenta histórica.

3.1. Momento tecnológico: El currículum sin nombrarlo (1970-1982)

Dentro de la debilidad de nuestra tradición teórica en Didáctica, que hemos reseñado en el primer capítulo, con la renovación que supone la Ley General de Educación de 1970, en paralelo al desarrollo económico y apertura a otros países, entra de lleno toda la literatura curricular, en su primera versión tyleriana. De hecho, toda la literatura sobre programación u objetivos se inscribe no en la Didáctica europea, sino en la curricular anglosajona. Basta releer ahora las *Orientaciones Pedagógicas de la EGB* de la Ley General de Educación de 1970, donde se encuentra concentrada toda la nueva perspectiva pedagógica. La temática curricular, en efecto, entró mezclada con la programación y tecnología didáctica. Así, una de las primeras presentaciones del currículum en su perspectiva histórica (Kliebard, 1978) que conozca, apareció en un texto que traducía "currículum" por "programación". Otro ejemplo, es cuando en 1969 la editorial Magisterio Español publicaba la conocida obra de Goodlad *"School, Curriculum and the Individual"* con el título de *"La nueva concepción de programa escolar"*, como signo de que, a pesar de su procedencia latina, el término currículum era –aún– considerado un anglicismo y debía por tanto traducirse al castellano.

En realidad, cuando Victor García Hoz (*La educación personalizada*, 1970), frente a cuestionario, titulaba el comienzo del cap. V "Un nuevo concepto de programa", estaba hablando del nuevo concepto de currículum. Otro asunto es que fuera una determinada concepción de currículum, como es propio de un momento histórico, sin tener en cuenta otras perspectivas. De hecho, a lo largo del libro emplea numerosos textos anglosajones sobre currículum. En su vertiente planificadora, propia de esta perspectiva, entiende programa como *"una síntesis anticipada de los elementos que intervienen en la actividad escolar"* (pág. 112). Más específicamente, dos años antes, en una publicación del CEDODEP, Arturo de la Orden (1968) definía el programa como *"conjunto organizado de todas las actividades y experiencias que los alumnos hayan de realizar bajo la jurisdicción de la escuela"*, definición que –como señala Francisco Beltrán (1992)– coincide con precisión con la propuesta por Johnson (1968) el mismo año. En nuestro caso, por tanto, "programa" tenía el mismo significado que "currículum" anglosajón, como –por lo demás– ha subrayado, entre otros, Rodríguez Diéguez (1985: 21), como el plan conjunto de actividades previstas para ser desarrolladas en el aula.

"Programa" y "enseñanza" eran precisamente los dos conceptos clave de la incipiente investigación didáctica española de los años 70: "Programa", en el sentido de documento donde se determinan los objetivos y se seleccionan los contenidos de la educación en un determinado nivel educativo y para una materia o área de conocimiento concreta; "Enseñanza", como la actividad intencional, tradicionalmente considerada el objeto propio de la Didáctica. Tenemos ya servida pues la dualidad entre realidad e intención (enseñanza y programa) que caracteriza al currículum. En una mayoría de Departamentos universitarios estadounidenses esta dualidad suele llamarse *Curriculum and Teaching*, o *Curriculum and Instruction*, marcando la distancia entre los estudios curriculares y la también potente tradición de investigación sobre la enseñanza.

El modelo de racionalidad curricular procedente de la tradición de Tyler está subyacente en todas las definiciones de "programación" que proliferan en la época, entendida como el proyecto de actividades a realizar con los alumnos para conseguir los objetivos. La elaboración del currículum o programa escolar consiste en los pasos o fases de la *programación* (objetivos, actividades, recursos y material, temporalización y evaluación). La evaluación cobra, así, el sentido de comprobar si se han conseguido dichos objetivos programados, y –en caso contrario, como retroalimentación– qué hacer para conseguirlos. Entre objetivos y programación los contenidos se diluyen o, mejor, se subordinan instrumentalmente a los objetivos. Los contenidos se sustituyen por metas (objetivos) o resultados (evaluación). Este acento formalista viene expresado en la taxonomía de objetivos de

Bloom y otros, que sirvió de base a las Orientaciones Pedagógicas de la EGB de la Ley General de Educación de 1970.

Como dijera Hegel de la filosofía, la Didáctica también era hija de su tiempo. En un momento en que se quería obviar el componente de transmisión ideológico-moralista, marcado por la tecnocracia como factor de desarrollo, acentuar las estrategias y conductas formales era un modo de salvarlo. Además, como salida al "espiritualismo" anterior, era una aspiración legítima pretender convertir la enseñanza en una técnica debidamente apoyada en unas concepciones teóricas cientifistas, que le aportaban las orientaciones *neopositivistas*. La llamada "pedagogía por objetivos" y enfoques experimentales venían a poner fuera de sitio la teorización tomista. Además, por su presentación con una ingenua neutralidad ideológica (*wertfreiheit*), era una estrategia sutil y posible en esos momentos. Son los llamados modelos tecnológicos de diseño curricular los que proliferan: se habla de Tecnología didáctica, de Didáctica Tecnológica; la programación de la enseñanza, la formulación de objetivos didácticos, los modelos didácticos de planificación *sistemática* de la enseñanza, los modelos tecnológicos de diseño de la instrucción, la formación del profesorado basada en competencias docentes, etc.

Podemos, pues, calificar este período como aquel en que entra toda la teoría curricular, aun cuando el término "curriculum" y derivados escasamente se nombre (es curioso que aparece una sola vez en las referidas Orientaciones Pedagógicas), prefiriendo los más habituales en castellano: Programa, Cuestionario, Plan de estudios, Orientaciones Pedagógicas, Enseñanzas Mínimas, etc. Por eso creo hay que aclarar malentendidos. No es que la teoría curricular comenzara a partir de 1982, frente a la perspectiva didáctica, contra lo que una perspectiva "interesada" ha hecho creer. Toda la teoría didáctica, subyacente en la literatura generada sobre la programación en torno a los setenta, se inscribe en la más pura tradición curricular, aun cuando no se nombrara "currículum". Si no hubiera entrado y proliferado dicha perspectiva curricular, no hubiera tenido sentido la crítica que Gimeno (1982) le dirige, trasladando al contexto español las que Kliebard había inaugurado contra el "Rationale" de Tyler.

3.2. Los años 80: Transición y ascensión

Los años 1981-1984 son claves en el desarrollo de la teoría curricular en España. No sólo los libros y trabajos académicos, baste recordar –por su impacto– el Congreso de Didáctica de la Manga del Mar Menor de 1982. Si en 1981 aún se confiaba (dentro del sueño neopositivista) en una teoría (¿científica?) de la enseñanza, en 1982 se produce una ruptura decidida con el positivismo en la enseñanza y en 1983 los estudios curriculares entran con toda su fuerza, recogidos en aquel buen *reading* (aunque con deficiente traducción) de los profesores J. Gimeno y A. Pérez, cuyo protagonismo en esta empresa es indiscutible. Por su parte, J. M. Escudero en un amplio manuscrito (*La teoría curricular. Hacia una caracterización general del curriculum hoy*, 120 pp.) dio a conocer (abril de 1983, en la versión que manejo) la teoría curricular entre los Departamentos universitarios.

Además, en 1984 el profesor Escudero y María Teresa González ofrecieron una "plataforma teórica para la reflexión sobre la innovación", donde aplicaban los paradigmas curriculares al campo de la renovación pedagógica. Posteriormente, en un texto escrito mucho antes, y publicado en 1987 (*Innovación educativa: Teorías y procesos de desarrollo*), significaría sobre teorías y modelos de innovación pedagógica la *emergencia del iceberg* en cuanto al primer acercamiento sistemático a los modelos teóricos de desarrollo curricular y a la especificidad del ámbito que en Estados Unidos se conoce como *curriculum implementation*.

El primer libro escrito, en ese momento, en cuyo título aparece la palabra currículum es *Teoría de la enseñanza y Desarrollo del Currículum* de Gimeno Sacristán, publicado en 1981. Como comenta Juan Manuel Moreno (1998a) el análisis del propio título del libro no puede pasarse por alto: *Teoría de la enseñanza* aparece relacionada, vía conjunción copulativa, con el *desarrollo del currículum*. Las implicaciones son muchas: primero, lo más obvio pero no lo menos importante, el término currículum ya no necesita traducción al castellano; segundo, el desarrollo curricular se presenta como dimensión o elemento sustantivo de la teoría de la enseñanza, y tercero, consecuencia directa de lo anterior, el Currículum como campo de estudio, según el autor, "*viene a superponerse con lo que dentro del ámbito europeo se ha venido denominando Didáctica*" (p. 42). Era un momento en que se aspiraba (Gimeno, 1981: 27) a que la enseñanza llegara a convertirse en una "técnica debidamente apoyada en unas concepciones teóricas científicas", aún cuando "la enseñanza no es hoy una práctica científica ni tiene teoría propia coherente".

Releyendo ahora el texto se puede ver retrospectivamente en génesis la difícil conjunción que estaba empezando a nacer. Si por un lado el subsistema didáctico es una parte del curricular, en otros (por ejemplo, el capítulo 4 se titula "Los componentes de la teoría del currículo. Análisis del modelo didáctico") teoría del currículo y modelo didáctico son presentados como sinónimos. Los componentes de la teoría curricular, en la tradición tyleriana vigente, no son otros que los objetivos, contenidos, estrategias metodológicas, medios, recursos y evaluación (no se distingue todavía entre Currículum como campo de estudio y currículum como campo de experiencia). La teoría curricular se asimila, pues, recogiendo la tradición de la Ley del 70, con la tradición tyleriana. Como comenta Juan Manuel Moreno (1998a): *"En una palabra, estamos ante la confusión característica de toda etapa de transición. Nos daba la impresión entonces de estar escuchando la misma música escrita en partituras anteriores, sólo que interpretada en una clave o con un instrumento hasta entonces desconocidos"*.

El año siguiente (1982), coincidiendo con los meses que el Partido Socialista gana las elecciones, se publica el libro *La pedagogía por objetivos: obsesión por la eficiencia*. Este libro venía a poner punto final al neopositivismo, al menos en su versión más dura. En el libro se sistematizan las sucesivas críticas que, siguiendo la literatura angloamericana, se habían aducido al modelo de objetivos, al haber entrado en crisis los soportes epistemológicos (positivismo-operacionalismo), psicológicos (conductismo) e ideológicos (tecnocracia). Con todo, resultaba significativo que el capítulo más breve fuera el dedicado a las alternativas al modelo, asimiladas al modelo de proceso de Stenhouse, que entraría con fuerza en los años siguientes, justo cuando empezaba a declinar en Inglaterra.

No obstante, la irrupción definitiva de los estudios sobre el currículum en nuestro país llega con la publicación de una selecta compilación de artículos, de procedencia mayoritariamente norteamericana, titulada *"La enseñanza: su teoría y su práctica"* (Gimeno y Pérez, 1983). La visión que se ofrece sobre el Currículum como campo de estudio es ya, sin embargo, muy diferente a la anterior: se nos presenta como un *"campo de controversia y confrontación dialéctica"* (p. 195) que carece de un *"paradigma dominante"* (p. 190) y en el que priman la *"confusión terminológica y conceptual"* (p. 191) tanto acerca de los límites y rasgos de identidad de los estudios curriculares como sobre el propio concepto de currículum. Los artículos seleccionados al respecto (Capítulo IV) corresponden efectivamente al período de crisis en Estados Unidos al que hacíamos referencia más arriba, concluyendo con las nuevas alternativas de reconceptualización y reconstrucción de los estudios curriculares. No obstante, el "destiempo" de la entrada de los estudios curriculares, como he llamado la atención en el referido trabajo (Bolívar, 1998), se muestra, de modo incluso irrisorio, que justo cuando entraban los estudios curriculares en España se incluyera el manifiesto de Schwab del 69 en el que se vaticinaba la inminente muerte del currículum como campo de estudio o el trabajo de Huebner sobre "el estado moribundo del currículum". ¿Cómo podía "encajar" aquí un lector que estuviera muriendo lo que estaba naciendo? Se incluían trabajos de "reconceptualización" del currículum, cuando aquí aún no había sido mínimamente conceptualizado. Se estaban, al tiempo, quemando sucesivas etapas.

No obstante, hubo intentos de insertar, con los problemas propios que conllevaba, la nueva perspectiva curricular con la tradición didáctica española. Podría poner el ejemplo del libro de Miguel Ángel Zabalza, de 1987, *Diseño y desarrollo curricular*, de amplia difusión (como muestra, las múltiples ediciones) y que, en cierta medida, avanzó algunas ideas (Zabalza, 1991) que después se pusieron en circulación en el diseño curricular de la Reforma. No en vano sus fuentes de apoyo no son exclusivamente anglosajonas, sino europeas (italianas). Allí desarrolla, por sucesivos niveles, el currículum, programa y programación. El concepto estricto de currículum se restringe aquí al *"conjunto de los supuestos de partida, de las metas que se desea lograr y los pasos que se dan para alcanzarlas, el conjunto de conocimientos, habilidades, actitudes, etc. que se considera importante trabajar en la escuela cada año. Y por supuesto la razón de cada una de esas opciones"*

(Zabalza, 1987: 14). El programa (recuperando lo que, por ejemplo, siempre se había entendido y, más en concreto, en los Programas Renovados) representa la cultura común que la administración regula y prescribe para las etapas educativas. La adecuación a nivel de cada centro y aula del programa oficial es propiamente, con una función mediadora, la programación. El haber puesto el centro escolar como "la unidad social, funcional y organizativa de referencia en la programación" es quizás una de sus mayores virtualidades.

He mantenido la tesis (Bolívar, 1998) de que el enfoque empírico-analítico privó al ámbito didáctico de explicitar una dimensión teórica fuerte que, sin embargo, siempre tuvo. Zabalza (1998) difiere, estimando que el asunto es más variado y complejo. Pero creo que esa falta de fundamentos teóricos fuertes fue la que posibilitó que aflorara la teoría curricular, en versión no tyleriana, como una amplia avenida, un cierto "descubrimiento" que venía a suplir espacios vacíos. Las potencialidades teóricas de la Didáctica, tras su unión con el neopositivismo, y su crítica posterior, habían quedado seriamente debilitadas. Esto puede explicar la pregunta que se hacía, sin comprender, Fernández Huerta (1990: 20): *"¿Por qué tales apegos al 'currículo' y tales despegos u omisiones de la Didáctica?"*.

El currículum y lo curricular, en esta nueva versión no programadora, fueron adquiriendo rápidamente un carácter de nueva vanguardia, más profesionalizada, que –por otra parte– venía a romper, al menos, en parte, con los movimientos de renovación de final del franquismo (pedagogía institucional, Althusser, Bourdieu y Passeron, Freinet, etc.). Vicente Benedito (1987: 15) en aquel momento reconocía que las aportaciones de Gimeno y Pérez supusieron *"la ruptura del 'establishment' pedagógico español, la apertura de una línea de progreso..., la búsqueda de la utilidad social de la investigación educativa..., y la emergencia del iceberg que era el vasto campo del currículum y la renovación e innovación pedagógicas"*. En este momento, en efecto, la emergencia de los estudios curriculares servía como instrumento de ruptura con el pasado, como fuente de una nueva identidad académica y profesional y como llave para introducirnos en una supuesta línea de progreso. No en vano se presentaban unidos (asesoramiento del Ministro Maravall) con el nuevo poder político del Partido Socialista.

La madurez de los estudios curriculares en España, en cualquier caso, sin duda, vendría dada por la publicación en 1988 del tratado del profesor Gimeno Sacristán, titulado *El currículum: una reflexión sobre la práctica*. El currículum puede analizarse desde cinco ámbitos formalmente diferenciados: sobre su función social, en tanto que es el enlace entre la sociedad y la escuela; proyecto o plan educativo, pretendido o real, compuesto de diferentes aspectos, experiencias, contenidos, etc. Se habla de currículum como la expresión formal y material de ese proyecto que debe presentar bajo un formato sus contenidos, orientaciones, secuencias para abordarlo. En este libro, el currículum se perfila ya como concepto aglutinador tanto de la teoría como de la práctica pedagógica. Así, en tanto que campo de reflexión teórica, por un lado, *"el estudio del curriculum sirve de centro de condensación e interrelación de otros muchos conceptos y teorías pedagógicas porque no hay muchos temas y problemas educativos que no tengan algo que ver con él"* (p. 32); en tanto que realización práctica, por otro, *"toda la práctica pedagógica gravita en torno al curriculum"* (p. 30), convirtiéndose éste en *"cruce de prácticas"*, *"resultado de interacciones diversas"* y, a su vez, en *"configurador de la práctica pedagógica"*. En consecuencia, si se acepta que toda la praxis educativa es pensable en términos de currículum, no queda ya lugar para la confusión o la ambigüedad en cuanto a cuál es la principal fuente de identidad, el gran *concepto organizador* de nuestra área de conocimiento (y aun también de las áreas limítrofes).

Como comenta J. M. Moreno (1998a), el libro de Gimeno viene a representar la mayoría de edad de los estudios curriculares en España, en la medida en que constituye el primer tratado sistemático sobre desarrollo curricular, publicado en nuestro país, que, además, hace un primer esfuerzo por reconstruir la tradición y la experiencia educativas españolas a la luz de los presupuestos del pensamiento curricular contemporáneo. Estamos, en definitiva, ante una concepción dinámica del currículum escolar y de los estudios curriculares, en la que el currículum se sitúa como mediador de significados entre sociedad y escuela, política y pedagogía, teoría y práctica, con el potencial de desempeñar simultáneamente el doble papel de control y de cambio de la práctica. Así, el desarrollo curricular deja de concebirse como un proceso de toma de decisiones lineal, técnico-burocrático y secuenciado de modo predefinido, para pasar a conceptualizarse como un complejo proceso político y social en el que convergen, en distintos momentos, en distintos contextos y con distintas *agendas*, multitud de prácticas y de prácticos. Por su parte, la interacción en el aula, componente fundamental de la Didáctica, era abordada en un extenso capítulo, en línea de Doyle, sobre las tareas, titulado "La arquitectura de la práctica".

Por otra parte, como queda dicho, la potencia descriptivo-comprensiva y el carácter *progresista* asociado al concepto de currículum no pasaron desapercibidos a los políticos y administradores del sistema educativo español de la segunda mitad de los 80. Así, el currículum no tardó en convertirse en el emblema de la Reforma educativa que se iniciaba con distintas experiencias. La apuesta era arriesgada (hoy podemos ya juzgar como contradictoria), sin saber por lo que se quería apostar realmente. Utilizar el lenguaje y dispositivos conceptuales del currículum, propio de los países más descentralizados (anglosajones), en un sistema centralizado (heredero de la tradición napoleónica, acentuada en el franquismo), que –desde arriba– decía querer dejar de serlo, pero –en la práctica– perviviendo dichas tradiciones regulativas, hasta grados antes desconocidos; en ese contexto, el currículum no dejó de ser más que una nueva retórica, propia de toda reforma.

Así, los *Diseños Curriculares Base* (MEC, 1989) giraban en torno a conceptos, presupuestos y expresiones hasta entonces absolutamente inéditos en los textos legales (o de cualquier otro tipo) de la educación española: política curricular, currículum abierto, niveles de concreción curricular, proyectos curriculares de centro, medidas de desarrollo curricular, etc. Lo curricular presenta aquí también un carácter aglutinador de todo lo educativo hasta el extremo de que política educativa y política curricular llegan prácticamente a identificarse: de acuerdo con el Libro Blanco, las llamadas "medidas de desarrollo curricular" incluyen la política de formación del profesorado, la de materiales curriculares, la de apoyos externos e internos a la escuela, la de organización de los centros, la de investigación educativa y, por último, la de evaluación educativa. En resumen, el cambio de *ancho de vía* se consuma también en el ámbito de lo legal: los programas se convierten en Diseños Curriculares Base y los proyectos pedagógico-didácticos en proyectos curriculares, quedando lo didáctico restringido a lo estrictamente metodológico, a formar parte de los "principios de intervención educativa" en el contexto del aula y, con ello, prácticamente absorbido por "lo psicopedagógico".

3.3. Los noventa: Apogeo como ortodoxia curricular

El largo período de preparación (o experiencias) de Reforma (Bolívar y Rodríguez Diéguez, 2002) culmina con la Reforma LOGSE, donde se va imponiendo una determinada "ortodoxia curricular". Se impone desde el poder, diríamos en el lenguaje de Foucault, un determinado *régimen de verdad*. Como ha dicho Lyotard, que vendría bien aplicarlo ahora:

> *"...aquí la legitimación es el proceso por el cual un legislador que se ocupa del discurso científico está autorizado a prescribir las condiciones convenidas (en general, condiciones de consistencia interna y de verificación experimental) para que un enunciado forme parte de ese discurso, y pueda ser tenido en cuenta por la comunidad científica".*

La nueva ortodoxia curricular, extendida desde toda la literatura (para)oficial, ha podido dar al traste, cuando no cortado, la posibilidad misma de haber ido construyendo un pensamiento curricular propio. Y es que, como expresa T. Da Silva (1998: 62-3), "las políticas curriculares autorizan a ciertos grupos de especialistas, al mismo tiempo que desautorizan a otros. Fabrican los objetos 'epistemológicos´ de los que hablan, a través de un léxico propio, con una jerga que no debe verse como una moda, sino como un mecanismo muy eficiente de institucionalización y constitución de lo 'real', que supuestamente le sirve de referente. [...] La política curricular, metamorfoseada en currículum, efectúa finalmente un proceso de inclusión de ciertos saberes y de ciertos individuos, excluyendo a otros".

El Libro Blanco *Proyecto para la Reforma de la Enseñanza. Propuesta para debate* (1987) dedicaba un sólo capítulo (cap. 5: "Curriculum escolar y reforma del sistema educativo") a presentar el modelo curricular que, con sucesivas ampliaciones o reformulaciones, formará la primera parte ("Diseño y desarrollo curricular") que encabezaba los libros de *Diseño Curricular Base* (1989) de las distintas etapas educativas, donde queda plasmada la noción oficial del currículum, la articulación entre objetivos, contenidos y criterios de evaluación, y la propuesta de diferenciar tres niveles progresivos de concreción curricular.

No obstante, el modelo de diseño curricular de la Reforma (en Cataluña) fue difundido, a nivel nacional, ya a mediados de 1986 en un primer monográfico de *Cuadernos de Pedagogía* (núm. 139), justamente después de su elaboración para el Departamento de Enseñanza catalán (Coll, 1986), y en un momento en que se estaba dilucidando qué propuesta se iba adoptar en el nivel del MEC. La especificidad de la propuesta catalana, frente a la pluralidad de iniciativas paralelas en otras autonomías o territorio MEC, era "disponer un modelo de diseño curricular unificado para toda la enseñanza obligatoria", por lo que "se intenta que todos los *curricula* (...) respondan a unos mismos principios básicos y adopten una misma estructura curricular" (Coll, 1986: 8). En cualquier caso, ya en esta primera presentación, que se vería ampliada con la edición al año siguiente (Coll, 1987) de la propuesta completa, las bases psicológicas sobredeterminan las curriculares, llegando a configurarse en el propio currículum adoptado.

De modo paralelo al papel ejercido por "La educación personalizada" de García Hoz en la reforma de los setenta, "Psicología y Currículum" de César Coll (1987) era la base de la propuesta oficial. En este libro (pág. 31), se presentaba una noción administrativista de currículum, como instrumento para planificar la educación en las distintas etapas educativas: *"entendemos el currículum como el proyecto que preside las actividades educativas escolares, precisa sus intenciones y proporciona guías de acción adecuadas y útiles para los profesores que tienen la responsabilidad directa de su ejecución".*

En tanto que modelo de política curricular, el libro en cuestión se inspira generosamente en la reforma educativa británica de 1989 y, en concreto, en lo relacionado con la creación del nuevo *curriculum nacional* en dicho país (*Cuadernos de Pedagogía*, 1989). Es como mínimo paradójico, quizás porque ya empezaba la globalización, que lo que sin duda se planteaba como una reforma centralizadora en el contexto británico sirviera de inspiración para lo que necesariamente tenía que ser una reforma descentralizadora en el contexto español. Así se justifica la necesidad de un currículum básico, marco o nacional (Coll, 1989), acudiendo a como los conservadores trataban de justificarlo en el Reino Unido, cuando –en nuestro caso– no era el currículum común lo que había que justificar, pues nunca había faltado en España, a no ser por las competencias autonómicas, delimitadas constitucionalmente. De este modo, la política de reforma curricular de un gobierno conservador en el Reino Unido se utiliza como punto de referencia por parte de un gobierno socialista en España. O, todavía más, que lo que allí se proponía para "cerrar" un currículum nacional que nunca había existido, aquí pudiera presentarse como regulación política para "abrir" ese mismo currículum nacional. Aquí un currículo básico siempre había existido.

Pero, paradojas de la comparación aparte, la propuesta de Coll obtuvo un eco inmediato, puesto que satisfacía dos condiciones, en aquel momento imprescindibles para ser tomado en serio: por un lado, el llamado modelo de currículum *abierto* resultaba ser el único políticamente presentable y defendible en el marco de la nueva configuración autonómica del Estado español (a lo cual no es ajena la ascendencia catalana de la propuesta); por otro, aportaba una *base científica* y un discurso ideológico consistente, que permitía legitimar y reforzar el protagonismo de psicólogos y Psicología en el diseño de la política curricular –y educativa– española, además de proporcionar una "vía de progreso" al que hasta entonces había sido su principal empeño innovador: la integración de los alumnos con necesidades educativas especiales. Poco más adelante, como reflejo material de dicho protagonismo, verían la luz la compilación de Palacios, Marchesi y el propio Coll, con el título general de "Desarrollo psicológico y educación" (1990). Los tres volúmenes han venido a representar, durante buena parte de la década de los 90, poco menos que la Biblia –y nunca mejor dicho– para todos aquellos empeñados en acceder por oposición a los cuerpos de profesores y de orientadores. Desde luego, llama la atención la perfecta fusión entre política y academia que entonces se consiguió, con estos tres catedráticos de Psicología de la Educación, sucediéndose uno al otro en el cargo de Director General de Renovación Pedagógica del MEC, de forma tal que los docentes en ejercicio habían de regirse por sus textos legales, mientras que los estudiantes y opositores se alimentaban de sus textos académicos. Difícilmente, dice Moreno (1998a), volverá a producirse en nuestro sistema educativo una situación parecida.

En el DCB aparecen diversas conceptualizaciones de currículo. En las primeras páginas se dice, desde su acepción amplia, que la *"noción de currículo abarca todo aquello que el medio escolar ofrece al alumno como posibilidad de aprender: no sólo conceptos, sino también principios, procedimientos y actitudes; y que abarca, además, tanto los medios a través de los cuales la escuela proporciona esas oportunidades, cuanto aquellos por los que evalúa los procesos mismos de enseñanza y aprendizaje".*

En el apartado dedicado específicamente al currículo escolar, sin embargo, se propone entenderlo como *"el proyecto que determina los objetivos de la educación escolar, es decir, los aspectos del desarrollo y la incorporación a la cultura que la escuela trata de promover en un plan de acción adecuado para la consecución de esos objetivos"* (M.E.C., 1989: 21). Por su parte la LOGSE, en su artículo 4.1., estipula: *"A los efectos de lo dispuesto en esta ley, se entiende por currículo el conjunto de objetivos, contenidos, métodos pedagógicos y criterios de evaluación de cada uno de los niveles, etapas, ciclos, grados y modalidades del sistema educativo que regularán la práctica docente"*. Esta acepción era, curiosamente, asimilable a programación. Y, en gran medida, así lo ha entendido y asimilado el profesorado.

Pero es la racionalidad en la planificación curricular, situada en las cuatro "grandes" cuestiones (*¿qué enseñar?, ¿cuándo enseñar?, ¿cómo enseñar?, y ¿qué, cómo y cuándo evaluar?*) y en las cuatro fuentes, la que venía a recordarnos la congruencia, a pesar de los nuevos ropajes constructivistas, con la tradición empírico/técnica de planificación curricular (Coll y Bolea, 1990), no alejada de la propuesta dominante tyleriana. Algunos ya se encargaron de recordarlo. Así Gimeno Sacristán (1989: 75) señalaba: "un esquema pretendidamente nuevo, pero conocido en la teoría curricular desde hace, por lo menos, un cuarto de siglo, sin que por ello modifique las pautas de comportamiento de los profesores en las aulas ni el contenido de los materiales didácticos, ni la política de cambio de la Administración". Por su parte, Escudero (1990) igualmente lo calificaba de "un diseño tyleriano con algunos aditamentos de la psicología", donde "nos han ido llegando campanas que suenan a currículum abierto" y declaramos que el Diseño lo es, pero la apertura se juega en el Desarrollo o puesta en práctica, porque se hayan creado las condiciones, "cultura" escolar y organizativa, que lo hubieran hecho abierto no en el DCB sino en los Centros.

En cualquier caso, sería el propio desarrollo el que mostraría dicha contradicción. La concepción del cambio en prototipos (diseños) estuvo separada de la ejecución, los diseñadores de los trabajadores. La racionalidad del sistema y de los actores centrales fue impuesta, por producción normativa, a los actores educativos periféricos. Esto llevó a confundir la producción normativa con la propia reforma educativa: la reforma se hace realizando buenos diseños. En este contexto, la relación entre el Estado y los intereses actuales del Currículum como campo de estudio y la práctica escolar se torna verdaderamente problemática. Muchos docentes comenzaron a pensar que se habían cambiado los nombres de las cosas sin cambiar las cosas mismas; que se confunden los neologismos con verdaderas novedades. Al mismo tiempo, se impusieron los criterios de racionalidad burocrática y administrativista, con el énfasis, desde la Administración, sobre los proyectos educativos y curriculares de centro; pareció volverse al interés exclusivo sobre cómo hacer, relegando a un segundo plano el por qué y para qué hacer.

La elaboración de Proyectos Curriculares de Centro suponía la principal materialización práctica de la reforma española; desde un punto de vista estrictamente teórico, se trata de una propuesta de desarrollo curricular basado en la escuela. La experiencia ha demostrado, sin embargo, que el tránsito desde un modelo administrativo-burocrático, fuertemente centralizado, a otro de desarrollo curricular, cada vez más basado en los centros, implica un *salto en el vacío* de una envergadura mucho mayor a la inicialmente prevista por sus promotores, y cuyas consecuencias son muy difíciles de prever (un excelente análisis en relación con esta cuestión de los proyectos de centro puede verse en Escudero, 1994a).

En cualquier caso, la debilidad intrínseca de la propuesta de Coll es la dependencia de las teorías psicológicas, aquello que Schwab había criticado hacía veinte años como la muerte de la teoría curricular; y la falta de un apoyo en la teoría de la enseñanza, debido –decía (Coll, 1987: 35)– a que "no disponemos aún de una teoría comprensiva de la instrucción con apoyatura empírica y teórica suficiente para utilizarla como fuente única de información". En su lugar, como reconoce Elena Martín (1998: 32), ha sido la llamada "concepción constructivista de la enseñanza y del aprendizaje" la que "constituyó el referente que permitió dar unidad y coherencia al conjunto de la propuesta curricular desde la educación infantil a los bachilleratos". Referente, por otra parte, tan amplio y con mezclas tan heterogéneas, cuando no triviales, que permitiría decir, como irónicamente señalaba Juan Delval, que hoy día "todos somos constructivistas".

En cualquier caso, estimo que lo grave para el futuro de la teoría curricular –en su percepción por el profesorado– ha sido presentar una concepción particular del currículum, avalada por el poder político, convirtiéndose este último, en palabras de Jurjo Torres (1991: 492), en "paladín defensor", al confundir los papeles de experto en psicología con Secretario de Estado de Educación. La ciencia se convierte no sólo en fuente complementaria de legitimación política, como había sido habitual, sino en "ciencia del Estado", y comprometiendo –además– al propio Estado, cuando dichas teorías, como sucede, pasen. De esta manera, la práctica educativa se convierte en una aplicación de principios y prescripciones, derivadas de la "ciencia básica" psicológica, perdiendo su propia autonomía. Como le gustaba repetir con razón a Schwab (1969) la "muerte" de la teoría y práctica curricular se ha debido a confiar en exceso en las diversas (y –tantas veces– pasajeras) teorías del aprendizaje.

3.4. La entrada en el nuevo milenio: ¿Cómo queda el discurso curricular?

Como epílogo final de este capítulo, dedicado al origen y desarrollo de la teoría curricular, por una parte, con el gobierno del Partido Popular (1996-2004), desde el Ministerio de Educación, se induce a un cuestionamiento de la comprensividad de la Educación Obligatoria, en un movimiento que puede ser juzgado de "contrarreforma" o, más imparcialmente, la "reforma de refoma" (Escudero, 2002). Haciéndose eco de una amplia demanda del profesorado de Bachillerato, que nunca creyó ni adoptó la jerga curricular, con diferentes razones, manufacturadas unas y derivadas de incumplimientos otras, se critica abiertamente el modelo comprensivo de la LOGSE, proponiendo –en su lugar– itinerarios diversificados. En un movimiento de nostalgia o vuelta a lo que funcionaba en la primera modernidad, se olvida plantear respuestas prospectivas a nuestros problemas en el final de la modernidad.

La Ley Orgánica de Calidad de la Educación vino a hacer "tabla rasa" con toda la terminología curricular, que queda –podemos decir– literalmente proscrita. En su lugar, yo creo que tímidamente, se vuelve a la tradición didáctica (enseñanza, contenidos educativos, métodos pedagógicos, asignaturas, etc., son algunos de los términos empleados). Sólo en determinados momentos, para referirse a la denominación más tradicional de programas, se emplea –como sinónimo– "los currículos", "el currículo", o "centros de especialización curricular"; pero "proyecto curricular" o "adaptación curricular" pasan a ser "programaciones didácticas". El art. 68.6-7 viene a ser expresión de este cambio terminológico: lo que antes se llamaba proyecto curricular pasa a denominarse "programación didáctica". Así afirma: *"El Gobierno fijará las enseñanzas comunes, que constituyen los elementos básicos del currículo. [...] Los centros docentes desarrollarán los currículos establecidos por las Administraciones educativas mediante programaciones didácticas"*.

En los últimos años de esta década, en efecto, los estudios curriculares en España han ido sufriendo un progresivo declive. En la medida en que, como ya se ha apuntado, se ha dado una percepción de que la reforma LOGSE iba unida a la terminología curricular, la crisis y la devaluación política global de la Reforma y, de manera muy especial, de los conceptos clave de la misma (currículum, currículum abierto, proyectos curriculares de centro, escuela comprensiva, aprendizaje significativo...) han ido asociados. Las reformas curriculares son entidades, por naturaleza, temporales –comentan Walker y Soltis (1997, cap. 7)– y de corta vida. Después de los años de eclosión y auge, antes descritos, parecería hemos entrado en un cierto desencanto. Además de las razones externas y de coyuntura política (el auge de los estudios curriculares en nuestro país estuvo coyunturalmente asociado a una reforma política de la educación), que en gran medida quedó como documentos burocráticos (de ahí la supresión del "proyecto curricular"). Se habría pasado así por el ciclo completo de aparición, crecimiento, auge y declive, en un período –sin duda– muy corto para tanto recorrido.

En los últimos años es el discurso de las competencias, como *doxa* o eslogan del cambio educativo, el que recorre las políticas formativas occidentales. Casi al tiempo ha entrado en España para la Educación Básica y Superior, aún cuando los orígenes, el modo de plantearse y el papel que puedan jugar, en uno y otro nivel educativo, sean distintos. Sin embargo, confluyen en querer orientar la enseñanza al desarrollo de habilidades complejas, más allá del aprendizaje de contenidos escolarizados, necesarias en la sociedad de la información. Pero también, en ambos casos, al igual que sucediera con aquel otro de la "planificación por objetivos", la pedagogía por competencias puede quedarse en una nueva ortodoxia en los formatos de planificación que en poco altera la práctica.

Al respecto, resulta significativo que el artículo 6 de la Ley Orgánica de Educación (LOE), dedicado al currículo, mantiene la misma estipulación oficial que había establecido la anterior ley LOGSE, añadiendo (entre objetivos y contenidos) el término de "competencias básicas". Como se resalta en la "Exposición de motivos" de la Ley, "especial interés reviste la inclusión de las competencias básicas entre los componentes del currículo, por cuanto debe permitir caracterizar de manera precisa la formación que deben recibir los estudiantes". A su vez, se ve reforzado porque el Proyecto de Ley establece (arts. 21 y 29) que en todos los centros escolares se realizará una evaluación de diagnóstico de las competencias básicas alcanzadas por los alumnos en cuarto de Primaria y en segundo de Secundaria.

Este discurso, como hemos resaltado en otro lugar (Bolívar y Pereyra, 2006), es preciso situarlo dentro del proceso de reestructuración de las sociedades contemporáneas occidentales, motivado por los cambios asociados a la globalización, las nuevas tecnologías de la sociedad de la información y la creciente multiculturalidad. Más específicamente se inscribe en el contexto actual de transición de nuestras sociedades de sistemas industriales basados en el trabajo, propios de la primera modernidad, a otros basados en el conocimiento, donde el trabajo, la formación y la educación se orientan a la adquisición de competencias, más que a cualificaciones específicas para tareas prescritas. A su vez, la procedencia originaria del término "competencia" del mundo empresarial y profesional hace sospechoso el modelo de formación basado en competencias, al vincularlo a las políticas neoliberales que subordinan la educación a las demandas del mercado y a la gestión de los recursos humanos. Los currículos formulados en términos de competencias se están extendiendo, en parte promovidos por gobiernos conservadores, apoyados por organizaciones internacionales como la OCDE o el Banco Mundial, desplegando su matriz originaria del mundo empresarial y de la formación profesional a la educación en general, incluida la universitaria. En un contexto neoliberal y mundializado, es lógico que haya suscitado todo tipo de sospechas y críticas.

Referido a la Educación Básica, uno de los debates actuales en las políticas educativas es –frente a la lógica acumulativa del currículum escolar en las últimas décadas– redefinir la misión específicamente escolar de la escuela, centrada en lo que es básico que pueda ser garantizado a todos los alumnos. Las competencias básicas en la Educación Básica se dirigen –primariamente– como decía la Comisión Europea al desarrollo personal, el ejercicio de la ciudadanía activa o la inclusión social. Como se titulaba el Proyecto DeSeCo (Rychen y Salganik, 2006), se trata de competencias para el bienestar personal y el buen funcionamiento de una sociedad (*Key competencies for a successful life and well-functioning society*). Un sentido similar vienen a recoger los Decretos de enseñanzas mínimas cuando, al introducir las "competencias básicas" (término equivalente a "clave", como otra posible versión) en todo el currículum español de la escolaridad obligatoria, las entienden como

> *"aquellas competencias que debe haber desarrollado un joven o una joven al finalizar la enseñanza obligatoria para poder lograr su realización personal, ejercer la ciudadanía activa, incorporarse a la vida adulta de manera satisfactoria y ser capaz de desarrollar un aprendizaje permanente a lo largo de la vida".*

Adoptar un enfoque de competencias clave, al tiempo que requiere un trabajo más interdisciplinar o colegiado (una misma competencia se adquiere por el trabajo conjunto de varias disciplinas), permite flexibilizar los contenidos de los currículos oficiales, dado que las mismas competencias se pueden adquirir con contenidos o metodologías diferentes. Esto es bastante relevante en Secundaria Obligatoria, donde la división en distintas asignaturas ha impedido, en ocasiones, centrar los aprendizajes básicos y la cultura relevante. Las competencias se pueden, entonces, convertir en *núcleos integradores* de los programas y experiencia escolar.

Sin embargo, tal como aparecen, no se han logrado *integrar* por ahora con la estructura disciplinar de división por materias o áreas, como hemos señalado en otro lugar (Bolívar, 2008). Así, por una parte, cada materia tiene sus objetivos, contenidos y criterios de evaluación y, además, como anexo, las competencias básicas. Las "orientaciones sobre cómo cada materia contribuye a la adquisición de competencias básicas" quedan como algo muy general que dependerá de la integración que se haga en cada caso. Si, al final, los contenidos están enteramente organizados disciplinarmente y son los objetivos de cada área los que marcan la evaluación y orientación en el desarrollo curricular en el aula, las competencias son un aditamento que no contribuye a alterar sustantivamente el currículum.

Con todo, caben desarrollos curriculares alternativos, con mayor grado de integración, en el currículum establecido en cada territorio o en el proyecto educativo de centro. A nivel de Estado se ha considerado que era prudente no introducir cambios que alteren, de modo radical, la estructura curricular y profesional del profesorado existente. Queda, además, el empleo que se haga de las competencias básicas en la *evaluación de los alumnos*, en especial en su graduación al final de la secundaria obligatoria. También aquí cabe, en sentido tradicional, guiarse por los objetivos y criterios de evaluación de cada materia o, de modo alternativo, por el nivel de dominio de las competencias básicas. En cualquier caso, en el enfoque de aprendizaje a lo largo de la vida, en lugar de la no graduación convendrá sustituirla por la certificación del grado de adquisición de las competencias básicas.

CAPÍTULO VIII

LA TEORÍA DEL CURRÍCULUM EN NUESTRA CONDICIÓN POSTMODERNA

Nuestra condición fue, a mediados de los ochenta, definida por Lyotard como postmoderna, con notable éxito. No obstante, con el tiempo, el término se ha ido desgastando, y reemplazado por "segunda modernidad", "modernidad tardía", "sociedad del riesgo" o "globalización". Dentro de las diversas tradiciones curriculares se vincula con las teorías postcríticas o postestructuralistas. Aparte de numerosos libros que siguen esta "comunidad discursiva", podemos apreciar su fuerza en la *cuarta edición* del *Handbook of Research on Teaching*, coordinado en esta ocasión por Virginia Richarson (2001). Ya en los fundamentos aparecen Derrida frente a Dewey, Habermas, ética del cuidado o Freire; pero es en la metodología donde definitivamente parece haber ganado la batalla la línea postmoderna: narrativa, crisis de legitimación, etc. Como dice Richarson en el prefacio, dentro de las aguas turbulentas en la investigación sobre la enseñanza, "el postmodernismo plantea cuestiones que sacuden los verdaderos fundamentos de nuestra comprensión de la investigación".

Quizá convendría, de entrada, diferenciar, como hace Hargreaves (1996), entre *postmodernidad* y *postmodernismo*. La primera es una condición social, derivada de un conjunto de pautas de relaciones sociales, económicas, políticas y culturales específicas. Es la época en que hay una desconfianza en las creencias ilustradas del progreso y la emancipación mediante el conocimiento y la investigación científica. El postmodernismo, por contra, es un fenómeno cultural, intelectual o estético, formado por un modo particular de analizar y elaborar el discurso y prácticas culturales (estéticas o intelectuales). Sin duda cabe entender el postmodernismo como un efecto y parte de un fenómeno más amplio que sería la postmodernidad, pero el primero se refiere a un *movimiento teórico-intelectual*, la segunda denota una condición social. Esto haría que pueda uno disentir ampliamente con los análisis del postmodernismo y, sin embargo, comprender y estar de acuerdo con determinados análisis sociológicos de nuestra condición social postmoderna. De hecho, diversos autores, situados en la tradición crítica (Habermas), pretenden dar una respuesta a nuestra condición postmoderna, sin caer –por eso– en el postmodernismo.

Tanto la Didáctica como el Currículum son hijos de la modernidad, en la medida en que surgen de la mano de la escolarización y lo que supone de nuevas formas de regulación de las instituciones con los individuos (Zufiaurre, 2007). El currículum se configura como una nueva forma de racionalización de la transmisión del conocimiento y, por tanto, del gobierno de los individuos. En esa medida, dentro de la pluralidad de discursos, el postmodernismo cuestiona algunas de las jerarquías de conocimiento y de poder establecidas en la modernidad, así como supuestos acerca del significado y validez de la investigación educativa (Slattery, 2000). Por lo demás, la posmodernidad ha tenido un significado distinto en Europa y EE UU. Mientras en la primera se presentó unida, tras el hundimiento del marxismo, a una vuelta al nihilismo, hermenéutica o pensamiento débil; en EEUU ha ido vinculada a la reivindicación de nuevas cuestiones como feminismo, identidades culturales o los estudios culturales.

Dentro del marco, inaugurado por el movimiento reconceptualizador, de acudir a teorías filosóficas para revitalizar la teoría curricular, se han aplicado a la teoría del currículum las nuevas corrientes postmodernas (postestructuralismo francés, el neopragmatismo, o la investigación autobiográfica). Esta estrategia tiene sus virtualidades, pero también ha motivado –sin duda– una disyunción cada vez más acentuada entre teoría curricular y práctica escolar, con un cierto peligro de caer en un teoricismo (huida de las necesidades y demandas de la práctica, para refugiarse en la creatividad de la propia teoría).

Estos riesgos de recaída en el *teoricismo* (primado de la teoría sobre la práctica) son evidentes: la crítica se convierte en "criticismo" (metadiscurso acerca de un discurso), el discurso curricular en una disputa teórica de prácticas discursivas, el *currículum es un texto discursivo*, susceptible de ser analizado con dispositivos lingüísticos. Si bien la primacía de la actividad teórica en la producción de conceptos, es decir, creer que es necesario construir el objeto teórico con la esperanza de poder transformar el objeto real, es legítima; también existe el peligro de que –al final– el constructo teórico pueda "resbalar" en la práctica, al haber permanecido alejado de ella. Y en tal caso, la construcción teórica queda como una "prédica moralista", en relación con la práctica.

No obstante, como lección aprendida, recuerda Eisner (2000a) que las teorías tienen un uso limitado en el contexto de la acción práctica, que requiere otras habilidades. Y esto no supone desdeñar la relevancia que, al igual que en otras ciencias, tienen las teorías en educación. En este sentido, los análisis postestructurales del currículum como texto o práctica discursiva, o los mecanismos de poder en el conocimiento, han aportado nuevos modos de ver el currículum y la escolarización.

1. CARACTERÍSTICAS DEL POSTMODERNISMO EN LA TEORÍA DEL CURRÍCULUM

Como comenta Daniel Bell, todo el que escribe sobre el postmodernismo comienza por confesar su incapacidad para definirlo, debido precisamente a no tener unos referentes claros identificables. A su vez, proliferan determinadas presentaciones del pensamiento postmodernista, bajo unas formas elementales de divulgación de los llamados "PoMo", que no dejan de ser una particular caricatura. Para nuestros propósitos, aún considerando las limitaciones iniciales y de espacio, lo vamos a caracterizar con las notas siguientes:

1. Los postulados fuertes (racionalismo, mecanicismo o progreso) de la modernidad han sido seriamente cuestionados, sospechando que esconden lo contrario de lo que manifiestan. El saber postmoderno, frente al discurso totalizador de la razón moderna, expresado en grandes narrativas, aboga por una pluralidad de discursos, de comportamientos o de verdades. Como vino a divulgar Lyotard, con gran éxito, *la modernidad está organizada en tres grandes metanarrativas* (progreso, emancipación e ilustración), que han ido perdiendo legitimidad y que merecen ser deconstruidas. Su desconfianza, cuando no ironía, hacia las metanarrativas filosóficas sobre el progreso de la razón o el discurso emancipador marxista, la convierte –de partida– en poco compatible con una teoría crítica de la sociedad. Acusa que estas grandes narrativas ignoran los discursos subjetivos propios y contextualizados, por lo que el discurso generalista y abstracto es incapaz de comprender y transformar dichas realidades. En lugar de la universalidad, los postmodernistas contraponen los determinantes locales del pensamiento y la acción, y que lo racional es siempre falible y contingente, relativo al tiempo y espacio.

El conocimiento se subordina a su valor en el mercado, en su uso pragmático. La cuestión ya no es si el conocimiento enseñado es relevante explicativamente o es verdadero, sino que la pregunta es "esto, ¿para qué sirve? En ese sentido habla de performativo:

> "*El antiguo principio de que la adquisición del saber es indisociable de la formación* (Bildung) *del espíritu, e incluso de la persona, cae y caerá todavía más en desuso... Pero contra el despropósito de la condición postmoderna:* Sed operativos, *es decir,* conmensurables *(performativos), o desapareced, la 'formación' por el saber.*
> *La pregunta, explícita o no, planteada por el estudiante profesionalista, por el Estado o por la institución de enseñanza superior, ya no es: ¿eso es*

verdad? sino ¿para qué sirve? En el contexto de la mercantilización del saber, esta última pregunta, las más de las veces, significa: ¿se puede vender? Y en el contexto de argumentación del poder: ¿es eficaz?" (Lyotard, 1987, 94-95).

2. Frente a la incredulidad en las grandes metanarrativas del discurso ilustrado (que alcanzaría su culmen en la obra de Marx), las *narrativas locales* no pretenden una verdad universal de significados que transciendan el contexto local. Se trata de concentrarse en las relaciones de poder a nivel micropolítico, más que en estructuras sociales abstractas. El contextualismo predominante en todos los pensadores postmodernistas imposibilita transcender dicho contexto, como pretendería cualquier posición crítica. Rorty (1983) hizo una dura crítica de la epistemología tradicional, heredada desde Descartes, para quien la mente es un espejo en el que se refleja la naturaleza. En lugar de una epistemología de la fundamentación se apuesta por un contextualismo. Abandonado el punto objetivista de "la visión del ojo de Dios", sólo queda el lado contingente y etnocéntrico de nuestra particular experiencia cotidiana, que debe ser descrita etnográficamente.

La ironía, más que la crítica, es la función del intelectual. La reclusión al propio jardín se une a la comunidad a que pertenecemos, renunciando a cualquier pretensión de imparcialidad y generalizabilidad. Las *narrativas locales* sitúan cada hecho en su contexto, sin pretender una verdad universal que lo transcienda. Debido a un punto de vista no fundacionista y a la renuncia a construir grandes teorías, el postmodernismo es escéptico de toda teorización sistemática sobre la educación, lo que nos aboca a la crisis de un proyecto educativo. De un modo crítico comenta Hargreaves (1996): *"Adoptar una posición teórica postmoderna implica negar la existencia de un fundamento del conocimiento sobre la base de que la realidad social cognoscible no existe más allá de los signos del lenguaje, imagen y discurso".*

Desde coordenadas similares, Anthony Giddens (1995) captó cómo la política emancipatoria de la modernidad se ha cambiado por la "política de la vida", que exige la autorrealización de los individuos y donde el yo se convierte en un proyecto reflexivo en función de su propia biografía. En estas nuevas condiciones, la reflexividad convierte a los actores en "políticos de la vida" antes que miembros de una comunidad política, como muestra Beck o Giddens, donde las vivencias individuales desplazan la preocupación pública. Si bien una perspectiva biográfica o narrativa puede ser un buen dispositivo para ver los efectos de la reestructuración en las vidas y condiciones laborales o para comprender la crisis identitaria a nivel personal y profesional; también conlleva el peligro de centrarse en lo personal, olvidando los marcos colectivos y políticos, base para el cambio social (y educativo). Por eso, habrá que esforzarse por conectar la dimensión biográfica e individualizada con proyectos futuros atractivos más amplios de mejora social y escolar.

3. *La deconstrucción*, estrategia propuesta por Jacques Derrida, implica identificar las operaciones retóricas que operan en un discurso para mostrar sus contradicciones o inestabilidad, susceptible de ser deconstruida por el análisis discursivo. Centrada en el propio texto, propone desestabilizar las oposiciones heredadas, subvertir los tópicos recibidos, mostrando las oposiciones binarias que lo constituyen, lo que marginan, y cómo podría ser deconstruido/invertido. La empresa deconstructiva pretende trabajar en el interior del lenguaje curricular recibido, mostrando la genealogía de sus conceptos, su doble cara, aquello que no dicen porque reprimen, modificar su campo interior, transformarlos desmontando/desplazando su sentido, volviéndolos contra sus presupuestos al reinscribirlos en otra cadena, etc., capaz de producir nuevas configuraciones discursivas curriculares.

Un buen ejemplo de este tipo de planteamiento postmoderno (postestructural, lo llama él) lo puede proporcionar el libro de Cleo Cherryholmes (1999), cifrado en deconstruir las prácticas discursivas en educación. El título alude a las dos grandes fuentes de que se nutre: Foucault ("poder") y Derrida ("crítica"), que –mantiene– "se refuerzan mutuamente", complementado con el pragmatismo (Dewey, vía interpretación de Rorty) y, de modo un tanto discutible (por la mezcla), la teoría crítica de Habermas. Si el manual de Tyler o la taxonomía de Bloom se criticaron por su positivismo, eficiencia o enfoque tecnológico del currículum, ahora estas críticas progresistas se consideran externas, en exceso modernas, presas aún de la retórica de la racionalidad. Más internamente, postestructuralmente, Cleo Cherryholmes realiza su deconstrucción, mostrando cómo está configurado el discurso, sus combinaciones discursivas, desmontando e invirtiendo sus oposiciones binarias (cognitivo/afectivo, teoría/práctica, alumno/objetivos, etc.), en fin poniendo de manifiesto cómo no cuentan una sola historia, ni ésta tiene una única interpretación. La metodología deconstructiva de Derrida posibilita desestabilizar discursos y prácticas establecidas.

El poder bascula desde los análisis superestructurales a los ángulos microfísicos, la crítica se convierte en "criticismo" (metadiscurso acerca de un discurso), una vez que ha caído cualquier intento fundacional de la verdad. Sólo queda, como salida, para Cherryholmes, un pragmatismo (crítico). Además de las narrativas de Tyler, Bloom o Schwab (injustamente identificado con la tradición tyleriana), encontramos –en sucesivos capítulos– un lúcido análisis deconstructivo de los libros de texto, teoría y práctica, los discursos de la investigación y validez, teoría del currículum. En todos estos campos, pretender encontrar una respuesta definitiva "no es sino el intento de eternizar una práctica social concreta que constituye un accidente en el tiempo y en el espacio" (pág. 174). En nuestra coyuntura postmoderna, desengañados de las grandes alternativas de la modernidad, para los análisis postestructurales una tarea posible es deconstruir los grandes discursos educativos que han constituido las prácticas con unos determinados efectos de poder. Contribuir a "leer, interpretar, criticar" las estructuras privilegiadas que han dominado el pensamiento educativo puede ser un modo de liberación.

4. *Centralidad el discurso*: entender la realidad como una construcción social, reductible a texto ("reductio ad textum"), significa que –como tal– puede ser contingente, reversible, o rearticulada con textos entretejidos de otro modo. Con el postestructuralismo se ha llegado a un "radical textualismo": poniendo en cuestión que los fenómenos sociales existan independientemente de sus representaciones en textos discursivos, éstos se construyen mediante las estrategias empleadas en los textos que los representan. Se puede cambiar el mundo cambiando el modo en que lo describimos, pues los fenómenos no tienen existencia más allá de su representación. No se trata ahora de entender hermenéuticamente la educación y cultura escolar, el propio currículum se convierte en texto. Como ha dicho Derrida, no hay nada fuera del texto (*Il n'y a pas de "hors de texte"*).

La investigación biográfico-narrativa, en nuestra *condición postmoderna*, está adquiriendo cada día mayor relevancia en las ciencias sociales, tras la crisis de la investigación positivista convencional o la disolución del sujeto en las estructuras (por un materialismo primero y un estructuralismo después), reclamando un creciente retorno del actor o del sujeto. En este contexto, la investigación biográfico-narrativa emerge como una potente herramienta, especialmente pertinente para entrar en el mundo de la identidad, de las gentes "sin voz", de la cotidianeidad, en los procesos de interrelación, identificación y reconstrucción personal y cultural. Podemos decir que, en un mundo globalizado, la gente siente una necesidad imperiosa de referentes identitarios, donde el refugio en el propio yo se convierte en un asidero seguro. Esto explica, en parte, el *giro narrativo* ("narrative turn") y, por eso, hermenéutico o interpretativo en ciencias sociales.

Hargreaves (1996) ha señalado que, en un mundo que ha llegado a ser caótico y desordenado, sólo queda el refugio en lo propio, como último refugio de la verdad y de la autenticidad. La caída de certezas morales y científicas ha conducido a que la *"única realidad inteligible es la del lenguaje, el discurso, la imagen, el signo y el texto"*, comenta. En este contexto se sitúan el auge de la narratividad en la configuración de la posible identidad de los docentes, así como todos los planteamientos actuales sobre narratividad, relatos autobiográficos de los profesores, el estudio del currículum como historias personales y narraciones de la experiencia, etc.

La investigación biográfico-narrativa, además de una metodología de recogida/análisis de datos, se ha constituido hoy en una *perspectiva propia*, como forma legítima de construir conocimiento en la investigación educativa y social. Como tal, hemos defendido que constituye un enfoque propio (y no solo metodología "cualitativa" más), que altera algunos supuestos de la investigación sobre el profesorado y la enseñanza, así como el propio lenguaje de la investigación (Bolívar, Domingo y Fernández, 2001). Como metodología "hermenéutica" permite conjuntamente dar significado y comprender las dimensiones cognitivas, afectivas y de acción. Contar las propias vivencias, y "leer" (en el sentido de "interpretar") dichos hechos/acciones, a la luz de las historias que los agentes narran, se convierte en un perspectiva peculiar de investigación. Se trata de otorgar toda su relevancia a la dimensión discursiva de la individualidad, a los modos como los humanos vivencian y dan significado al "mundo de la vida" mediante el lenguaje. La subjetividad es, también, una condición necesaria del conocimiento social.

5. El *movimiento postestructuralista* incluye la segunda generación de autores estructuralistas (Lacan, Derrida, Deleuze), pero –sobre todo– el segundo *Foucault* de "saber y poder". Los análisis de Foucault se dirigen a trazar una arqueología de nuestro presente (saber, poder y subjetividad) y las estrategias micropolíticas del poder que nos constituyen como sujetos. Su análisis crítico se emparenta más con la crítica genealógica de Nietzsche que con la crítica social marxista. Se trata de desenmascarar la trama moderna que ha constituido, mediante diversas redes de poder, la subjetividad actual.

El impacto que ha tenido la entrada de los dispositivos analíticos de Foucault en el campo educativo es considerable. Podemos emplear, como ya es usual, la expresión *"efecto Foucault"* para referirnos al profundo impacto que la tenido en el ámbito anglosajón la obra del pensador francés, para repensar los saberes y prácticas establecidos en el ámbito curricular (Popkewitz y Brennan, 2000). Dos hechos, entre otros, facilitan este efecto: la crisis de la "teoría crítica", acelerada con la caída del muro de Berlín, así como la nueva sensibilidad hacía el gobierno de los individuos. El currículum se interpreta como una tecnología de gobernación de los individuos, forma de organizar experiencias de conocimiento, dirigidas a producir formas particulares de subjetividad.

Foucault hace una historia genealógica de los discursos constitutivos de diversos campos de saber en la modernidad (ciencias humanas, prisión, clínica, sexualidad, etc.) para dilucidar su estatus de los saberes, subjetividad y poderes. Intenta mostrar cómo cada sociedad ha tenido una política ("régimen") de verdad. Al analizar sus mecanismos discursivos y sus condiciones de existencia, se pone de manifiesto su fragilidad, al mostrar cómo se ha entretejido y formado lo que –en cada momento y campo disciplinar– ha funcionado como verdad. Continuando el esfuerzo de Nietzsche, Foucault hace una genealogía: *"llegar a un análisis que puede dar cuenta de la constitución misma del sujeto en su trama histórica. Es lo que yo llamaría genealogía, es decir, una forma de historia que dé cuenta de la constitución de saberes, discursos, dominios de objetos, etc."* (Foucault, 1981: 136). En este sentido la genealogía no es la historia del pasado, sino la escritura de la historia de nuestro presente, una cierta ontología histórica de nuestra constitución como sujetos. Las cuestiones se dirigen a configuración de los "saberes" y discursos que articulan lo que pensamos, decimos y hacemos, inmersos en el campo del poder. Las ciencias sociales, incluida la pedagogía, como dominios de saber se han constituido con una función de regular y "gobernar" las vidas de los individuos, configurándose en tecnologías del yo, en una cierta política o régimen de la verdad.

Lo que Foucault (1989: 4) se propone, dicho en sus propios términos, es cuestionar "cómo el saber circula y funciona, sus correspondencias con el poder. [...] Esta forma de poder se ejerce sobre la vida cotidiana inmediata, que clasifica los individuos en categorías, los designa por su individualidad propia, los ata a su identidad, les impone una ley de verdad que les es preciso reconocer y que los demás deben reconocer en ellos. Es una forma de poder que transforma los individuos en sujetos". La obra que, sin duda, más se refiere al campo pedagógico es *Vigilar y castigar* (Foucault, 1977). Con motivo de la historia de la prisión se propone estudiar el funcionamiento del poder a través de los mecanismos internos, tácticas y tecnologías (microfísica) que genera el saber y el poder. Aplicado su análisis a las prácticas educativas significaría concebir éstas como "tecnologías morales". No obstante, cabe cuestionar, la autocontradicción del discurso de Foucault, como ha denunciado Habermas (1989). Con su crítica total a la racionalidad occidental, donde la noción de poder es tan omniabarcante como ambigua, queda autobloqueado para la misma crítica que quiere hacer. Si el individuo es un nudo en la red del poder, no cabe dialéctica posible, que entienda la socialización como algo más que dominio, como intersubjetividad comunicativa o solidaria.

Entre los curricularistas que están empleando con mayor profusión los dispositivos foucaultianos quizás sea Thomas S. Popkewitz el más destacado. Desde su enfoque, los currículos se han configurado históricamente dentro de modos de ver el mundo, que modelan y configuran a los individuos. En este sentido, el currículum es una práctica de gobierno y un efecto del poder. Se pretende desvelar, entonces, cómo se han "fabricado" socialmente a lo largo del tiempo las maneras que tenemos de razonar sobre el currículum, por qué consideramos los problemas que le atañen del modo en que lo hacemos, por qué planteamos las cuestiones que planteamos sobre las disciplinas escolares, los niños, la enseñanza, la evaluación, las reformas o la preparación docente. En definitiva, *cómo las reglas de clasificación y organización insertadas en la actividad científica y en el lenguaje cotidiano participan en la producción de los mismos "objetos" que examinan o designan.*

6. El discurso postmodernista, con excepciones, *políticamente es minimalista o tiene implicaciones conservadoras*. Las excepciones vendrían por aquellos análisis que toman como base de su pensamiento a *Foucault*, cuya empresa guarda importantes afinidades, aunque también significativas diferencias, con la teoría crítica. Considerar que los análisis postmodernos pueden tener consecuencias políticas radicales, que la propia operación discursiva contra los discursos hegemónicos pueda por eso mismo transformar la realidad, no es defendible. Como comenta, desde Habermas, McCarthy (1992: 119): *"cuanto más ha insistido Derrida en la importancia política de la deconstrucción, tanto más se ha enfrentado a la objeción de que tenía poco que ofrecer como propuestas ético-políticas positivas"*. Si la racionalidad ilustrada es una condición necesaria para la democracia política, no se trata de deconstruirla, dirá Habermas, sino de denunciar aquellos

desarrollos no emancipadores, como la creciente colonización del mundo de la vida por los valores del sistema, así como promover su efectiva realización cotidiana de las promesas emancipadoras de la modernidad.

La increencia en los mensajes mesiánicos de las políticas redentoras (cuya máxima expresión fue el marxismo) ha llevado a tomar el día a día como la única eternidad y la caída de las grandes narrativas ha conducido a los discursos cotidianos y biográficos. Si la teoría no puede cambiar el mundo, dicen filósofos postmodernistas como Rorty (1991), ni es posible ya adoptar la postura de intelectuales universalistas comprometidos con cambiar el mundo, porque estos intentos están condenados al fracaso; la filosofía, como forma de escritura que es, no puede pretender más de lo que hace la literatura: el placer y la edificación privada. Un irónico liberal (propuesta de Rorty) se distancia de todo compromiso social. Como comenta Thomas McCarthy (1992: 35), *"El pensamiento crítico es estetizado y privatizado, desnudado de toda implicación sociopolítica. No puede haber teoría crítica relevante y, por tanto, tampoco una práctica crítica teóricamente informada. No deja sitio para los relatos teóricos a gran escala del cambio socioestructural que son básicos para cualquier política encaminada a la reestructuración de las instituciones sociales"*.

No obstante, cabe distinguir, como ha hecho McLaren (1993) entre un "postmodernismo *lúdico*" y un "postmodernismo *crítico*". El primero (Lyotard o Derrida, serían mentores filosóficos) está interesado en una deconstrucción literaria o textual de las grandes metanarrativas occidentales, abandonando cualquier propuesta de transformación social y practicando un cierto relativismo epistemológico. Un "postmodernismo *crítico*" o de resistencia, por el contrario, no abandona la crítica transformadora de la cultural, inscribiendo la crítica textual en prácticas sociales. En lugar de deconstruir las metanarraciones modernas, se intentaría tratar las formas de relaciones sociales conflictivas como textos materiales, que también es preciso deconstruir. McLaren y Hammer (1989, 55) ven el lugar actual de la teoría crítica en un análisis microsocial de las realidades sociales: *"La tarea del educador crítico en la era postmoderna, tal como lo vemos, está en construir un currículum emancipador que legitime la postmoderna condición de la cultura de masas para ayudar a los alumnos a criticar y transcender las condiciones actuales"*.

7. Unido al paraguas postmodernista, el surgimiento de un pensamiento feminista en la *teoría curricular* (Gilligan, 1985; Noddings, 1992) está aportando formas nuevas de comprender el currículum y la educación, una voz propia y un *modo específico de ver la educación*, y reivindicando una epistemología específica. En oposición a la teoría tradicional del conocimiento (cartesiano-kantiana), la *epistemología feminista* formula la defensa de una metodología distintiva, siendo el modo de pensar narrativo una de sus bases. El rechazo de las relaciones jerárquicas en la investigación y la experiencia personal frente al método científico, conduce a reivindicar la experiencia personal directa, modo intuitivo de conocer, cua-

lidades frente a cantidad, etc.; que motivan un modo propio de expresión y pensamiento, como la narratividad y la biografía.

Algunas autoras (Ellsworth, 1989; Gore, 1996) mantienen que la pedagogía crítica no debe ser confundida con la *pedagogía feminista*, que constituye un cuerpo propio con sus propias metas y supuestos. En la medida en que se cuestiona el pensamiento de la modernidad, dominado por un patriarcalismo, el feminismo forma parte del paraguas postmodernista; pero dado que en la modernidad el pensamiento emancipatorio mantiene una "política de la igualdad", el feminismo conecta –sin embargo– en los nuevos movimientos sociales, con una "política de la diferencia".

El enfoque feminista ve el género como un principio organizador básico que condiciona la vida y la educación, distribuidor de poder y conocimientos, que cuestiona los modos heredados de hacer e investigar en educación. Los estudios feministas (Gilligan, Noddings) han creado un corpus teórico de lo que significa ser mujer en educación, más allá de las imágenes tradicionales, al tiempo que se reivindica una reconstrucción feminista del mundo. Como señalaba Noddings (1992: XIV) en el prólogo de su conocido libro:

> *"Aún mucha gente del mundo de la educación y la administración insiste en que la finalidad de la escuela es incrementar el rigor académico. En oposición directa, argumentaré que la primera ocupación de las escuelas es cuidar de nuestros niños. Debemos educar a todos nuestros niños no sólo para la competencia sino también para el cuidado/solicitud por los otros. Nuestras propósitos deben ser incrementar el desarrollo de gente capaz de preocuparse por otros, de amar y ser amable".*

Desde la perspectiva del desarrollo moral (Gilligan, 1985), han surgido propuestas que reivindican una *ética del cuidado o solicitud por el otro*, como sensibilidad más propia de las mujeres, que viene a corregir el formalismo (universalidad y obligatoriedad de las normas) de los varones, dominante en la teoría ética desde Kant. Esta ética del cuidado, unida a la preferencia por las relaciones con los otros, se reclama como punto de vista no sólo específico de la mujer, sino como algo que merece ser propuesto como modelo alternativo. El afecto, simpatía, compasión por el otro –más propios de la identidad femenina– no funcionan como reglas fijas, sino contextualmente determinadas según la situación. Justo como crítica a dichos principios imparciales de justicia, como clave del desarrollo moral, han surgido las propuestas de una ética del cuidado o solicitud por el otro. De este modo, frente a lo que podríamos llamar la ética de la imparcialidad, hay *otra voz diferente*: preocupación, solicitud o cuidado por el otro. Una ética feminista aportaría unos valores de un mayor significado moral, reivindicando otra "voz" que las instituciones y prácticas sociales han silenciado.

Esto tiene, a su vez, unas implicaciones para las metas educativas: afecto, simpatía, preocupación por los otros, sentido comunitario, etc. Entender la enseñanza como una relación pedagógica implica recuperar la cara humana de la interacción profesor-alumnos, el aspecto informal, personal, frente a dimensiones formalizadas, sistemáticas y planificadas de la enseñanza. Precisamente la narratividad, como expresión de esta relación pedagógica, se opone al razonamiento lógico, la racionalidad técnica y el conocimiento como información.

2. LAS ASPIRACIONES EMANCIPADORAS ANTE EL RETO POSTMODERNO

"Las aspiraciones críticas y emancipatorias de la modernidad no encuentran lugar en los puntos de vista contemporáneos posmodernistas y postestructuralistas de la educación y del currículum" (Kemmis, 1999-2000).

"En la teoría del currículum la teoría poscrítica debe combinarse con la teoría crítica para ayudarnos a comprender los procesos por los cuales, a través de relaciones de poder y control, nos volvemos aquello que somos. Ambas nos enseñaron, de diferentes formas, que el currículum es una cuestión de saber, identidad y poder" (Da Silva, 2001).

El postmodernismo, dice Lather, ha cambiado radicalmente la política de la emancipación. Esto plantea el dilema actual entre la defensa de los ideales emancipadores de la Modernidad, mantenidos por la pedagogía crítica, y el pensamiento post-moderno; lo que afecta a la teoría del currículum. De este modo la polémica entre hermenéutica y crítica de las ideologías de los setenta, se ha desplazado –fines de los ochenta y noventa– a la *querella entre modernidad ilustrada/postmodernidad*. La teoría crítica se ha visto obligada a defender principios fuertes del pensamiento ilustrado frente a las propuestas –más "débiles" del postmodernismo. Mientras tanto, significativos representantes de la pedagogía crítica, seducidos por lo nuevo, pensando que lo crítico es aquello que –siendo novedoso– se enfrenta al orden establecido o heredado, se han pasado al bando postmodernista.

A comienzos de los ochenta, J. Habermas en un célebre ensayo (*La modernidad inconclusa*) se oponía a las tendencias postestructuralistas francesas, calificando de "jóvenes conservadores" a Foucault, Derrida o Bataille. Se iniciaba –de este modo– una polémica entre ilustración y postmodernismo, transferida a la teoría del currículum. Si la racionalidad ilustrada es una condición necesaria para la democracia política, no se trata de deconstruirla, dirá Habermas, sino de denunciar aquellos desarrollos no emancipadores, como la creciente colonización del mundo de la vida por los valores del sistema, así como promover su efectiva realización cotidiana de las promesas emancipadoras de la modernidad.

Las dos tesis manejadas son, pues, si el proyecto inaugurado por la Ilustración está aún "incompleto/inacabado" (postura "reilustrada") o ha tocado fondo/está agotado ("postmodernistas"); si estamos ante una nueva fase de la modernidad ("modernidad tardía", dice Giddens) o ante una ruptura radical con la modernidad. En fin, de si podemos seguir manteniendo unas aspiraciones emancipatorias en la época postmoderna o hemos dejado de creer en las grandes narrativas del progreso y la emancipación, por lo que están definitivamente periclitadas.

En el fondo, el grave problema planteado a la tradición crítica en educación es cómo conjugar en nuestro tiempo ambas tradiciones. Como concluye Da Silva (2001: 141), "el posmodernismo lleva la perspectiva crítica del currículum hasta sus propios límites. La desaloja de su confortable posición de vanguardia y la sitúa en una incómoda actitud defensiva". Y la cuestión que queda es: Si la crítica del fundamentalismo de los proyectos emancipatorios de la modernidad tiene que implicar un abandono de los valores humanos y políticos del proyecto de la ilustración. La salida ya no puede ser, como en su momento defendió Habermas, mantenernos firmes en la defensa de las intenciones de la Ilustración o entregarnos al postmodernismo, dando por perdido el proyecto de la modernidad. Aún cuando consideremos que los ideales modernos no están acabados, sino –más bien– incompletos, algunas críticas postmodernas suponen el reto de reconceptualizar lo que han sido dichos ideales y propuestas, de modo que puedan salvar parte de dichas críticas postmodernas. Como señala lúcidamente Carr (1995: 79), "el cambio del postmodernismo nos obliga a reconceptualizar las relaciones entre educación y democracia en formas que reconozcan –en lugar de repudiar– la crítica postmoderna al pensamiento filosófico ilustrado".

Tres grandes críticas se han dirigido a la filosofía ilustrada de la modernidad:

a) *Tener una* concepción a priori y absoluta de la razón. *En lugar de la universalidad, los postmodernistas contraponen los determinantes locales del pensamiento y la acción, y que lo racional es siempre falible y contingente, relativo al tiempo y espacio;*

b) *La concepción de un* sujeto autónomo y racional. *En lugar de un yo como centro de una esencia de la naturaleza humana que precede a la historia y a las formas particulares de vida, el postmodernismo contrapone la imagen de un 'yo' como descentrado: una configuración mediada y constituida por el discurso en una particular comunidad cultural e histórica.*

c) *Distinción* entre sujeto cognoscente y mundo objetivo *conocido. Pero el sujeto –aducen los postmodernistas– está siempre situado en un marco conceptual y textual, dentro de una tradición determinada. Un sujeto fuera de condicionantes, desinteresado u objetivo, es un mito.*

El reto postmodernista a los ideales ilustrados no significa abandonarlos, sino reformularlos de modo que se adecuen a nuestra realidad social, al tiempo que se reconozcan algunas insuficiencias en su formulación inicial. Formular una respuesta coherente al reto postmodernista, dice Carr (1996), no puede ser continuar defendiendo los objetivos educativos de la Ilustración como si nada hubiera pasado y todo sea cuestión de esperar, ni tampoco entregarse a un pensamiento postmoderno que abandone dichos objetivos y principios racionales. *"El auténtico reto del postmodernismo consiste en que nos obliga a volver a considerar nuestro compromiso con la educación emancipadora, de manera que no desprecien sin más las ideas fundamentales del pensamiento postmodernista"* (Carr, 1996: 161).

Así, es preciso aceptar algunas críticas del postmodernismo a la *defensa fundamentalista de los ideales emancipadores* ilustrados: no hay una concepción universal de la razón, sino una racionalidad contingente a un tiempo y lugar; tampoco es posible seguir creyendo en un sujeto racional autónomo, sino un yo descentrado y mediado por múltiples discursos; ni en un conocimiento desinteresado donde resida la verdad, todo conocimiento está mediado por una tradición y, por tanto, contingente. ¿Cómo podemos, entonces, defender la visión emancipadora en nuestra actual condición postmoderna?

Parece claro, dice Carr, que la defensa de los valores emancipadores no puede hacerse descansar en unos fundamentos epistemológicos, lo que no obsta para seguir defendiendo éticamente la razonabilidad de dichos valores. No son las demandas específicas de los proyectos emancipatorios de la ilustración lo que ha entrado en crisis, es –más bien– que esas demandas formen un todo y que sean realizadas en un acto fundacional por un agente privilegiado del cambio histórico. En segundo lugar, tampoco se pueden defender dichos principios por encima de los discursos y tradiciones previas existentes, que los condicionan. Abandonado, en tercer lugar, el punto de vista objetivo, los valores emancipadores no pueden defenderse como metas de validez universal, sino reinterpretarse y revisarse a la luz de las condiciones culturales que ha puesto de manifiesto la postmodernidad. *Renunciando a cualquier tipo de fundamentación última o ahistórica* de las pretensiones emancipatorias, no por ello habría de dejar de criticar las condiciones en las prácticas y políticas actuales para la realización de unos valores educativos defendibles. En cualquier caso, parece, antiguas certidumbres aparecen definitivamente oscurecidas, no quedando más base que un saber contingente, dependiente de la experiencia. La cuestión, apunta Carr, es no caer –por ello– en una mera legitimación teórica del "status quo", reconstruyendo los valores ilustrados, en lugar de deconstruirlos. Pero los *"teóricos e investigadores de la educación todavía no saben cómo elaborar esa estrategia"* (Carr, 1996, 165).

En el fondo, el grave problema planteado a la tradición crítica en educación, como izquierda intelectual –en parte– desencantada, es buscar *nuevas señas de identidad*. Abocada a renunciar –al menos explícitamente– a las citas de Marx, para acogerse a Freire o, sobre todo, a los análisis y discursos postestructuralistas, la cuestión es cómo conjugar en nuestro tiempo ambas tradiciones. Desde el postmodernismo se parte de la política de la diferencia, mientras que desde la visión de una justicia social y transformación subyacentes en las pedagogías de la liberación el supuesto subyacente es la política de la igualdad. Dentro de estos últimos, Giroux y McLaren claman por infundir los análisis postmodernistas en los ideales de liberación modernistas. Esto sólo puede ser posible combinando, de modo –sin duda– discutible, la desestabilización de los discursos críticos como regímenes de verdad totalizadores, que propugnan las estrategias postestructuralistas, con los ideales modernos de liberación y justicia, oponiéndose por ello ("postmodernismo de resistencia", dicen McLaren y Giroux) a una concepción meramente lingüística o lúdica del postmodernismo.

La tesis defendida por Giroux (1992) de que se puedan mezclar conjuntamente los supuestos modernistas y postmodernistas (*"dos discursos internamente contradictorios, ideológicamente distintos y teóricamente inadecuados"*, reconoce Giroux) para exponer una teoría radical de la educación, no deja de ser –en principio– al menos discutible. En sus palabras:

> *"El postmodernismo desconfía en exceso del concepto modernista de la vida pública y de la lucha por la igualdad y la libertad, que ha constituido un aspecto esencial del discurso democrático liberal. Si el objetivo es que el postmodernismo ofrezca una valiosa contribución al concepto de educación como una forma de política cultural, entonces los educadores deberán combinar sus proposiciones teóricas más significativas con aquellos elementos modernistas estratégicos que contribuyan a una política de democracia radical. (...) Lo que se pretende es sostener que el postmodernismo debe extender y ampliar las reivindicaciones más democráticas del modernismo"* (pág. 136).

Esta posición de establecer una relación dialéctica entre modernidad y postmodernidad no deja de presentar problemas, a riesgo de que el coctel final (donde se mezcla a Nietzsche o Foucault con Marx) sea tan explosivo que resbale la realidad. Intentar conjugar –entonces– el discurso ilustrado de la emancipación con el discurso postmodernista de crítica de la modernidad, para generar –como pretende Giroux y McLaren, entre otros– un *postmodernismo de resistencia o "pedagogía de los límites"*, puede ser una mezcla demasiado "explosiva" o tan confusa, en que todas las identidades se borran. Más coherentemente cabe reconocer, con Lather (1992: 13) que *"las teorías posmodernas del lenguaje, de la subjetividad y del poder han atacado en varios frentes el discurso de la emancipación"*, y sin creer que sea positivo hacer "síntesis espúreas" entre el discurso modernista y herencia ilustrada, estima que el postmodernismo puede contribuir a una *"radical desestabilización, de modo que tenga profundas repercusiones en la pedagogía y en el currículum".*

Desde la perspectiva post-moderna se subraya que la teoría crítica, con su énfasis en la racionalidad de las prácticas sociales y la autonomía del sujeto, es un típico producto del pensamiento moderno. Más específicamente se subraya la necesidad de revisión para recoger aspectos, como la identidad personal, que han sido desdeñados. Algunas críticas postmodernas suponen el reto de reconceptualizar lo que han sido los ideales y propuestas ilustradas, de modo que –sin renunciar a ellas– puedan salvar parte de dichas críticas. De modo parecido piensa hoy Kemmis (1999-2000), pues nuestra condición postmoderna obliga a *"una sustancial revaluación crítica no sólo de las formas de pensamiento y categorías teóricas convencionalmente empleadas en ciencias sociales, sino también de las empleadas para comprender la educación".*

3. RECOMPOSICIÓN DE LA TEORÍA CURRICULAR

"El pensamiento curricular ha evolucionado de un foco en el currículum como un fenómeno de la escolarización al currículum como un fenómeno social y cultural más penetrante. Como resultado, una gran parte del campo curricular ha renunciado a su relación técnica con la escolarización, para extenderse de modo más específico al núcleo de todas las formas culturales que educan. En muchas instituciones, los curricularistas enseñan cursos que tienen poco que ver, explícitamente, con el desarrollo o elaboración de currículos escolares. Este "nuevo" campo del currículum despliega los estudios del currículum a explorar problemas como cultura, poder e identidad, y el desarrollo curricular se centra ahora en problemas de mayor calado. Las prácticas curriculares de nuevo campo han comenzado a reflejar las múltiples formas de teoría, al igual que como teoría del currículum ha comenzado a hacerse eco de esta importante complejidad, en lugar de estar centrado en el trabajo de práctica en el aula" (Sears y Marshall, 2000: 211).

La cita anterior viene a reflejar parte del giro teoricista que, a partir del movimiento de reconceptualización curricular, la crisis de la teoría crítica y la diáspora postmodernista, ha tenido lugar en el ámbito del currículum. No obstante, también es preciso tener en cuenta que proviene de dos historiadores del ámbito de reconceptualización curricular, por lo que tratan de reafirmar sus posiciones, aun cuando hayan acabado de escribir una relevante obra (Marshall, Schubert y Sears, 2000) sobre la historia del currículum.

Por su parte, en la Reunión de la AERA de 1999, el gran historiador del currículum, Barry Franklin (1999), presentó un informe sobre el estado del currículum en los noventa. El informe se basaba en visitas y entrevistas a profesores de currículum de cinco universidades norteamericanas. Vistos los intereses que les preocupaban, así como el abandono de la formación del profesorado o del diseño y desarrollo del currículum, un tanto descorazonadamente, Franklin viene a concluir que el asunto hoy no es que esté moribundo, como dijera Schwab en 1969, es que haya dejado de existir como tal. Para Franklin, los teóricos del currículum se han vuelto a teorías abstractas, en lugar de pretender entender la realidad de la escuela y de las aulas. La vieja cuestión de qué conocimiento debe ser enseñado en las escuela y de qué modo llevarlo a cabo tiende a ser obviada.

Elaborar una teoría del currículum es *fundamentar la práctica curricular en un cuerpo coherente y sistemático de ideas*, que contribuyan tanto a explicar los dimensiones sustantivas como los procesos, así como ofrecer guías para el trabajo de los profesores y otros actores educativos. Kliebard (1989) asignaba a la teoría del currículum la tarea de describir y explicar lo que se enseña, a qué personas, bajo qué reglas de enseñanza y cómo están interrelacionados. El propósito fundamental de la teoría del currículum, como toda teoría, dice Walker (1990: 13), es fundamentar la práctica, conceptualizarla y darle significado, comprenderla por medio de un cuerpo de ideas. En este sentido, la teoría *guía (o informa) la práctica*, en cuanto analiza las causas de los problemas y sugiere posibles cursos de acción a tomar. Al tiempo, una teoría del currículum contribuye a *justificar* las decisiones y acciones que se tomen: ¿por qué es mejor el currículum A que el B?, ¿por qué se deben adoptar tales o cuales acciones? Por eso, toda teoría del currículum propone y señala qué tipo de práctica es más o menos congruente con la teoría. Es verdad que, en numerosas ocasiones, la práctica pretende justificarse en ausencia de una teoría (costumbre, tradición, modos asentados de hacer, sentido común, etc.); pero ésta adquiere un carácter sistemático y congruente con la comprensión contemporánea de los problemas, cuando se apoya en una teoría.

En línea con lo anterior, un libro como el de Landon Beyer y Daniel Liston (2001), entendiendo que las cuestiones que definen los estudios curriculares ponen de relieve aspectos específicos, dependientes del contexto, temas más globales; estiman que las cuestiones centrales serían: ¿Qué conocimientos y formas de experiencia son más valiosos? ¿Qué relación existe entre los conocimientos encarnados en los currículos formales y los encargados de ponerlos en la práctica? ¿Qué tipos de relaciones educativas y sociales son necesarias o deseables para facilitar la experiencia curricular? ¿En qué modo los contextos más amplios institucionales, políticos y sociales afectan a las experiencias que los estudiantes tienen del currículo? ¿Cuáles son las nociones implícitas (y explícitas) de democracia en el currículo? ¿Cuál es la imagen implícita (y explícita) del futuro económico, político y social de los estudiantes y cómo afecta el currículo en la preparación de los estudiantes para este futuro?

Es verdad que, tras lo que ha "llovido" en teoría del currículum en las últimas décadas, no podemos añorar vanamente una sola comunidad discursiva o una perspectiva unificada. De forma paralela a la teoría de la ciencia en que, tras la crisis del neopositivismo, no hay –por ello mismo– un paradigma hegemónico, la teoría curricular se nos presenta con *múltiples perspectivas*. Es ineludible, entonces, una pluralidad de enfoques para captar las múltiples dimensiones que conforman la realidad curricular. Actualmente –como ya se ha destacado– somos conscientes del *carácter multiparadigmático de la teoría curricular*, con diferentes plataformas y tradiciones conceptuales y metodológicas, por lo que entender el currículum –como afirma Kemmis (1988)– implica hacer referencia a una *metateoría*, y situarse en un determinado enfoque epistemológico.

Pasada ya la etapa de confrontación y oposición maniquea, que a la larga ha servido para reformular cada perspectiva al asumir parte de las críticas, estamos en un momento de *articulación de perspectivas*; considerando que, como realidad compleja y plural que es la educación y el cambio educativo, cada una ha hecho aportaciones valiosas y posee su propia legitimidad. Lo que no supone tampoco un vacío eclecticismo, suprimiendo diferencias irreconciliables o pensando coger "lo bueno" de cada una. El debate teórico ha servido para redefinir los problemas curriculares y el cambio educativo, orientándonos actualmente a unos planteamientos más holísticos y totalizadores. Como decía Carr (1985: 129), *"por esta razón la eliminación de la diversidad metodológica y la emergencia de un solo método de investigación educativa no sería indicativo de una similaridad con las ciencias naturales, sino de una comunidad investigadora en que han desaparecido o han sido suprimidas las disputas metodológicas"*.

4. EL CURRÍCULUM COMO CURSO DE LA VIDA Y LAS IDENTIDADES DEL PROFESORADO

En las últimas décadas, dentro del contexto postmodernista, han emergido perspectivas que vinculan el currículum, como curso de la vida, con las identidades del profesorado. Se establece un cruce fecundo entre currículum (trayectoria, camino recorrido, biografía, identidad) que ya es –como bien ha visto Tadeu da Silva (2001)– un espacio de identidad, con las identidades de los profesores, producto de la formación inicial y permanente. Ya hace años, Pierre Dominicé (1990) escribió un bello libro sobre *la historia de vida como un proceso de formación*. Se trata de ver la formación del profesorado como un proceso de desarrollo personal, a la par que profesional, cuya trayectoria y recorrido ha dado lugar a una determinada identidad profesional. Los profesores imparten un currículum, pero ellos mismos son fruto del currículum de *vitae cursu*. De este modo, como dice Dominicé, "el proceso de formación se asimila a la dinámica constructiva de la identidad del adulto" (pág. 110).

Frente a la impersonalidad del oficio docente, una perspectiva biográfica e identitaria se quiere inscribir en un nuevo profesionalismo, donde se recupera la "autor-idad" sobre su propia práctica, y el sujeto se expresa como "autor" de los relatos de prácticas. Las historias de vida, al igual que el currículum como curso de experiencias vividas, expresan la identidad personal y profesional. Como ha escrito Paul Ricoeur (1996),

> *"Responder a la pregunta '¿quien?', como había dicho con toda energía Hannad Arendt, es contar la historia de una vida. La historia narrada dice el quién de la acción. Por tanto, la propia identidad del quien no es más que una identidad narrativa"* (p. 997).

Cada docente tiene una historia de vida y trayectoria profesional *singular*, condicionada por factores contextuales, que se cruzan en las vidas personales. Como muestran las entrevistas biográficas e historias de vida, cada sujeto ha hecho su propia construcción activa e interactiva en función de una trayectoria subjetiva específica: historia singular como llegó a ser profesor o profesora, socialización singular, una vida personal y familiar particular. La individualidad docente, que no hay que confundir con el individualismo, es un factor crítico de lo que cada profesor y profesora es y, de hecho, así es reconocido por los demás. El desarrollo profesional no es independiente del personal, inscritos ambos en una trayectoria determinada. El *vitae cursu*, en su decurso, jugando con los términos originariamente utilizados por Calvino, ha dado lugar a un *curriculum vitae* que estará presente, sobredeterminando, el curriculum que imparta en el aula.

De este modo, el incremento y popularidad alcanzado por las narrativas sobre las historias de vida y biografías de los profesores puede responder, como apuntó lúcidamente Hargreaves (1996), a nuestra actual coyuntura postmoderna: en un mundo que ha llegado a ser caótico y desordenado, sólo queda el refugio en el propio yo. De modo paralelo al *fin de siècle* anterior, la pérdida de fe en el racionalismo ilustrado y en las explicaciones totales del mundo (*"l'incrédulité à l'égard des métarécits"*, de que hablaba Lyotard), han abocado a refugiarse en las pequeñas, pero auténticas, narrativas personales. En este propósito, los nuevos géneros biográficos y narrativos tienen un potencial para representar la experiencia vivida en la escolarización. Según el *dictum* feminista "lo personal es político", por lo que reivindicar la dimensión personal del oficio de enseñar, lejos de un posible neorromanticismo o una "política expresivista", puede ser uno de los posibles modos de incidir políticamente. Un cierto desengaño ante las explicaciones de la subjetividad por referentes extraterritoriales –por emplear los términos de Julia Kristeva– ya fueran sociológicos o históricos, ha hecho emerger con fuerza la materialidad dinámica de la palabra del sujeto como constituyente de su conocimiento práctico personal, de sus ciclos de vida o identidad profesional.

La identidad profesional –como hemos estudiado en otro lugar (Bolívar, 2006)– es resultado de un proceso dinámico, que integra diferentes experiencias del individuo a lo largo de su vida, marcado por rupturas, inacabado y siempre retomado a partir de los remanentes que permanecen. Se construye por medio de un conjunto de dinámicas y estrategias identitarias que, para sí o para otros, se van constituyendo en torno al ejercicio de la profesión. La experiencia escolar y el posible atractivo de la docencia en un primer estrato, la formación inicial en la Facultad después, los inicios del ejercicio profesional, desempeñan hitos en ese proceso. Particularmente relevante, tras la primera configuración en la formación inicial, es el momento de inserción o inducción profesional. Los años de ejercicio profesional posteriores contribuyen a asentar y/o reformular dicha identidad dentro del grupo social de pertenencia, con la asimilación de los saberes que fundamentan la práctica profesional y con el sentimiento de verse reconocido como tal por los otros (colegas, alumnos y familias).

La identidad profesional es el resultado de un proceso biográfico y social, dependiente de una socialización profesional en las condiciones de ejercicio de la práctica profesional, ligado a la pertenencia a un grupo profesional y a la adquisición de normas, reglas y valores profesionales (Lopes, 2007). Este proceso de llegar a una definición de sí en tanto que docente conlleva determinadas dinámicas biográficas, contextuales y relacionales. Articula lo individual y lo estructural, a través de un doble proceso: un proceso de "atribución" de la identidad docente por las instituciones e individuos que están en interacción con el profesor o profesora concernidos; y –en segundo lugar– por un proceso de "incorporación" o interiorización activa de la identidad por el docente mismo, que no puede analizarse al margen de las trayectorias sociales. Como señalaba Nias (1996):

> *"Ninguna cognición ni sentimiento puede separarse de las fuerzas sociales y culturales que ayudan a configurarlas y que a la vez son conformadas por ella. Las reacciones emocionales de los profesores individuales hacia su trabajo están íntimamente con el punto de vista que tienen sobre sí mismos y sobre los otros. [...] Así, el sentido singular que cada profesor tiene de sí mismo está basado socialmente"* (p. 294).

Un enfoque biográfico ha puesto de manifiesto que la formación de la identidad se asienta, en primer lugar, en las experiencias, saberes y representaciones de la biografía individual. Por eso, los procesos formativos deben articularse con la propia *trayectoria biográfica*, entendidos como procesos de desarrollo individual, de construcción de la persona del profesor, como reapropiación crítica de las experiencias vividas. Al respecto, las historias de vida permiten partir del amplio *cor-*

pus de conocimiento y experiencias, que han configurado la propia identidad personal, como base para insertar biográficamente la formación y asentar la identidad profesional en la personal (Goodson, 2004; Bolívar, 2006). La formación se entiende, así, como un proceso de apropiación personal y reflexiva, de integración de la experiencia de vida y la profesional, en función de las cuales una acción educativa adquiere significado ("formarse", en lugar de formar a los profesores).

La identidad profesional del futuro profesor se modela en la formación inicial, en función de los modelos ideales con que se le presenta la tarea docente. Luego, cuando se enfrenta a la realidad práctica de su ejercicio, la representación idealizada –con unos marcos normativos, medios y alumnado– suele impedir realizar dicho ideal. Comienza, entonces, una reconfiguración de su identidad. En su "choque" con la realidad práctica, en muchos casos, tiene que reformularse como una "segunda identidad". El proceso de socialización profesional es –a la vez– una integración en la cultura profesional y una conversión identitaria, de acoplamiento entre la elección de lo que quería ser y lo que efectivamente el oficio da de sí. Finalmente, ésta es un proceso continuo, inscrito en la historia de vida, que puede comportar rupturas y continuidades a lo largo de la carrera, como aparece en las biografías de los sujetos.

Las formas, en exceso racionales, en la implantación de los cambios han afectado de modo negativo a las condiciones personales de trabajo y vivencia de la profesión (imagen social deteriorada, pérdida de autoestima profesional), sentida como un proceso de "reconversión". En este contexto, donde los cambios promovidos externamente pueden quedar más en simbólicos que en sustantivos, se requieren nuevos modelos de cambio educativo que partan de la personalidad y vida de los agentes para comprometerlos, colaborativamente, con la renovación de sus contextos de trabajo. Dado, pues, que el trabajo y profesionalidad de los profesores junto a sus preocupaciones personales están en el corazón de la educación, cambiar la educación es cambiar las condiciones de trabajo del profesorado.

Los cambios deseables deberán ser renegociados con las fuerzas internas a nivel micropolítico de cada escuela para, posteriormente, por redes o coaliciones, buscar su generalización. Las historias sociales del cambio fuerzan a no pensarlo al margen de las vidas profesionales del profesorado. El profesor adulto no es un objeto a transformar, por lo que deba ser sometido a un proceso formativo en los "nuevos" saberes, con la percepción desprofesionalizadora y alienante consecuente. Operando de este modo, se desdeña el amplio *corpus* de conocimiento y experiencias, adquiridas en el ejercicio de una vida profesional, que ha configurado su propia identidad personal, con los prejuicios y creencias implícitas propias de una cultura profesional heredada, pero que son la base fundamental para reconstruir la práctica en función de una mejora. Se reclaman, pues, unos procesos formativos internamente generados, atentos a las situaciones y pertinentes a los contextos de trabajo, en los que los espacios y tiempos de formación –por una parte– y los espacios y tiempos de acción –por otra– no estén formalmente separados, si se apuesta por una autonomía creciente de los centros educativos.

Los análisis biográficos, de carrera e identidad profesional o ciclos de vida han puesto de manifiesto que no es posible disociar el desarrollo profesional y personal, por lo que es preciso articular los procesos formativos desde el punto de vista del que se forma, insertos en su trayectoria personal y profesional, de modo que pueda darse una implicación de las personas en el proceso formativo, en lugar de estar preconfeccionada de antemano desde la óptica de los agentes o instituciones externas de formación. El proceso formativo adquiere así los contornos de un proceso de desarrollo personal, de construcción de la persona del profesor, como reapropiación crítica –no de ruptura– de sus experiencias anteriores y modos de hacer, según criterios de pertinencia con las trayectorias profesionales. Esto no debe impedir lograr su congruencia con los intereses sociales y políticos más generales que, como servicio público, es la educación.

En este nuevo milenio, el *factor personal* ("la personalidad del cambio", como lo ha llamado Goodson) comienza a ganar fuerza en un mundo donde la "política de la vida personal", en expresión de Giddens o Beck, está siendo cada vez más relevante. A su vez, no tener en cuenta dicha dimensión personal puede explicar el fracaso de las iniciativas de reforma. En efecto, las formas, en exceso racionales, en la implantación de los cambios así como de la prescripción de estándares, han afectado de modo negativo a las condiciones personales de trabajo y vivencia de la profesión (imagen social deteriorada, pérdida de autoestima profesional), sentida como un proceso de "reconversión". Cambios al margen de los sentimientos, inquietudes e identidades del profesorado, en la modernidad tardía, están condenados al fracaso.

5. DILEMAS DE NUESTRO PRESENTE ACERCA DE QUÉ CURRÍCULUM ESCOLAR Y CÓMO ORGANIZARLO

En uno de sus ensayos sobre "la complejidad de los objetivos educativos", Bruner (1997) describe cómo nuestro tiempo está atrapado de contradicciones, que resultan ser antinomias, aportando una buena base para la reflexión, en la medida en que se pueden convertir en "lecciones para los tiempos cambiantes que se avecinan". Es más, los dos términos opuestos de las grandes verdades pueden ambos ser verdaderos. En esta línea, voy a señalar algunos de los dilemas de nuestro presente acerca de cómo organizar el currículum escolar. En efecto, creo que nos encontramos en una situación en que algunos de los fundamentos modernos que legitimaban las opciones curriculares de la escolaridad se han escindido, cuando no fragmentado. Por eso, en este final de la modernidad, se ha producido una *redefinición* de los discursos de la modernidad, que provoca un cambio de rumbo de las funciones del currículum escolar. Por una parte, afloran nuevos discursos

(Hargreaves, 1996), por otra, mayormente, son redefinidos los viejos lemas por medio de nuevas producciones discursivas.

Por lo demás, estamos viviendo, de un modo imperceptible (puesto que las prácticas continúan reproduciéndose, pero las ideas socaban radicalmente lo que ha sido la escuela en la modernidad), una reestructuración o "reconversión" del sistema escolar. La extensión del *ethos* de la empresa privada a los servicios públicos (el llamado *"new public management"*), junto a una grave crisis del ideal republicano de escuela, están mudando lo que era el objetivo de la escuela pública: un modo de socialización común, integrador de la ciudadanía. Acabamos el siglo XX un tanto desengañados de las grandes metanarrativas que daban identidad al proyecto educativo de la modernidad, o al menos con un debilitamiento de las bases ideológicas que lo sustentaban; pero lo peor es que en el XXI tampoco contamos con grandes alternativas de lo que deba ser en el futuro, si no es –por lo pronto– la necesidad de oponerse a los renovados discursos de la calidad, procedentes de la ofensiva neoliberal, que substraen la educación de la esfera pública moderna para situarlo como un bien de consumo privado.

Así, ante las insatisfacciones en este final de la modernidad, cabe mirar hacia atrás agarrándose a lo que en otro tiempo funcionaba y que hoy se cuestiona (saber disciplinar por asignaturas, evaluación selectiva, diferenciación curricular), añorando una época anterior, en lugar de una transformación de los contenidos y contextos en el sentido innovador deseado. Redefiniciones estratégicas de vuelta al refugio en el saber académico de cada una de las disciplinas, como modo de reafirmar la profesionalidad cuestionada por parte del profesorado, o el mantenimiento de la propia situación, son defensivas y, por tanto, inservibles para el futuro.

Cualquier nostalgia del pasado, si no tienen una función movilizadora del presente como base para reinventar la escuela que necesitamos; normalmente suele tener unos efectos perversos para la mejora de la educación. Como es propio de ideologías conservadoras, mirar atrás para huir del descontento presente suele implicar una estrategia retrógrada. Las acciones deben dirigirse a ir rediseñando el currículum escolar y los contextos de trabajo para posibilitar el modelo de ciudadano por el que sería deseable apostar.

Sin contar con vías expeditas que puedan conducir a la mejora escolar que, tras el cuestionamiento postmoderno de las certezas asentadas, continúa siendo una práctica incierta, hemos aprendido –no obstante– algunas lecciones sobre los procesos que pudieran conducir a lo que pretendemos. Creo que uno de los asuntos principales, ante la crisis de la transmisión cultural en la escuela, es cómo *resignificar socialmente los saberes escolares*, una vez que sufrimos una crisis del formato disciplinar como organización del contenido y tiempo escolar.

Este dilema se ha planteado de modo cíclico, especialmente en momentos de reformas educativas, en variadas formas: el currículum escolar con una orientación instrumental (por ejemplo, preparar para una inserción laboral) *versus* el currículum como desarrollo personal (una formación cultural crítica) o con una función expresiva; en otra formulación, como qué se debe dejar fuera de la escuela y qué debe introducirse dentro para que los chicos vean un sentido al saber escolar. Es el viejo tema de qué cultura debe configurar la experiencia escolar. Lo que sucede es que esta cuestión se sitúa hoy de modo nuevo ante la necesidad de que el currículum escolar conjugue la orientación instrumental, de preparación en contenidos académicos para etapas posteriores, con la formación profesional y laboral, y –por otro– acoja dimensiones propiamente educativas, ante los "déficits de socialización" de la ciudadanía.

Así, por un lado, nuevas condiciones más flexibles (postfordistas) del trabajo están llevando a las políticas educativas a reenfocar el currículum escolar a las nuevas necesidades de producción y preparación de la fuerza de trabajo. De ahí, por ejemplo, el pretendido nuevo auge a una orientación "vocacionalista" del currículum escolar y el referido antes discurso de las competencias. Por otra, se demanda crecientemente priorizar la función de socialización en lugar de la tradicional labor instructiva. Esta cuestión se alía con toda la reivindicación de la formación de la ciudadanía. Los crecientes déficits de participación en los procesos democráticos y desafecto en los asuntos públicos, junto al bajo capital social por un lado; y, por otro, la creciente multiculturalidad y diversidad, convierten en un objetivo de primer orden *educar para el ejercicio activo de la ciudadanía*. De ahí la necesidad de reenfocar el currículum para capacitar a los jóvenes para el ejercicio informado, activo y responsable de la ciudadanía, a ejercer en los distintos ámbitos y dimensiones de la vida (política, social, cultural, ecológica y económica), constituyéndose en una de las agendas de las reformas educativas de la Unión Europea.

A este respecto, la historia del currículum, o del progresivo nacimiento y diferenciación de las disciplinas escolares, ha documentado suficientemente a qué responde el formato moderno de los contenidos educativos (Goodson, 1995). También desde el movimiento de Escuela Nueva, con sucesivas olas renovadoras posteriores, se ha ido poniendo de manifiesto la pérdida de significación social de la enseñanza escolar, al tiempo que su normalización escolarizada los aleja de las fuentes vivas de producción de conocimientos. Esto obliga a buscar cómo "resignificar socialmente a la escuela", como dice Cullen (1997).

Este problema nos lleva a la cuestión epistemológica, didáctica y política de en función de qué parámetros seleccionar y organizar la cultura escolar. Conjugar la lógica disciplinar de las áreas/materias con aquellas dimensiones sociales actuales, culturalmente relevantes, ante las que la escuela no debiera inhibirse, no deja de ser conflictivo, como cotidianamente vive el profesorado. Si aún no es posible romper del todo con la lógica disciplinar heredada de la modernidad, resulta ineludible también partir de qué dimensiones de la experiencia humana son relevantes para la educación actual de la ciudadanía. El diseño del currículum adquiere toda su gravedad cuando se divisa si, en lugar de partir de las áreas curriculares heredadas, habría que dar la vuelta: qué pueden aportar cada una de las áreas de conocimiento a aquellos problemas que –previamente– hemos determinado como relevantes en la formación de la ciudadanía. La imposible resolución de estas cuestiones a nivel de diseño del currículum oficial hace que se transfieran –en función de una autonomía– a los propios centros y profesorado.

La cuestión curricular clave es: ¿en qué medida la educación puede contribuir a preparar a las nuevas generaciones para vivir en la nueva centuria? Ante la crisis de la trasmisión cultura de la escuela, nos encontramos con la necesidad de *releer la cultura académica*, de modo que –superando la compartimentación actual, heredera de las divisiones disciplinares de la modernidad– permita *entrelazarla* y organizarla para dar a los jóvenes una cultura que les posibilite tanto una compresión interrelacionada de los hechos presentes y futuros como saber qué hacer para actuar de modo ético. Estamos, pues, ante una *reformulación de los contenidos de escolarización*, y –con ello– del papel de la escuela y de su profesorado, que no sabemos –socialmente– cómo afrontar.

5.1. Un currículum para formar ciudadanos

Educar para el ejercicio pleno de la ciudadanía, desde una opción comprometida y crítica, debe posibilitar la *profundización social de la democracia*, capacitando a los ciudadanos con las habilidades y conocimientos necesarios para una participación activa en la arena pública. Una formación para la ciudadanía adquiere –así– su pleno sentido como forma de participación y deliberación en los asuntos comunes de lo público, y se plasma en valores tales como la solidaridad, la cooperación, la justicia, la tolerancia o el desarrollo sostenible; que deben formar parte del currículum escolar. Además, para esta tarea, requiere un proceso de transformación de la escuela, que se concreta en la construcción de un currículum y de unas condiciones organizativas que permitan vivenciar y practicar el aprendizaje de los valores democráticos.

En el espacio público común de la escuela, una ciudadanía "integrada" –según el imaginario de la tradición liberal– corre el grave riesgo de ser homogeneizadora o asimiladora, pero una ciudadanía "diferenciada" según las identidades culturales no nos llevaría lejos, dado que el derecho a la diferencia y el reconocimiento identitario debe seguir siendo reequilibrado con el imperativo de la equidad. Por el contrario, una *concepción republicana de ciudadanía* puede constituir una buena base para conciliar las diversas demandas de visibilidad y reconocimiento, surgidas en la "segunda modernidad", y la educación pública. Las prácticas pedagógicas que se puedan desarrollar y el sentido mismo que se de al currículum del centro educativo son dependientes de las concepciones (subyacentes) que se tengan dentro de estos tres grandes marcos heredados: republicano, liberal y comunitario.

De acuerdo con una teoría republicana de la democracia, reivindicada con fuerza en las últimas décadas (Rubio Carracedo, 2007), no basta contar con estructuras formales democráticas para darle fuerza y sostenibilidad, como se pensó desde el modelo liberal; más prioritariamente, se precisan las virtudes cívicas y participación activa de la ciudadanía. Por eso, asistimos desde los noventa a un creciente interés, tanto desde la teoría ética como desde las políticas educativas, por la Educación para la Ciudadanía, en respuesta a la necesidad de contribuir a formar ciudadanos más competentes cívicamente y comprometidos, mediante la participación, en las responsabilidades colectivas. La nueva agenda social de la Unión Europea para el año 2010 requiere entre sus objetivos estratégicos la participación, cohesión e inclusión social de todos los ciudadanos. Por lo demás, como es conocido, su inserción en el currículum ha recibido un decidido impulso a partir de 1997. De ahí la preocupación creciente por una *educación para el ejercicio activo de la ciudadanía* informada, activa y responsable (Bolívar, 2007).

Introducir la Educación para la Ciudadanía en el currículum conlleva problemas porque, por una parte, es algo más que una asignatura, dado que concierne a todo el centro escolar y, más allá, a la comunidad. Si bien es mejor un tratamiento transversal, también su carácter ubicuo hace que pueda ser elusivo, por lo que – para no acabar dependiendo de la decisión individual de cada profesor– debe formar parte del proyecto de escuela y, en otros casos, reforzada con una materia curricular. Por eso, se tiende a que en los primeros niveles de la escolaridad (infantil y primeros ciclos de enseñanza) tenga un carácter sólo transversal o esté integrada en los contenidos de las áreas, dado que la enseñanza está más globalizada y, posteriormente, se pueda ver apoyada con una materia propia, como reflexión específica. Su situación en el currículum adopta tres modalidades en los países europeos (Eurydice, 2005): como materia específica (en los últimos años de Primaria y Secundaria), distribuida o compartida por todas las áreas (transversalidad), o integrada en los contenidos de las materias del ámbito social y antropológico.

En España, la experiencia de la introducción curricular de la llamada "educación en valores" y los "temas transversales" con motivo del desarrollo de la Ley de Ordenación General del Sistema Educativo (LOGSE, 1990), debe servir para aprender de los problemas que se han presentado y la manera de articular mejor y apoyar su puesta en práctica. El asunto es cómo vertebrar e interrelacionar las distintas dimensiones en iniciativas y acciones integradas, pues la verdadera dificultad está en abordarlos desde un planteamiento global y continuado. Si, por el contrario, se limita a acciones puntuales o separadas, además de perder parte de su potencial educativo, siempre será percibido como una intensificación del trabajo docente. Las distintas dimensiones transversales, aún cuando tengan elementos de incidencia diferenciales, tienen que confluir en un tratamiento educativo integrado, en función de los valores que se han determinado, en el Proyecto de Escuela, como líneas de acción pedagógica común. Considerar aisladamente los contenidos de actitudes de cada disciplina, la trama organizativa de la vida escolar en el centro, y el tratamiento individualizado de cada tema transversal, merma la incidencia educativa.

Los problemas presentados han llevado a establecer una área de Educación para la Ciudadanía que, como afirma el propio preámbulo de la Ley Orgánica de Educación, "no entra en contradicción con la práctica democrática que debe inspirar el conjunto de la vida escolar y que ha de desarrollarse como parte de la educación en valores con carácter transversal a todas las actividades escolares". En efecto, la materia no debe plantearse como un modo alternativo a una formación transversal, sino como su complemento y refuerzo. La tarea de una asignatura es enseñar saberes que permitan conocer y fundamentar, de modo racional y argumentado, las bases de la convivencia democrática, el Estado de derecho, la participación política y los valores asociados. Con todo, al final, en los currículos establecidos en las Comunidades Autónomas (Cataluña, Andalucía, Extremadura), la materia ha quedado fijada en una hora semanal en la Educación Secundaria (más una o dos horas en Ética cívica de 4º de la ESO, con una orientación filosófica), con lo que es poco lo que se puede hacer en el aula, si no se ve apoyado como tarea de todo el centro escolar. Hemos propuesto (Bolívar, 2007), entender que la Educación para la Ciudadanía se juega en la propia manera de trabajar los saberes escolares, en cómo se construyen los conocimientos en clase y, sobre todo, en la propia vida del centro.

La polémica generada en España con motivo del establecimiento de la asignatura, aparte de estar fuera del tiempo y del lugar, sólo comprensible por la pesada herencia de nuestra historia anterior; pone de manifiesto también los límites del Estado liberal para educar la conciencia moral, en una moral pública compartida en una democracia. Más allá de estas tradiciones, desde el republicanismo cívico se defiende la necesidad de un conjunto de normas compartidas que contribuyan a crear ciudadanía. Por otro, desde la herencia liberal, se ha de cultivar la autonomía y el juicio crítico. Esta tensión entre lo común y lo individual delimita las dificultades de establecer una educación cívica en las democracias liberales.

Hemos defendido en otro lugar (Bolívar, 2008) que educar para una ciudadanía activa no se reduce a un conjunto de valores cívicos o éticos; en sentido amplio e inclusivo, comprende toda aquella cultura común (conjunto de saberes y competencias) que posibilitan la integración y participación activa en la vida pública. En unos tiempos que los riesgos de exclusión escolar aumentan, este debiera ser el objetivo primero de la educación pública: asegurar para todos las competencias (de comprensión lectora, matemática, científica o nuevas alfabetizaciones) sin las cuales no serán ciudadanos o ciudadanas de pleno derecho en la vida social o en su integración en el mundo del trabajo. Cabe, entonces, considerar que no se es ciudadano pleno, es decir con una vida digna, si no se posee el capital cultural mínimo y activo competencial necesario para moverse e integrarse en la vida colectiva.

Desde esta perspectiva, formar ciudadanos no puede reducirse a educar para comportarse cívicamente o ejercer la democracia mediante una participación activa en los asuntos públicos ("competencia social y ciudadana"). Al tiempo, o prioritariamente, se ha de posibilitar alcanzar las otras competencias básicas que le permitan participar activamente en el mundo social y laboral. Amartya Sen (1995), desde su *enfoque de capacidades* ("capability approach"), ha defendido que las libertades fundamentales para los individuos no residen tanto en los recursos con que cuenta, sino en las capacidades que tienen para alcanzar sus objetivos. Dicho enfoque sitúa el foco de atención en lo que la gente es capaz de hacer o ser, es decir, en sus capacidades, como dispositivo para conceptualizar y evaluar la desigualdad, pobreza o el bienestar. Estos modos de ser o hacer, que Sen llama "funcionamientos" ("funtionings") forman sus competencias.

El enfoque de *competencias clave o básicas* permite reorientar la enseñanza al desarrollo de habilidades complejas, que posibiliten la adaptación posterior a un entorno variable y a aprender a adquirir nuevos conocimientos. Además de las competencias instrumentales, imprescindibles para la adquirir otros conocimientos, hay un conjunto de competencias necesarias para la vida personal y social. Como hemos señalado en otro lugar (Bolívar y Pereyra, 2006: 30), siendo relevantes e imprescindibles los resultados escolares, el enfoque de competencias básicas aporta una ampliación de la mirada, considerando que, además de los indicadores habituales de niveles de dominio en materias instrumentales del currículum, hay otras competencias necesarias para que el bienestar individual y social.

Desde la perspectiva DeSeCo se entiende por competencia la capacidad para responder con éxito a exigencias complejas en un contexto particular, movilizando conocimientos y aptitudes cognitivas, pero también aptitudes prácticas, así como componentes sociales y comportamentales como actitudes, emociones, valores y motivaciones (Rychen y Salganik, 2006). *La funcionalidad de los aprendizajes* supone tener en cuenta que las competencias son más amplias que la adquisición de conocimientos relacionados con las materias típicamente enseñadas en las escuelas. La enseñanza ha de estar contextualizada, en contextos cercanos a la vida de los alumnos, para que el aprendizaje sea funcional. La funcionalidad se logra cuando éstos ven que el aprendizaje en la escuela encierra una utilidad para ellos, para poder comprender mejor el mundo que les rodea e intervenir en el.

No se debe delegar la tarea sólo en la escuela, al tiempo, hay que incidir en la implicación y responsabilidad de la comunidad, si no se quiere contribuir a incrementar la insatisfacción con la labor educativa, el malestar y la crisis de identidad docente. En último extremo, educar en valores hoy no concierne sólo a los educadores y profesorado, porque el objetivo de una ciudadanía educada es una meta de todos los agentes e instancias sociales. Asumir aisladamente la tarea educativa, ante la falta de vínculos de articulación entre familia, escuela y medios de comunicación, es una fuente de tensiones, malestar docente y nuevos desafíos. Y es que educar en valores debiera significar crear un entorno o ambiente educativo, como acción conjunta compartida. Pues, en el fondo, la educación en valores apunta a un *proyecto social*, una nueva articulación de la escuela y sociedad, como ámbito educativo ampliado, compartido en múltiples espacios, tiempo y agentes socializadores o educativos. Sin una articulación entre escuela y sociedad, aparte de que siempre será insuficiente la acción educativa formal, lo más grave es que pervivirá la contradicción entre educar en valores deseables y educar para los valores vigentes en la vida. No siempre, como viven los alumnos, los valores vividos en la escuela son los adecuados para triunfar en la vida. Por ello es preciso reivindicar la dimensión comunitaria en este tipo de educación, dado que esta tarea no es exclusiva de la escuela y de sus maestros y profesoras.

5.2. El "fin del currículum" bajo la presión por los resultados

En un buen trabajo de reconstrucción histórica de lo que ha sido el currículum en los últimos cincuenta años en USA, Franklin y Johnson (2006) ponen de manifiesto como el debate curricular ha cambiado hasta, prácticamente, desaparecer en nuestros días. Las viejas disputas sobre qué contenidos merecen ser enseñados, si de acuerdo con las disciplinas o para la vida, centrados en el conocimiento o en el alumno, etc., prácticamente han desaparecido del horizonte, constatan. Bajo la presión actual por el rendimiento de cuentas ("accountability"), ahora lo que importa son los estándares y resultados, más que para qué enseñar un determinado contenido a ciertos alumnos, lo que hace que "la selección del conocimiento y la organización del contenido se han vuelto tareas innecesarias" (p. 25). En este sentido, siguiendo una sugerencia de Reid, hablan del *fin del currículum*, que viene a recordar aquel otro diagnóstico formulado por Schwab en 1968 sobre el estado moribundo del currículum. Es decir, las cuestiones clásicas curriculares habrían desaparecido, no –obviamente– las cuestiones prácticas que plantea su desarrollo e implantación.

En efecto, a partir de los ochenta y de modo creciente, la "nueva ortodoxia" del cambio educativo es la evaluación de las escuelas, llegando en determinados casos a una especie de "estado evaluador". El movimiento de reforma *basado en estándares* (*Standards-Based Reform*), dentro de la presión por la mejora, sitúa en primer plano de preocupación el incremento de los niveles de aprendizaje de los alumnos. En Norteamérica lleva ya una década, donde la mayoría de sus Estados están inmersos en una carrera frenética por establecer estándares por niveles y materias, habiendo alcanzado nuevas exigencias con la ley federal *No Child Left Behind Act* ("que ningún niño se quede atrás") para que los Estados midan el "progreso anual adecuado" de los alumnos. La "Nación en riesgo" del 83 (por referirme al famoso informe) ha dado lugar, veinte años después, a una cruzada por los estándares. Si éstos son los que marcan lo que hay que hacer en las escuelas, entonces, efectivamente, las cuestiones curriculares (selección y organización de los contenidos de enseñanza) habrían desaparecido. Son las unidades de estándares, indicadores o competencias las que, en definitiva, diseñan el currículum, sustrayendo su discusión a los agentes locales para implicarlos en su desarrollo.

Si por un lado se extienden las políticas educativas descentralizadoras o que dan mayores márgenes de autonomía, por otro, en paralelo, se recentraliza para lograr una coherencia o articulación de la calidad del sistema, por un *incremento de la evaluación*, en una especie de "estado evaluador", que dijo Neave. Un país central, como el Reino Unido, está ejerciendo de laboratorio para toda Europa, particularmente para España. La evaluación del currículum de los centros, presentada como mecanismo de mejora, no deja de significar un control de los centros (de ahí la medida de "resultados" obtenidos por los alumnos). Si las escuelas tienen un mayor grado de descentralización (control de su personal, presupuestos, etc.), sin embargo, "de forma creciente tienen que impartir un currículum y unas estrategias de aprendizaje que define el gobierno central, y alcanzar los objetivos marcados por el mismo" (Whitty y Power, 2008: 109).

Las políticas educativas occidentales están empleando el rendimiento de cuentas (*accountability*) dentro de una estrategia mercantil, donde se trata de presionar al profesorado para mejorar, cuando no dar criterios a los clientes para elegir centros (otro modo de presión). Los *estándares* definen niveles de consecución, a los que se subordina la enseñanza y el aprendizaje. Junto a algunos Estados de USA, Nueva Zelanda y Australia, Inglaterra ha sido uno de los países que ha instaurado en los últimos años un sistema de "pago por rendimiento", como estrategia de presión para la mejora vinculada al rendimiento obtenido por los alumnos. En este caso, los alumnos han de mostrar un progreso en sus resultados académicos al menos tan buenos como el que hace la media nacional, de acuerdo con los estándares fijados. Desde el curso 2000-2001 se ha instaurado en todos los centros un sistema anual del ciclo de planificación, seguimiento y actuación del profesor. El sistema ("performance management"), además del carácter sumativo de la evaluación con consecuencias económicas, quiere tener una función formativa, orientando al profesorado a las correspondientes actividades de desarrollo profesional para la mejora en los próximos años.

Hay –no obstante– razonables dudas de si la evaluación externa de las escuelas y de la labor docente del profesorado por los resultados (evaluación como producto) pueda comportar un proceso de mejora interna. Si, paralelamente, no hay procesos de apoyo y capacitación para los que lo precisen, es dudoso que la evaluación del currículum, por sí misma, pueda provocar acciones que mejoren los aprendizajes de los alumnos. Por lo demás, una política evaluadora de "palos y zanahorias", como dice Darling-Hammond (2001), lleva poco lejos. En cualquier caso, distrae a los estudiantes del mejor aprendizaje y a los profesores de la mejor enseñanza, para concentrar a ambos en lo que piden en las pruebas. Eso es, justamente, lo que significa el "fin del currículum".

REFERENCIAS BIBLIOGRÁFICAS

AA. VV. (2000). *Pedagogías del siglo XX*. Barcelona: Ciss/Praxis.
AFONSO, A. J. (1998). *Políticas educativas e Avaliaçao Educacional*. Minho: Instituto de Educação e Psicologia.
ALVAREZ MÉNDEZ, J. M. (2001). *Entender la didáctica, entender el currículum. Desde una racionalidad práctica*. Buenos Aires. Miñó y Dávila.
ALVES DE MATOS, L. (1963). *Compendio de Didáctica general*. Buenos Aires: Kapeluz.
APEL, K. O. (1985). *La transformación de la filosofía*. Madrid: Taurus. 2 vols.
APEL, K. O. (1999). Globalización y necesidad de una ética universal. *Debats*, 66, 48-67.
APPLE, M. (1996). *El conocimiento oficial. La educación democrática en una era conservadora*. Barcelona: Paidós.
APPLE, M. W. (2002). *Educar "como Dios manda". Mercado, niveles, religión, desigualdad*. Barcelona: Paidós.
ARSAC, G.; MARTINAND, J. L. y TIBERGHIEN, A. (Eds.) (1994). *La transposition didactique à l'épreuve des faits*. Grenoble: La Pensée Sauvage.
ASTOLFI, J. P. (1997). Du "tout" didactique au "plus" didactique. *Revue Française de Pédagogie*, 120 (julio-septiembre), 67-73.
ASTOLFI, J. P. (2001). *Conceptos clave en la didáctica de las disciplinas*. Sevilla: Díada.
BEAUCHAMP, G. A. (1982). Curriculum theory: meaning, development, and use. *Theory into Practice*, 21 (1), 23-27.
BECHER, T. (2001). *Tribus y territorios académicos: la indagación intelectual y las culturas de las disciplinas*. Barcelona: Gedisa.

BEILLEROT, J. (1997). Sciences de l'éducation et pédagogie: un étrange manège. *Revue Française de Pédagogie*, 120 (julio-septiembre), 75-82.

BEILLEROT, J.; BANCHARD-LAVILLE, C. y MOSCONI, N. (1998). *Saber y relación con el saber.* Buenos Aires: Paidós.

BELTRÁN, F. (1993). La reforma del currículo. *Revista de Educación*, número extraordinario, 193-207.

BENEDITO, V. (1987). *Introducción a la Didáctica. Fundamentación teórica y diseño curricular.* Barcelona: Barcanova.

BENEJAN, P. y PAGES, J. (Coords.) *et al.* (1997). *Enseñar y aprender ciencias sociales, geografía e historia en la educación secundaria.* Barcelona: ICE-Horsori.

BENNER, D. (1998). *La pedagogía como ciencia. Teoría reflexiva de la acción y reforma de la praxis.* Barcelona: Pomares-Corredor.

BEN-PERETZ, M. (1975). The concept of curriculum potential. *Curriculum Theory Network*, 5 (2), 151-159.

BEN-PERETZ, M. (1990). *The Teacher-curriculum encounter: Freeing teachers from the tyranny of texts.* Albany, NY: State University of New York Press.

BERTAND, Y. y HOUSSAYE, J. (1999), *Pédagogie* and *didactique*: An incestuosus relationship. *Instructional Science, 27* (1), 33-51.

BERTHOUD, J. M. (1996). Jean Amos Comenius (1592-1670) et les sources de l'idéologie pédagogique. L'inspirateur des réformes scolaires modernes. Documento on line (42 pp.): http://perso.club-internet.fr/vbru/src/politique/comenius.html (Consulta 12.12.01).

BEST, F. (1988). Los avatares de la palabra "pedagogía". *Perspectivas*, 18 (2), 163-167.

BEYER, L. E. (1988). La reconstrucción del conocimiento y de los estudios educativos. *Revista de Educación*, 286, 129-150.

BEYER, L. E. y LISTON, D. P. (2001). *El currículo en conflicto. Perspectiva sociales, propuestas educativas y reforma escolar progresista.* Tres Cantos (Madrid): Akal.

BLANKERTZ, H. (1969). *Theorien und modelle der didaktik.* Weinheim: Juventa (hay ed. y trad., inencontrable, en *Teorías y modelos de la Didáctica.* Madrid: Didascalia, 1976).

BOLÍVAR, A. (1993a). Molinos con gigantes: el problema del "currículum oculto". *Euroliceo (Revista de Ciencias y Tecnología)*, 7, 11-20.

BOLÍVAR, A. (1993b). El espíritu curricular y el cuerpo escolar: A propósito del *Handbook* de Investigación Curricular de Jackson. *Revista de Educación*, núm. 301 (mayo-agosto), 299-315.

BOLÍVAR, A. (1993c). Conocimiento didáctico del contenido y Formación del Profesorado: El programa de L. Shulman. *Revista Interuniversitaria de Formación del Profesorado*, 16, 113-124.

BOLÍVAR, A.(1995). *El conocimiento de la enseñanza. Epistemología de la investigación curricular*. Granada: Force/Universidad de Granada.
BOLIVAR, A. (1998). Tiempo y contexto del discurso curricular en España. *Profesorado. Revista de Currículum y Formación del Profesorado, 2* (2), 73-97.
BOLÍVAR, A. (1999). El currículum como un ámbito de estudio. En J. M. Escudero (Ed.): *Diseño, desarrollo e innovación del curriculum*. Madrid: Ed. Síntesis, 23-44.
BOLÍVAR, A. (2001). Del aula al centro y ¿vuelta? Redimensionar el asesoramiento. En J. Domingo Segovia (Coord.): *Asesoramiento al centro educativo. Colaboración y cambio en la institución*. Barcelona: Octaedro/Ediciones Universitarias de Barcelona, 51-68.
BOLÍVAR, A. (2006). *La identidad profesional del profesorado de Secundaria: crisis y reconstrucción*. Málaga: Aljibe.
BOLÍVAR, A. (2007). *Educación para la ciudadanía. Algo más que una asignatura*. Barcelona: Graó.
BOLÍVAR, A. (2008). *Ciudadanía y competencias básicas*. Sevilla: Fundación ECOEM.
BOLÍVAR, A. (2008b). Ciudadanía y diversidad cultural en educación. En J. Marrero y J. Argos (eds.). *Educación, convivencia y ciudadanía en la cultura global*. Madrid: Wolters Kluwer y Consejería de Educación de Cantabria, 73-106.
BOLÍVAR, A.; DOMINGO, J. y FERNÁNDEZ, M. (2001). *La investigación biográfico-narrativa en educación*. Madrid: La Muralla.
BOLÍVAR, A. y RODRÍGUEZ DIÉGUEZ, J. L. (2002). *Reformas y retórica. La reforma educativa de la LOGSE*. Málaga: Aljibe.
BOLÍVAR, A. y SALVADOR MATA, F. (2004). Conocimiento didáctico. En Fco. Salvador Mata, J. L. Rodríguez Diéguez y A. Bolívar (Dirs): *Diccionario Enciclopédico de Didáctica*. Málaga: Aljibe, vol. I, 195-215.
BOLÍVAR, A.; RODRÍGUEZ DIÉGUEZ, J. L., y SALVADOR MATA, F. (2004). Didáctica (Objeto de). En Fco. Salvador Mata, J.L. Rodríguez Diéguez y A. Bolívar (Dirs): *Diccionario Enciclopédico de Didáctica*. Málaga: Aljibe, vol. I, 401-416.
BOLÍVAR, A. y PEREYRA, M. A. (2006). El Proyecto DeSeCo sobre la definición y selección de competencias clave. Introducción a la edición española. En Rychen, D. S. y Salganik L. H. (Eds.). *Las competencias clave para el bienestar personal, social y económico*. Málaga: Ediciones Aljibe, 1-13.
BOLÍVAR, A. y DOMINGO, J. (2007). Las prácticas docentes en la base de la eficacia de la escuela. En Bolívar, A. y Domingo, J. (Eds.). *Prácticas eficaces de enseñanza*. Madrid: PPC, 7-44.

BOURDIEU, P. (1995). La cause de la science: comment l'histoire sociale des sciences sociales peut servir le progrès de ces sciences. *Actes de la Recherche en Sciences Sociales*, 106-7, 2-10.

BOURDIEU, P. (1997). *Les usages sociaux de la science: pour une sociologie clinique du champ scientifique*. Paris: INRA Editions.

BOURDIEU, P. y PASSERON, J. C. (1964). *Les héritiers. Les étudiants et la culture*. Paris: De Minuit (Trad. esp.: *Los estudiantes y la cultura*. Barcelona: Labor).

BOURDIEU, P. y PASSERON, J. C. (1977). *La reproducción*. Barcelona: Laia.

BOWLES, S. y GINTIS, H. (1976). *La instrucción escolar en la América capitalista*. México: Siglo XXI, 1981.

BOYER, E. L. (1990). *Scholarship reconsidered: Priorities of the professoriate*. Princeton, N. J.: The Carnegie Foundation for the Advancement of Teaching.

BROMME, R. (1995). What exactly is pedagogical content knowledge? Critical remarks regarding a fruitful research program. En S. Hopmann y K. Riquarts (Eds.), *Didaktik and/or curriculum*. Kile: IPN Schriftenreihe, Vol. 147, 205-216.

BRUNER, J. (1997). *La educación, puerta de la cultura*. Madrid: Visor.

CAILLOT, M. (2007). The building of a new academic field: the case of french *didactiques*. *European Educational Research Journal*, 6 (2), 125-130.

CAMILLONI, A. W. de (1996). De herencias, deudas y legados. Una introducción a las corrientes actuales de la Didáctica. En A. de Camilloni y otr.: *Corrientes didácticas contemporáneas*. Buenos Aires: Paidós.

CAMILLONI, A. W. de; DAVINI, M. C.; EDELSTEIN, G.; LITWIN, E.; SOUTO, M.; BARCO, S. (1996): *Corrientes didácticas contemporáneas*. Buenos Aires: Paidós.

CANÁRIO, R. (2005). *O que é a escola? Um "ohlar" sociológico*. Oporto: Porto Editora.

CARLSON, D. y APPLE, M. W. (Eds.) (1998). *Power/Knowledge/Pedagogy: The meaning of democratic education in unsettling times*. Boulder, Co: Westview Press.

CARR, W. (1985). Philosophy, values and educational science. *Journal of Curriculum Studies*, 17 (2), 119-132.

CARR, W. (1995). Education and democracy: Confronting the postmodernist challenge. *Journal of Philosophy of Education*, 29 (1), 75-91.

CARR, W. (1996). *Una teoría para la educación (Hacia una investigación educativa crítica)*. Madrid: Morata/Paideia.

CARR, W. y KEMMIS, St. (1988). *Teoría crítica de la enseñanza*. Barcelona: Martínez Roca.

CASARINI RATTO, M. (1999): *Teoría y diseño curricular*. México: Trillas, 2ª ed.

CHARLOT, B. (1995). Une discipline universitaire dans un champ de pratiques sociales. *Cahiers Pédagogiques*, 334 (mai), 14-15.
CHARLOT, B. (2001). Les sciences de l'éducation en France: une discipline apaisée, une culture commune, un front de recherche incertain. En R. Hofstetter y B. Schneuwly (Eds.): *Le pari des sciences de l'éducation*. Bruselas: De Boeck, 147-167.
CHERRYHOLMES, Cl. (1999). *Poder y crítica. Investigaciones postestructuralistas en educación*. Barcelona: Pomares-Corredor.
CHEVALLARD, Y. (1991). *La transposición didáctica. Del saber sabio al saber enseñado*. Buenos Aires: Ed. Aique, 1997 (Nueva edición ampliada de la original de 1985).
CLANDININ, J. y CONNELY, M. (1992). Teacher as curriculum maker. En Ph. Jackson (Ed.): *Handbook of research on curriculum*. Nueva York: Macmillan, 363-401.
COHRAN-SMITH, M. y LYTLE, S. L. (2002). *Dentro/fuera: enseñantes que investigan*. Tres Cantos (Madrid): Akal.
COLL, C. (1986). Hacia la elaboración de un modelo de diseño curricular. *Cuadernos de Pedagogía*, 139, 8-30.
COLL, C. (1987). *Psicología y curriculum. Una aproximación psicopedagógica al curriculum escolar*. Barcelona: Laia.
COLL, C. (1989). Diseño curricular base y proyectos curriculares. *Cuadernos de Pedagogía*, 168, 8-14.
COLL, C. y BOLEA, E. (1990). Las intenciones educativas y los objetivos de la educación: Alternativas y fundamentos psicológicos. En C. Coll, J. Palacios y A. Marchesi (Compls.): *Desarrollo psicológico y educación. II. Psicología de la educación*. Madrid: Alianza, 355-372.
COLL, C. y otros (1993). Monográfico "Psicología y didácticas". *Infancia y aprendizaje*, núms. 62-63, 55-255.
COLOMB, J. (1999). School knowledge and didactic analysis: A research perspective in comparative didactics. *Instructional Science*, 27 (1), 53-71.
COMENIO, J. A. (1992). *Pampedia-Educación universal* (Ed. de F. Gómez R. de Castro) Madrid: Universidad Nacional de Educación a Distancia.
CONNELLY, F. M. y CLANDININ, D. J. (1988). *Teachers as curriculum planners: narratives of experience*. Nueva York: Teachers College Press.
CONNELLY, M. F.; H. E.; M. F. y PHILLION, J. A. (Eds.) (2007). *Handbook of curriculum and instruction*. Thousands Oaks: Sage Publications.
CONTRERAS, J. (1990). *Enseñanza, currículum y profesorado (Introducción crítica a la didáctica)*. Madrid: Akal.
CONTRERAS, J. (2002). Política del currículum y deliberación pedagógica: la redefinición de la escuela democrática. En I. Westbury: *¿Hacia dónde va el currículum? La contribución de la teoría deliberadora*. Barcelona: Pomares, 77-109.

CORNBLETH, C. (1990). *Curriculum in context*. Nueva York: The Falmer Press.
CORNUY, L. y VERGNIOUX, A. (1992). *La didactique en questions?* Paris: Hachette Education.
CUBAN, L. (1990). A fundamental puzzle of school reform. En A. Lieberman (Ed.): *Schools as collaborative cultures: Creating the future now*. Nueva York: Falmer Press, 71-77.
CUBAN, L. (1993). The lure of curricular reform and its pitiful history, *Phi Delta Kappan, 75* (5), 182-185.
CULLEN, C. A. (1997). *Crítica de las razones de educar*. Buenos Aires: Paidós.
DA SILVA, T. T. (1998). Cultura y currículum como prácticas de significación. *Revista de Estudios del Curriculum, 1* (1), 59-76.
DA SILVA, T. T. (2001). *Espacios de identidad. Nuevas visiones sobre el currículum*. Barcelona: Octaedro.
DARLING-HAMMOND, L. (2001). *El derecho de aprender: Crear buenas escuelas para todos*. Barcelona: Ariel.
DAVINI, M. C. (1996). Conflictos en la evolución de la didáctica. La demarcación de la didáctica general y las didácticas especiales. En A. Camilloni *et al*: *Corrientes didácticas contemporáneas*. Buenos Aires: Paidós, 41-73.
DEBEAUVAIS, M. (1989). La dimensión internacional del debate sobre la índole de las ciencias de la educación: una perspectiva comparada. *Perspectivas*, 19 (3), 407-414.
DE LA ORDEN, A. (1968). Programas, niveles y trabajo escolar. En CEDODEP: *Niveles, Cuestionarios y Programas escolares*. Madrid: MEC, 123-127.
DE LA TORRE, S. (1993). *Didáctica y currículo. Bases y componentes del proceso formativo*. Madrid: Dykinson.
DENG, Z. (2007). Transforming the Subject Matter: Examining the Intellectual Roots of Pedagogical Content Knowledge. *Curriculum Inquiry*, 37 (3), 279-295.
DENG, Z. y LUKE, A. (2007). Subject matter: Defining and theorizing school subjects. En M. Connelly, M. F. He, y J. Phillion (Eds.), *Handbook of curriculum and instruction*. Thousand Oaks, CA: Sage, cap. 4.
DÍAZ BARRIGA, A. (1991). *Didáctica. Aportes para una polémica*. Buenos Aires: Rei Argentina y Aique editor.
DÍAZ BARRIGA, A. (1997). *Didáctica y currículum (Convergencias en los programas de estudio)*. Barcelona: Paidós. Nueva edición corregida y aumentada.
DÍAZ BARRIGA, A. (1998). La investigación en el campo de la Didáctica. Modelos históricos. En *Perfiles Educativos* (UNAM, México), núm. 79-80. Revista On line, en:
http://www.cesu.unam.mx/iresie/revistas/perfiles/perfiles/79-80-html/Frm.htm

DÍAZ BARRIGA, A. (2002). Currículum: una mirada sobre su desarrollo y sus retos. En I. Westbury: *¿Hacia dónde va el currículum? La contribución de la teoría deliberadora*. Barcelona: Pomares, 163-175.

DÍAZ GODINO, J. (2003). *Teoría de las funciones semióticas: un enfoque ontológico-semiótico de la cognición e instrucción matemática*. Universidad de Granada, Didáctica de la Matemática. Investigación presentada para optar a CU. Disponible en: http://www.ugr.es/local/jgodino

DOMINICÉ, P. (1990). *L'histoire de vie comme processus de formation*. Paris: L'Harmattan.

DOYLE, W. (1992). Curriculum and Pedagogy. En Ph. W. Jackson (Ed.): *Handbook of Research on Curriculum: A Proyect of the A.E.R.A*. Nueva York: Macmillan, 486-516.

DURKHEIM, E. (1902). *La educación moral* (Ed. e Intr. de J. Taberner y A. Bolívar). Madrid: Editorial Trotta, 2002.

EGÉA-KUEHNE, D. (1999). Les reconceptualistes: histoire d'un phénomène américain. *Revue Française de Pédagogie*, 128, 89-96.

EISNER, E. W. (1979). *The educational imagination: On the design and evaluation of school programs*. Nueva York: Macmillan.

EISNER, E. W. (2000a). Those who ignore the past...: 12 "easy" lessons for the next millennium. *Journal of Curriculum Studies*, 32 (2), 343-357.

EISNER, E. W. (2000b). Benjamin Bloom (1913-1999). *Perspectivas*, 30 (3), 423-432.

EISNER, E. W. (2002). From episteme to phronesis to artistry in the study and improvement of teaching. *Teaching and Teacher Education*, 18 (4), 375-385. Trad. y edición española ("Desde episteme hacia phronesis en el estudio y mejoramiento de la enseñanza") en rev. *Enfoques educacionales*, 3 (2), 2000-2001, 23-36.

ELLIOT, J. (1990). *La investigación-acción en educación*. Madrid: Morata.

ELLSWORTH, E. (1989). "Why doesn't this feel empowering". Working throught the repressive myths of critical pedagogy. *Harvard Educational Review*, 59 (3): 297-324.

ELMORE, R. F. (1997): "The politics of education reform", *Issues in Science and Technologyu*, XIV (1). Obtenible on line: http://www.nap.edu/issues/14.1/elmore.htm

ENGLUND, T. (1997). Towards a dynamic analysis of the content of schooling: narrow and broad didactics in Sweden. *Journal of Curriculum Studies*, 29 (3), 267-287.

ESCOLANO, A. (1996). Texto, currículum, memoria. Los manuales como programa en la escuela tradicional. En AA.VV.: *El currículum, historia de una mediación social y cultural*. IX Coloquio de Historia de la Educación. Granada: Universidad de Granada/Ediciones Osuna, vol. II, 289-296.

ESCUDERO, J. M. (1988). La innovación y la organización escolar. En R. Pascual (Coord.): *La gestión educativa ante la innovación y el cambio. II Congreso Mundial Vasco*. Madrid: Narcea, 84-99.

ESCUDERO, J. M. (1990). ¿Dispone la Reforma de un modelo teórico? *Cuadernos de Pedagogía*, 181 (mayo), 88-92.

ESCUDERO, J. M. (1993). La construcción problemática de los contenidos de la formación de los profesores. En L. Montero Mesa y J. M. Vez (Eds.), *Las Didácticas Específicas en la Formación del Profesorado (I)*. Santiago de Compostela: Tórculo, 71-91.

ESCUDERO, J. M. (1994a). El desarrollo del curriculum por los centros en España: Un balance todavía provisional pero ya necesario. *Revista de Educación*, 304, 113-145.

ESCUDERO, J. M. (1994b). Prólogo: ¿vamos, en efecto, hacia una reconversión de los centros y la función docente. En J. M. Escudero y M. T. González (Eds.): *Profesores y escuela: ¿Hacia una reconversión de los centros y la función docente?*. Madrid: Ediciones Pedagógicas, 7-34.

ESCUDERO, J. M. (2001). La escuela como una organización que aprende: ¿Una contribución a la renovación y mejora de la educación, u otra distracción? *Organización y Gestión Educativa*, Núm. 1, 19-20, 29-33.

ESCUDERO, J. M. (2002). *La reforma de la reforma. ¿Qué calidad para quiénes?* Barcelona: Ariel.

ESCUDERO, J. M. (Coord.); BOLÍVAR, A.; GONZÁLEZ, M. T. y MORENO, J. M. (1997). *Diseño y desarrollo del currículum en la Educación Secundaria*. Barcelona: ICE/Horsori.

EURYDICE (2005). *La educación para la ciudadanía en el contexto escolar europeo*. Madrid: Secretaría General Técnica del MEC.

FELDMAN, D. (1999). *Ayudar a enseñar. Relaciones entre Didáctica y enseñanza*. Buenos Aires: Aique Ed.

FELDMAN, D. (2000). *Didáctica y currículum. Aportes para el debate curricular*. Buenos Aires: Gobierno de la Ciudad Autónoma de Buenos Aires. Secretaría de Educación.

FENSTERMACHER, G. D. (1986). Tres aspectos de la filosofía de la investigación sobre la enseñanza. En M.C. Wittrock (Ed.): *La investigación de la enseñanza, I. Enfoques, teorías y métodos*. Barcelona/Madrid: Paidós/MEC, 1989, 150-179.

FERNÁNDEZ HUERTA, J. (1970). Voz "Didáctica". En V. García Hoz (Ed.): *Diccionario de Pedagogía*. Barcelona: Lábor, 2ª ed., 267-8.

FERNÁNDEZ HUERTA, J. (1973). La Didáctica: concepto y encuadramiento en la enciclopedia pedagógica, y Acepciones y divisiones de la Didáctica. En A. Maillo (Ed.) *Enciclopedia de Didáctica Aplicada*. Barcelona: Labor, vol. 1, 9-19, y 20-30.

FERNÁNDEZ HUERTA, J. (1990). Niveles epistemológicos, epistemagógicos y epistemodidácticos de las didácticas especiales. *Enseñanza*, 8, 11-29.

FERRÁNDEZ, A. (1981). La didáctica, ciencia normativa. *Anuario de Ciencias de la Educación*, 1, 62-82.

FERRÁNDEZ, A. (1982). El contexto de la Didáctica Diferencial. *Educar*, 2, 5-18.

FERRÁNDEZ, A. (1984). La didáctica contemporánea. En A. Sanvisens: *Introducción a la pedagogía*. Barcelona: Barcanova, 227-254.

FERRÁNDEZ, A. (2002a). *Ideas para seguir reflexionando sobre educación*. Bellaterra: Servei de Publications, Universitat Autònoma de Barcelona.

FERRÁNDEZ, A. (2002b). Didáctica y currículum: Perspectivas actuales (notas de conferencia). En L. Almazán, A. Ortíz y M. Pérez Ferra (Eds.): *Enseñanza, profesores y centros educativos*. Jaén: Ed. Jabalcuz/Depto. de Pedagogía, 101-108.

FERRÁNDEZ, A. y SARRAMONA, J. (1987). Introducción. En *Ídem* (Eds.): *Didáctica y Tecnología de la Educación*. Barcelona: Anaya, I-XXV.

FOUCAULT, M. (1977): *Vigilar y castigar. Nacimiento de la prisión*. México: Siglo XXI.

FOUCAULT, M. (1981). *Un diálogo sobre el poder*. Madrid: Alianza/Materiales.

FOUCAULT, M. (1989). "Prisioneros de la historia. Por qué estudiar el poder: la cuestión del sujeto" (Trad. de J. M. Navarro Cordón), *El País*, 8-junio-1989.

FRABBONI, F. (2002). *El libro de la Pedagogía y la Didáctica. III. La pedagogía y la didáctica*. Madrid: Editorial Popular.

FRANKLIN, B. (1999). *Curriculum studies: State of the art, 1990s*. Trabajo presentado en el Annual Meeting de la AERA, Montreal.

FRANKLIN, B. y JOHNSON, C. C. (2006). Lo que enseñan las escuelas: una historia social del currículum en los Estados Unidos desde 1950. *Profesorado. Revista de currículum y formación del profesorado*, 10 (2), 1-29.

FREY, C. (1971). *Theorien der curriculum*. Weinheim y Basilea: Belz.

FROMENT, M. (Dir.) (2000). *30 ans de sciences de l'éducation à Paris V* (Actes du Colloque, 12-13 décembre 1997). Paris: Presses Univ. de France.

FURLÁN, A. y PASILLAS, M. A. (1996). La influencia de la noción currículum en Latinoamerica. En AA.VV.: *El currículum, historia de una mediación social y cultural*. IX Coloquio de Historia de la Educación. Granada: Universidad de Granada/Ediciones Osuna, vol. II, 463-469.

GABEL, S. (2002). Some conceptual problems with critical pedagogy. *Curriculum Inquiry*, 32 (2), 177-201.

GADAMER, H. G. (1992). *Verdad y método, II*. Salamanca: Sígueme.

GARCÍA HOZ, V. (1970). *La educación personalizada*. Madrid: CSIC.

GARCÍA PASTOR, C. (2001). ¿En qué fallaron los pronósticos de Binet y Simon? En J. J. Bueno Aguilar, Teresa Nuñez y Ana Iglesias (Coords.): *Atención educativa a la diversidad en el nuevo milenio*. A Coruña: Servicio de Publicaciones da Universidade de Coruña, 23-44.

GARRIDO PIMENTA, S. (2001). Hacia una resignificación de la Didáctica-Ciencias de la Educación, Pedagogía y Didáctica. Una revisión conceptual y una síntesis provisional. *Profissâo Docente, 1* (2). Revista on line: http://www.uniube.br/propep/mestrado/revista/

GARZ, D. (1993). Paradigms lost. Erosion of paradigms and sense of crisis in the contemporary science of education. The case of the Federal Republic of Germany. *Revista Española de Pedagogía,* 51 (195), 291-310.

GAUTHERIN J. (2002a). *Une discipline pour la République, la science de l'éducation en France (1882-1914).* Berna, Paris: Peter Lang.

GAUTHERIN, J. (2002b). Preparing French school teachers by means of the Science of Education (1883-1914). *European Educational Research Journal,* 1 (1), 27-36.

GESS-NEWSOME, J. y LEDERMAN, N. B. (Eds.) (1999). *Examining pedagogical content knowledge: The construct and its implications for science education.* Dordrecht/Londres: Kluwer Academic Publ.

GIDDENS, A. (1995). *Modernidad e identidad del yo. El yo y la sociedad en la época contemporánea.* Barcelona: Península.

GILLIGAN, C. (1985). *La moral y la teoría. Psicología del desarrollo femenino.* México: F.C.E.

GIMENO, J. (1981). *Teoría de la enseñanza y desarrollo del curriculum.* Madrid: Anaya.

GIMENO, J. (1982). *La pedagogía por objetivos, obsesión por la eficiencia.* Madrid: Morata.

GIMENO, J. (1988). *El curriculum: una reflexión sobre la práctica.* Madrid: Morata.

GIMENO, J. (1989). Planificar la Reforma, hacer la reforma. *Cuadernos de Pedagogía,* 174 (octubre), 73-76.

GIMENO SACRISTÁN, J. (1992). El *currículum*: ¿los contenidos de la enseñanza o un análisis de la práctica. En J. Gimeno y A. Pérez: *Comprender y transformar la enseñanza.* Madrid. Morata, 137-170.

GIMENO SACRISTÁN, J. (1995). Esquemas de racionalización en una práctica compartida. En AA. VV.: *Volver a pensar la educación (vol. II: Prácticas y discursos educativos).* Madrid: Morata/Paideía, 13-44.

GIMENO SACRISTAN, J. (1998). *Poderes inestables en educación.* Madrid: Morata.

GIMENO, J. (1999). La construcción del discurso acerca de la diversidad y sus prácticas. *Aula de Innovación Educativa,* 81 (mayo), 67-72; y 82 (junio), 73-78.

GIMENO SACRISTÁN, J. (2001a). *Educar y convivir en una cultura global. Las exigencias de la ciudadanía.* Madrid: Morata.

GIMENO SACRISTÁN, J. (2001b). El significado y la función de la educación en la sociedad y cultura globalizadas. *Revista de Educación*, núm. extr.; 121-142.

GIMENO, J. y PEREZ, A. (Comps.) (1983). *La enseñanza: su teoría y su práctica*. Madrid: Akal.

GIROUX, H. (1987). La formación del profesorado y la ideología del control social. *Revista de Educación*, 284, 53-76.

GIROUX, H. (1990). *Los profesores como intelectuales. Hacia una pedagogía crítica del aprendizaje*. Barcelona: Paidós/MEC.

GIROUX, H. A. (1992). La pedagogía de los límites y la política del postmodernismo. En Giroux, H. y Flecha, R.: *Igualdad educativa y diferencia cultural*. Barcelona. El Roure, 131-164.

GIROUX, H. A. (1994). Jóvenes, diferencia y educación postmoderna. En Castells, M. y otros: *Nuevas perspectivas críticas en educación*. Barcelona: Paidós, 97-128.

GIROUX, H. (1997). *Cruzando límites: Trabajadores culturales y políticas educativas*. Barcelona: Paidós.

GIROUX, H. A.; PENNA, A.N. y PINAR, W. F. (Eds.) (1981). *Curriculum & instruction. Alternatives in education*. Berkeley: CA: McCutchan Publ.

GONZÁLEZ SOTO, A. P. (2002). In memorian. En torno a la figura y obra del Dr. Adalberto Ferrández Arenaz. En L. Almazán, A. Ortíz y M. Pérez Ferra (Eds.): *Enseñanza, profesores y centros educativos*. Jaén: Ed. Jabalcuz/ Dpto. de Pedagogía, 13-28.

GOODLAD, J. I. (1969). *El nuevo concepto de programa escolar*. Madrid: Magisterio Español.

GOODLAD, J. I. y otros (1979). *Curriculum inquiry: The study of curriculum practice*. Nueva York: McGraw-Hill.

GOODLAD, J. I. (1989). El currículum como ámbito de estudio. En T. Husén y T. N. Postlethwaite (Dirs.): *Enciclopedia Internacional de la Educación*, volumen 2. Barcelona: MEC/Vicens-Vives, 1019-1022.

GOODLAD, J. I. (1994). Curriculum as a field of study. En T. Husén y T. N. Postlethwaite (Eds.): *The International Encyclopedia of Education*, Second Edition, Vol. 3. Oxford: Pergamon, 1262-1267.

GOODLAD, J. I. (2001). Curriculum as a field of educational study. En N. J. Smelser y P. Baltes (Eds.): *International Encyclopedia of the Social and Behavioral Sciencies*. Amsterdam: Elsevier Science, vol. 5, 3187-91.

GOODSON, I. F. (1995). *Historia del curriculum. La construcción social de las disciplinas escolares*. Barcelona: Pomares-Corredor.

GOODSON, I. F. (2000). Carros de fuego: Etimologías, epistemologías y la emergencia del currículum. En I. F. Goodson: *El cambio en el currículum*. Barcelona: Octaedro, 59-76.

GOODSON, I. F. (Ed.) (2004). *Historias de vida del profesorado*. Barcelona: Octaedro y EUB.

GORE, J. M. (1996). *Controversias entre las pedagogías. Discursos críticos y feministas como regímenes de verdad*. Madrid: Morata.

GROSSMAN, P. L. (1989). A study in contrast: Sources of Pedagogical Content Knowledge for Secondary english. *Journal of Teacher Education*, 40 (3), 24-31.

GROSSMAN, P. L. (1990). *The making of a teacher: teacher knowledge and teacher education*. Nueva York: Teachers College Press.

GROSSMAN, P. L.; WILSON, S. M. y SHULMAN, L. S. (1989): "Teachers of substance: Subject matter knowledge for teaching", en M.C. Reynolds (Ed.): *Knowledge base for beginning teacher*. Oxford: Pergamon Press, 23-36. Edic. cast.: Profesores de sustancia: El conocimiento de la materia para la enseñanza. *Profesorado. Revista de Currículum y Formación del Profesorado*, 9 (2), 2005, 25 pp.

GUARRO PALLÁS, A. (2002): *Currículum y democracia. Por un cambio de la cultura escolar*. Barcelona: Octaedro.

GUDMUNDSDOTTIR, S. (1990a). Curriculum stories: four case studies of social studies teaching. En C. Day, M. Pope y P. Denicolo (Eds.), *Insights into Teachers' Thinking and Practice*. Londres: Falmer Press, 105-118.

GUDMUNDSDOTTIR, S. (1990b). *Nancy: pedagogical content knowledge of an expert teacher*. Paper presented at the Annual Meeting of the American Educational Research Association, Boston.

GUDMUNDSDOTTIR, S. (1998). La naturaleza narrativa del saber pedagógico sobre los contenidos. En H. McEwan y K. Egan (Compls.), *La narrativa en la enseñanza, el aprendizaje y la investigación*. Buenos Aires: Amorrortu, 52-71.

GUDMUNDSDOTTIR, S. y SHULMAN, L. S. (1990). Pedagogical content knowledge in social studies. En J. Lowyck y C. M. Clark (Eds.): *Teacher Thinking and Professional Action (1986 ISATT Conference)*. Lewven University Press, 23-34. Edic. cast.: El conocimiento didáctico en ciencias sociales. *Profesorado. Revista de Currículum y Formación del Profesorado*, 9 (2), 2005, 12 pp.

GUDMUNDSDOTTIR, S. y GRANKVIST, R. (1992) Deutsche Didaktik aus der Sich neuerer Curriculumforschung in den USA. *Bildung und Erziehung*, 45 (2), 175-187.

GUNDEN, B. B. (1992). Notes on the development of Nordic didactics. *Journal of Curriculum Studies*, 24 (1), 61-70.

HABERMAS, J. (1989). *Teoría de la acción comunicativa: Complementos y estudios previos*. Madrid: Cátedra.

HABERMAS, J. (1994). La crisis del Estado de bienestar y el agotamiento de las energías utópicas. En J. Habermas, *Ensayos políticos*. Barcelona: Península, 2º ed., 113-134.

HAMELINE, D. (1998). Pédagogie. En R. Hofstetter et B. Schneuwly (Ed.), *Le pari des sciences de l'éducation* (Raisons éducatives, N°1/2). Bruxelles: De Boeck, 227-241.

HAMILTON, D. (1987). The pedagogical juggernaut. *British Journal of Educational Studies, 35* (1), 18-29.

HAMILTON, D. (1989). *Toward a theory of schooling*. Londres: Falmer Press (ed. cast.: *La transformación de la educación en el tiempo*. México: Trillas, 1996).

HAMILTON, D. (1990). *Curriculum history*. Geelong, Victoria, Australia: Deakin University Press.

HAMILTON, D. (1991). Orígenes de los términos educativos "clase" y "curriculum". *Revista de Educación*, 295, 187-205. También en *Revista Iberoamericana de Educación*, 1 (enero-abril, 1993). Documento on line: http://www.campus-oei.org/oeivirt/rie01a06.htm

HAMILTON, D. (1999). The Pedagogic paradox (or why no Didactics in England?). *Pedagogy, Culture & Society*, 7 (1), 135-152. Trad. y ed. esp. ("La paradoja pedagógica (o por qué no hay Didáctica en Inglaterra") en *Propuesta Educativa* (Flacso, Argentina), 10 (20), 1999, 6-13.

HAMILTON, D. (2003). Notas desde aquí y ahora. Sobre los inicios de la escolarización moderna. En T. S. Popkewitz, B. M. Franklin y M. A. Pereyra (Compls.), *Historia cultural y educación. Ensayos críticos sobre conocimiento y escolarización*. Barcelona: Pomares, 187-207.

HAMILTON, D. y GUDMUNDSDOTTIR, S. (1994). Didaktic and/or Curriculum? *Curriculum Studies,* 2 (3), 345-350.

HARGREAVES, A. (1996). *Profesorado, cultura y postmodernidad (Cambian los tiempos, cambian los profesores)*. Madrid: Morata.

HARGREAVES, A. (1998). Paradojas del cambio: La renovación de la escuela en la era postmoderna. *Kikiriki. Cooperación educativa*, 49, 16-24.

HASHWEH, M. (2005). Teacher pedagogical constructions: a reconfiguration of pedagogical content knowledge. *Teachers and Teaching: theory and practice*, 11 (3), 273–292.

HATCH, T.; RALEY, J.; AUSTIN, K.; CAPITELLI, S. y FAIGENBAUM, D. (2005). *Into the classroom: Developing the scholarship of teaching and learning*. San Francisco: Jossey-Bass.

HERBART, J. F. (1935). *Bosquejo para un curso de pedagogía* (Trad. de Lorenzo Luzuriaga). Madrid: Espasa-Calpe.

HERNÁNDEZ, F. (1996). Psicología y educación. *Cuadernos de Pedagogía*, 253, 50-56.

HEYBERGER, A. (1928). *Jean Amos Comenius. Sa vie et son oeuvre d'éducateur*. Paris: Champion [citado en Berthoud, J. M. (1996)].
HIRST, P. H. (1997). ¿Qué es enseñar?. En R. S. Peters (Ed.): *Filosofía de la educación*. México: FCE, 295-323.
HLEBOWITSH, P. S. (1998a). Reevaluación de las valoraciones del "Rationale de Tyler". En *Revista de Estudios del Currículum*, 1 (1), 170-189.
HLEBOWITSH, P. S. (1998b). Interpretaciones del "Rationale de Tyler": una respuesta a Kliebard. *Revista de Estudios del Currículum*, 1 (2), 176-184.
HLEBOWITSH, P. S. (1999). The burdens of the new curricularist. *Curriculum Inquiry*, 29 (3), 343-354.
HLEBOWITSH, P. S. (2005). Generational ideas in curriculum: a historical triangulation. *Curriculum Inquiry*, 35 (1), 73-87.
HOFF, S. (2004). Fundamentos filosóficos dos livros didácticos elaborados por Ratke, no século XVII. *Revista Brasileira de Educação*, 25, 143-155.
HOFSTETTER, R. y SCHNEUWLY, B. (eds.) (1998) *Le pari des sciences de l'éducation* (Raisons éducatives, N1/2,). Bruxelles: De Boeck.
HOFSTETTER, R. y SCHNEUWLY, B. (2001). *Les Sciences de l'éducation en Suisse. Evolution et prospectives*. Berna: Centre d'Études de la Science et de la Technologie (CEST). Disponible (21/02/07) en: http://www.cest.ch/Publikationen/2001/CEST_2001_6_fr.pdf
HOFSTETTER, R. y SCHNEUWLY, B. (Eds.) (2002). *Science(s) de l'éducation 19e-20e siècles. Entre champs professionnels et champs disciplinaires. Erziehungswissenschft(en) 19-20. Jahrhundert (Zwischen profession und disziplin)*. Berna/Berlin: Peter Lang.
HOFSTETTER, R. y SCHNEUWLY, B. (2002b). Institutionalisation of educational sciences and the dynamics of their development. *European Educational Research Journal, 1* (1), 3-26.
HOFSTETTER, R. y SCHNEUWLY, B. (Eds.) (2006). *Passion, Fussion, Tensión. New Education and Educational Sciences*. Berna/Berlin: Peter Lang.
HOPKINS, D. (1998). Tensions in and prospects for school improvement. En A. Hargreaves, A. Lieberman, M. Fullan y D. Hopkins (Eds.): *International Handbook of Educational Change*. Dordrecht: Kluwer, 1035-1055.
HOPMANN, S. (2007). Restained Teaching: the common core of Didaktik. *Europen Educational Research Journal*, 6 (2), 109-124.
HOUSSAYE, J. (1993). Le triangle pédagogique, ou comment comprendre la situation pédagogique. En J. Houssaye (Ed.): *La Pédagogie, une encyclopédie pour aujourd'hui* Paris: ESF editeur, 13-24.
HUBER, M. T. y MORREALE, S. P. (2002). *Disciplinary styles in the scholarship of teaching and learning: Exploring common ground*. Washington, DC: American Association for Higher Education and The Carnegie Foundation for the Advancement of Teaching.

HUTCHING, P. y SHULMAN, L. S. (1999). The scholarship of teaching: New elaborations, new developments. *Change*, 31 (5), 10-15.
IPLAND GARCÍA, J. (2001). *El concepto de "bildung" en el neohumanismo alemán*. Huelva: Ed. Hergue.
JACKSON, Ph. (1992). Conceptions of curriculum and curriculum specialists. En Ph. Jackson (Ed.): 3-40.
JACKSON, Ph. (Ed.) (1992). *Handbook of research on curriculum. A proyecto of the AERA*. Nueva York: Macmillan.
JOHNSON, H. T. (1968). *Currículum y educación*. Barcelona: Paidós, 1982 (Ed. orig. 1968).
JOHNSON, M. (1969). The translation of curriculum into instruction. *Journal of Curriculum Studies*, 1 (2), 115-131.
JONNAERT, Ph. y LAURIN, S. (Eds.) (2001). *Les didactiques des disciplines. Un débat contemporain*. Quebec: Presses de l'Université de Québec.
JOYCE, B. y WEIL, M. con CALHOUM, E. (2002). *Modelos de enseñanza*. Barcelona: Gedisa.
KANSANEN, P. (1998). La "deutsche Didaktik". *Revista de Estudios del Currículum*, 1 (1), 14-20.
KANSANEN, P. (2002). Didactics and its relation to educational psychology: Problems in translating a key concept across research communities. *International Review of Education*, 48 (6), 427-441.
KEMMIS, S. (1988). *El curriculum: Mas allá de la teoría de la reproducción*. Madrid: Morata.
KINCHELOE, J. L. y McLAREN, P. (2000). "Rethinking critical theory and qualitative research", en N. Denzin e Y. Lincoln (Eds.): *Handbook of Qualitative Research*, 2ª ed. Thousand Oaks, CA: Sage, 279-313.
KEMMIS, S. (1999-2000). Aspiraciones emancipadoras en la era postmoderna. *Kikiriki*, 55-56, 14-34.
KLAFKI, W. (1976). Sobre la relación entre didáctica y metódica. (Zur werhältnis zwischen Didaktik und Metodik), *Zeitschrift für Pädagogik, 22*. Trad. y ed. en rev. *Educación y Pedagogía*, núm. 5 (Facultad de Educación de Universidad de Antioquía. Colombia), 1990-91, 85-108.
KLAFKI, W. (1986). Los fundamentos de una didáctica crítico-constructiva. *Revista de Educación*, 280 (mayo-agosto), 37-79.
KLAFKI, W. (1995). Didactic analysis as the core of preparation of instruction (orig. de 1958), *Journal of Curriculum Studies*, 27 (1), 13-30 [Recogido también en I. Westbury, S. Hopmann y K. Riquarts (Eds.): *Teaching as a reflective practice: The German Didaktik tradition*. Mahwah, NJ: Lawrence Erlbaum Associates, 2000, 139-159].
KLIEBARD, H. (1970). Reappraisal: the Tyler rationale. *School Review*, 78 (2), 259-272. [Reimpreso en Pinar (1975): 70-84].

KLIEBARD, H. M. (1978). Visión retrospectiva del curriculum. En P.W.F. Witt (Ed.): *Programación y tecnología didáctica*. Madrid: Anaya, 79-95.

KLIEBARD, H. (1989). Problems of definition of curriculum. *Journal of Curriculum and Supervision*, 5, 1-4.

KLIEBARD, H. M. (1998). Revisión del "Rationale de Tyler". *Revista de Estudios del Currículum*, 1 (2), 170-180.

KOSIK, F. (1993). *Comenio, príncipe de la paz*. México: Trillas.

LANEVE, C. (1997). *Il campo delle didattica*. Brescia: Ed. La Scuola.

LANEVE, C. (1998). *Elementi di Didattica Generale*. Brescia: Ed. La Scuola.

LATHER, P. (1992). El posmodernismo y las políticas de ilustración. *Revista de Educación*, 297, 7-24.

LEINHARDT, G. (2001). Instructional explanations: A commonplace for teaching and location for contrast. En V. Richarson (Ed.): *Handbook of Research on Teaching, 4ª ed.* Washington, DC: AERA, 333-357.

LENOIR, Y. (2000). La question des didactiques et de la recherche en didactique dans la formation à l'enseignement: sources, objet, pertinence, apports et limites. Documento on line (0203/02):
http://www.educ.usherb.ca/GRIFE/didcatique.htm

LEVIN, B. (2007). Curriculum Policy and the politics of what schould be learned in schools. En M. Connelly, M. F. He, y J. Phillion (Eds.), *Handbook of curriculum and instruction*. Thousand Oaks, CA: Sage, cap. 7-24.

LITWIN, E. (1996). El campo de la didáctica: la búsqueda de una nueva agenda. En A. W. de Camilloni, M.C. Davini; G. Edelstein; E. Litwin; M. Souto; S. Barco: *Corrientes didácticas contemporáneas*. Paidós. Buenos Aires, 91-115.

LITWIN, E. (1997). *Las configuraciones didácticas. Una nueva agenda para la enseñanza superior*. Buenos Aires: Paidós.

LOPES, A. (2007). La construcción de identidades docentes como constructura de estructura y dinámicas sistémicas: argumentación y virtualidades teóricas y prácticas. *Profesorado. Revista de Currículum y Formación del Profesorado*, 11 (3), 25 pp.

LUIS GÓMEZ, A. (1998). Pragmatismo críticos, academicismo cognitivo y cualificación profesional: transposición didáctica y formación de profesores para la enseñanza de la ciencias sociales. *Biblio 3W*, núm. 128. Disponible en: http://www.ub.es/geocrit/b3w-128.htm

LUIS, A. y ROMERO, A. (2007). *Escuela para todos. Conocimientos académico y geografía escolar en España (1830-1953)*. Santander: Servicio de Publicaciones de la Universidad de Cantabria.

LUNDGREN, U. P. (1992). *Teoría del curriculum y escolarización*. Madrid: Morata.

LYOTARD, J. F. (1987). *La condición postmoderna. Informe sobre el saber*. Madrid: Cátedra.

MALLART, J. (2000). Didáctica: del currículum a las estrategias de aprendizaje. *Revista Española de Pedagogía*, 217, 417-438.

MALLART, J. (2001). Didáctica: concepto, objeto y finalidades. En F. Sepúlveda y N. Rajadell (Coords.): *Didáctica general para psicopedagogos*. Madrid: UNED, 23-57.

MARCEL, J. F. (Ed.) (2002). *Les sciences de l'éducation, des recherches, une discipline*. Paris: L'Harmattan.

MARCELO, C. (1993). Cómo conocen los profesores la materia que enseñan. Algunas contribuciones de la investigación sobre conocimiento didáctico del contenido. En L. Montero Mesa y J. M. Vez (Eds.): *Las didácticas específicas en la formación del profesorado (I)*. Santiago de Compostela: Tórculo Ed., 151-186.

MARHUENDA, F. (2000). *Didáctica general*. Madrid: Ed. De la Torre.

MARKS, R. (1990). Pedagogical content knowledge: From a mathematical case to a modified conception. *Journal of Teacher Education*, 41 (3), 3-11.

MARTÍN ORTEGA, E. (1998). El papel del currículo en la reforma educativa española. *Investigación en la escuela*, 36, 31-47.

MARSH, J. C. (1997). *Perspectives. Key concepts for understanding curriculum*. Londres: Falmer Press.

MARSHALL, D.; SCHUBERT, W. y SEARS, J. (2000). *Turning points in curriculum: A contemporary memoir*. Nueva York: Merril/Prentice Hall.

MARTIAL, I. K. v (1984). Zur geschichte des begriffs Didaktik. *Archiv für Begriffsgeschichte*, vol. 28, 100-122.

MARTIAL, I. K. v (1985). *Geschichte der Didaktik: zur Geschichte des Begriffs und der didaktischen Paradigmen*. Frankfurt am Main: Fischer.

MARTÍNEZ BONAFÉ, J. (2004): "Currículum, Reconceptualización del". En J. L. Rodríguez Diéguez, F. Salvador Mata y A. Bolívar (Eds.): *Diccionario Enciclopédico de Didáctica*. Málaga: Aljibe, 389-391.

MAZZA, K. A. (1982). Reconceptual inquiry as an alternative mode of curriculum theory and practice: A critical Study. *Journal of Curriculum Theorizing*, 4 (2), 5-89.

McCARTHY, T. (1992). *Ideales e ilusiones. Reconstrucción y deconstrucción en la teoría crítica contemporánea*. Madrid: Tecnos.

McCULLOCH, G. (2002). "Disciplines contributing to education"? Educational studies and the disciplines. *British Journal of Educational Studies*, 50 (1), 100-119.

McCUTCHEON, G. (1982). What in the world is curriculum theory?. *Theory into Practice*, 21(1), 18-22.

McEWAN, H. y BULL, B. (1991). The pedagogic nature of subject matter knowledge. *American Educational Research Journal*, 28 (2), 316-334.

McFARLAND, D. (2001). Student resistance: How the formal and informal organization of classrooms facilitate everyday forms of student defiance. *American Journal of Sociology*, 107 (3), 612-78.

McLAREN, P. (1993). La pedagogía crítica, el multiculturalismo y la política del riesgo y de la resistencia. *Investigación Educativa. Simposium. Logros y restos frente al año 2000*, 43-81.

McLAREN, P. (1997). *Pedagogía crítica y cultura depredadora. Políticas de oposición en la era postmoderna*. Barcelona: Paidós.

McLAREN, P. y HAMMER, R. (1989). Critical pedagogy and the postmodern challenge: Toward a critical postmodernist pedagogy of liberation. *Education Foundations*, Fall: 29-62.

McNAMARA, D. (1991). Subject knowledge and its application: problems and possibilites for teacher educators. *Journal of Education for Teaching*, 17 (2), 113-127.

M.E.C. (1989). *Diseño Curricular Base. Educación Secundaria Obligatoria I*. Madrid: Ministerio de Educación y Ciencia.

MEIRIEU, Ph. (1992). *Aprender sí, pero ¿cómo?* Barcelona: Octaedro.

MENCK, P. (2000). *Looking into classrooms: Papers on Didactics*. Stanford, CT: Ablex Publishing Corp.

MIALARET, G. (Dir.) (1979). *Vocabulaire de l'éducation*. Paris: PUF.

MIALARET, G. (Ed.) (1984). *Diccionario de Ciencias de la Educación*. Barcelona: Oikos-tau.

MIALARET, G. (1992). Souvenirs de quelques batailles pour la mise en place d'un cursus en Sciences de l'Éducation. En E. Debarbieux *et al*.: *25 vingt-cinq ans de Sciences de l'Éducation-Bordeaux 1967-1992*. Paris: INRP, 17-26.

MIALARET, G. (2007). Problèmes et difficultés rencontrés par les sciences de l'éducation en France (1968-2005). En J. Ferreira y A. Estrela (Eds.). *Psicologia e Educaçâo*. Lisboa: Educa, Facultade de Psicologia e de Ciências de la Educaçâo, pp. 27-63.

MONTERO, L. (2001a). La construcción del conocimiento en la enseñanza. En C. Marcelo (Ed.): *La función docente*. Madrid: Síntesis, 47-83.

MONTERO, L. (2001b). *La construcción del conocimiento profesional docente*. Rosario/Santa Fe: Homo Sapiens Ed.

MONTERO, L. y VEZ, J. M. (2004). Didácticas específicas. En F. Salvador Mata, J.L. Rodríguez Diéguez y A. Bolívar (Dirs.): *Diccionario/Enciclopedia de Didáctica*. Málaga: Aljibe, vol. I, 427-448.

MORENO, J. M. (1998a). Notas para una genealogía de los estudios curriculares en España. *Profesorado. Revista de Currículum y Formación del Profesorado*, 2 (2), 11-30.

MORENO, J. M. (1998b). Las relaciones entre Curriculum y Didáctica como asuntos de familia: una breve respuesta a Bolívar, Escudero y Zabalza. *Pro-*

fesorado. Revista de Currículum y Formación del Profesorado, 2 (2), 99-104.

NARADOWSKI, M. (2008). La inclusión educativa. Reflexiones y propuestas entre las reflexiones, las demandas y los slogans. *Revista Electrónica Iberoamericana sobre Calidad, Eficacia y Cambio en Educación*, 6 (2), 19-26.

NAVARRO, R.; GRANADO, C.; LÓPEZ, A. y BARROSO, P. (1998). Innovaciones en los contenidos de Didáctica General: de los textos clásicos a los actuales. *Bordón*, 50 (3), 277-285.

NERICI, I. C. (1973): *Hacia una didáctica general dinámica*. Buenos Aires: Kapelusz.

NIAS, J. (1996). Thinking about feeling: The emotions in teaching. *Cambridge Journal of Education*, 26 (3), 293-306.

NODDINGS, N. (1992). *The challenge to care in schools: An alternative approach to education*. Nueva York: Teachers College Press.

NORBENBO, S. E. (1997). Danish didactics: An outline of history and research. *Scandinavian Journal of Educational Research*, 41 (3-4), 211-224.

NORDKVELLE, Y. T. (2003). Didactics: from classical rhetoric to kitchen-Latin. *Pedagogy, Culture & Society*, 11 (3), 315-330.

NÓVOA, A. (1991). As Ciências da Educação e os processos de mudança. En varios: *Ciências da Educação e mudança*. Porto: Sociedade Portuguesa de Ciências da Educação, 17-67.

NÓVOA, A. (1998). *Histoire & Comparaison (Essais sur l'éducation)*. Lisboa: Educa.

OELKERS, J. (2006). The strange case of German "Geisteswissenschaftliche Pädagogik". The mental side of the problem. En R. Hofstetter y B. Schneuwly (Eds.). *Passion, Fusion, Tension. New Education and Educational Sciences*. Berna: Peter Lang, 191-222.

PACHECO, J. A. (2002). Notas para una síntese de uma década de consolidação dos estudos curriculares. *Investigar em educação* (Revista da Sociedade Portuguesa de Ciencias da Educação), 1 (1), 227-273.

PACHECO, J. A. (2007). Uma perspectiva actual sobre a investigação em estudos curriculares. En A. Estrela (Org.). *Investigaçãor em educação. Teorias e práticas (1960-2005)*. Lisboa: Educa. Unidade I&D de Ciências da Educação, 123-146.

PALACIOS, J. (1979): *La cuestión escolar. Críticas y alternativas*. Barcelona: Laia.

PALACIOS, J.; MARCHESI, A. y COLL, C. (Comps.) (1990). *Desarrollo psicológico y educación*, 3 volúmenes. Madrid: Alianza Ed.

PARRILLA, A. (2002). Acerca del origen y sentido de la educación inclusiva. *Revista de Educación*, 327, 11-29.

PERRENOUD, Ph. (1993). Curriculum: le formel, le réel, le caché. En J. Houssaye (Dir.): *La pédagogie: une encyclopédie pour aujourd' hui*. Paris: ESF, 61-76.

PERRENOUD, Ph. (1999). A qui appartient-il, aujourd'hui, de penser les pratiques pédagogiques? Savoirs savants et savoirs praticiens: complémetarité ou déni mutuel? Conferencia en el coloquio *Les idées pédagogiques: patrimoine éducatif*. Universidad de Rouen (24-26 septiembre, 1998). Disponible (11/02/01) en: http://www.unige.ch/fapse/SSE/teachers/perrenoud

PERRENOUD, Ph. (2001). *Vendre son âme au diable pour accéder à la vérité: le dilemme des sciences de l'éducation*. Université de Genève: Faculté de Psychologie et des Sciences de l'Éducation. Disponible (21/04/05) en: http://www.unige.ch/fapse/SSE/teachers/perrenoud

PERRENOUD, Ph. (2002). Les conceptions changeantes du curriculum prescrit: hypothéses, *Educateur,* 1, 48-52. Artículo on line (28/12/02): http://www.unige.ch/fapse/SSE/teachers/perrenoud

PIAGET, J. (1957). Jan Amos Comenio (1592-1670). *Perspectivas*, 85-86 (1993), 183-208. Recogido también en J. Piaget: *De la Pedagogía*. Buenos Aires/Barcelona: Paidós, 1999, 199-224.

PINAR, W. F. (Ed.) (1975). *Curriculum theorizing: The reconceptualist*. Berkeley: McCutchan.

PINAR, W. F. (1978a). La reconceptualización en los estudios del curriculum. En J. Gimeno y A. Pérez Gómez (Eds.): *La enseñanza: su teoría y su práctica*. Madrid: Akal, 1983, 231-240.

PINAR, W. F. (1978b). Notes on the curriculum field 1978. *Educational Researcher,* 7 (8), 5-12.

PINAR, W. F. (Ed.) (1999). *Contemporary curriculum discourses: Twenty years of Journal of Curriculum Theorizing*. Nueva York: Peter Lang.

PINAR, W. F. (1999b). Response: Gracious submission. *Educational Researcher*, 28 (1), 14-15.

PINAR, W. F. (1999c). Not burdens-Breakthroughs. *Curriculum Inquiry*, 29 (3), 365-367.

PINAR, W. F. (Ed.) (2003). *International Handbook of Curriculum Research*. Hillsdale, NJ: Lawrence Erlbaum Ass.

PINAR, W. F. (2006). *Bildung* and the internationalization of curriculum studies. *Transnational Curriculum Inquiry*, 3 (2), 1-15.

PINAR, W. F.; REYNOLDS, W. M.; SLATTERY, P. y TAUBMAN, P. M. (1995). *Understanding curriculum: An introduction to the study of historical and contemporary curriculum discourses*. Nueva York: Peter Lang.

PINAR, W. y BOWERS, C. (1992). Politics of curriculum: Origins, controversies, and significance of critical perspectives. En Grant, G. (Ed.): *Review of Research in Education, 18*: 163-190.

PLÁ, M. (1993). *Currículum y educación. Campo semántico de la didáctica*. Barcelona: Publications Universitat de Barcelona.
POPKEWITZ, T. (1996). "El Estado y la administración de la libertad a finales del siglo XX: Descentralización y distinciones Estado/sociedad civil", en M. A. Pereyra et al.(Ed.): *Globalización y descentralización de los sistemas educativos*. Barcelona: Pomares-Corredor, 119-168.
POPKEWITZ, T. S. (1998). *Los discursos redentores de las Ciencias de la Educación*. Sevilla: Publicaciones M.C.E.P.
POPKEWITZ, T. y BRENNAN, M. (Eds.) (2000). *El desafío de Foucault. Discurso, conocimiento y poder en la educación*. Barcelona: Pomares-Corredor.
PORTER, A. y SMITHSON, J. (2001). *Defining, developing, and using curriculum indicators*. Consortium for Policy Research in Education. Research Report-048, 47 pp. Disponible (21/10/02) en: http://www.cpre.org/Publications/rr48.pdf
POSNER, G. J. (1999). *Análisis de currículo*. 2ª ed. Santafé de Bogotá: McGraw-Hill.
POSTMANN, N. (1999). *El fin de la educación. Una nueva definición del valor de la escuela*. Barcelona: Octaedro.
PRÉVOT, J. (1981). *L'utopie éducative. Comenius*. Paris: Editions Belin [citado en Jean-March Berthoud (1996)].
RAISKY, C. y CAILLOT, M. (Eds.) (1996). *Au-delà des didactiques le didactique: débats autour de concepts fédérateurs*. Bruxelles: De Boëck, Perspectives en éducation.
REID, W. A. (1993). Does Schwab improve on Tyler. A response to Jackson. *Journal of Curriculum Studies*, 25 (6), 499-512.
REID, W. A. (1998). Currículos extraños: orígenes y desarrollo de las categorías institucionales de la escolarización. *Revista de Estudios del Currículum*, 1 (3), 7-24.
REID, W. A. (1999). *Curriculum as institution and practice: Essays in the deliberative tradition*, Mahwah, NJ: Lawrence Erlbaum.
REID, W. A. (2002a). El estudio del currículum desde un enfoque deliberador y su relación con el pluralismo crítico. En I. Westbury: *¿Hacia dónde va el currículum? La contribución de la teoría deliberadora*. Barcelona: Pomares, 17-42 [ed. original: The deliberative approach to the study of the curriculum and its relation to critical pluralism. En Lawn, M. y Barton, L. (eds.): *Rethinking curriculum studies*. Londres: Croom Helm, 1981, 160-187].
REID, W. A. (2002b). Planificación del currículum como deliberación. En I. Westbury: *¿Hacia dónde va el currículum? La contribución de la teoría deliberadora*. Barcelona: Pomares, 128-162 .
REID, K.; HOPKINS, D. y HOLLY, P. (1990). Beyond the Sabre-toothed Curriculum? En M. Preedy (Eds.): *Aproaches to Curriculum Management*. Milton

Keynes: Open University, 104-125. (Ed. orig. cap. 9 de su libro *Towards the Effective School*. Oxford: Basil Blackwell, 1987).

RICHARDSON, V. (Ed.) (2001). *Handbook of Research on Teaching, 4ª ed.* Washington, DC: AERA.

RICOEUR, P. (1996). *Tiempo y narración I (configuración del tiempo en el relato histórico); II (configuración del tiempo en el relato de ficción); III (el tiempo narrado)*. México: Siglo XXI.

RODRÍGUEZ DIÉGUEZ, J. L. (1985). *Curriculum, acto didáctico y teoría del texto*. Madrid: Anaya.

RODRÍGUEZ DIÉGUEZ, J. L. (2001). *La jerga de la reforma educativa*. Barcelona: Ariel.

RORTY, R. (1983). *La filosofía y el espejo de la naturaleza*. Madrid: Cátedra.

RORTY, R. (1991). *Contingencia, ironía y solidaridad*. Barcelona: Paidós.

RUBIO CARRACEDO, J. (2007). *Teoría crítica de la ciudadanía democrática*. Madrid: Trotta.

RUIZ HIGUERAS, L.; ESTEPA CASTRO, A. y GARCÍA, F. J. (Coords.). (2007). *Sociedad, escuela y matemáticas: aportaciones de la teoría antropológica de lo didáctico*. Jaén: Universidad de Jaén, Servicio de Publicaciones.

RYCHEN, D. y SALGANIK, L. (Eds.) (2006). *Las competencias clave para el bienestar personal, social y económico*. Málaga: Aljibe.

SÁENZ, O. (1994). Construcción epistemológica de la Didáctica y Teoría del Currículo. En O. Sáenz (Dir.): *Didáctica general. Un enfoque curricular*. Alcoy: Marfil, 9-44.

SALINAS, B. (1995). Límites del discurso didáctico actual. En AA. VV.: *Volver a pensar la educación (vol. II: Prácticas y discursos educativos)*. Madrid: Morata/Paideía, 45-60.

SALVADOR MATA, F. (1994). El profesor como mediador en el acto didáctico. En O. Sáez (Dir.): *Didáctica general. Un enfoque curricular*. Alcoy: Marfil, 65-88.

SALVADOR MATA, F. (Dir.) (2001a). *Enciclopedia Psicopedagógica de Necesidades Educativas especiales*. Málaga: Aljibe.

SALVADOR MATA, F. (2001b). *Educación especial (Enfoques conceptuales y de investigación)*. Granada: Grupo Editorial Universitario.

SALVADOR MATA, F. (2002). ¿Didáctica o didácticas? La didáctica ¿una matriz disciplinar o una etiqueta totalizadora? *Educar*, núm. extra (Adalberto Ferrández, el significado de su obra), 89-96.

SALVADOR MATA, F.; RODRÍGUEZ DIÉGUEZ, J. L. y BOLÍVAR, A. (2004). *Diccionario Enciclópedio de Didáctica*. Málaga: Aljibe, 2 vols.

SANDER, T. (1996). Curriculum change and didactics/curriculum theory in Germany in a 20-year perspective. Paper presented at the annual meeting of the AERA.

SCHAUB, H. y ZENKE, K. (2001). *Diccionario Akal de Pedagogía*. Madrid: Akal.
SCHIRO, M. S. (2007). *Curriculum theory: conflicting visions and enduring concerns*. Thousand Oaks, CA: Sage Publications.
SCHÖN, D. (1998). *El profesional reflexivo: Cómo piensan los profesionales cuando actúan*. Barcelona/Buenos Aires: Paidós.
SCHUBERT, W. H. (1986). *Curriculum: Perspective, paradigm, and possibility*. Nueva York: Macmillan.
SCHWAB, J. J. (1969). The practical: A language for curriculum. *School Review*, 78, 1-23 [existe trad. cast. incompleta en Gimeno y Pérez Gómez (1983): 197-209), tomada de *Un enfoque práctico para la planificación del currículo*. El Ateneo. Buenos Aires, 1974].
SCHWAB, J. (1973). Problemas, tópicos y puntos en discusión. En S. Elam (Comp.): *La educación y la estructura del conocimiento*. Madrid: El Ateneo, 1-38.
SCHWAB, J. J. (1983). The practical 4: Something for curriculum professors to do. *Curriculum Inquiry*, 13 (3), 239-265.
SEARS, J. y MARSHALL, D. (2000). Generational influences on contemporary curriculum thought. *Journal of Curriculum Studies*, 32 (2), 199-214.
SEEL, H. (1999). Allgemeine Didaktik (General Didactics) and Fachdidaktik (Subject Didactics). *TNTEE Publications*. 2 (1), 13-20. Thematic Network of Teacher Education in Europe (TNTEE).
SEN, A. (1995). *Nuevo examen de la desigualdad*. Madrid: Alianza ed.
SHULMAN, L. S. (1984). The practical and the eclectic: A deliberation on teaching and educational research. *Curriculum Inquiry*, 14 (2), 183-200.
SHULMAN, L. S. (1986). Those who understand: Knowledge growth in teaching. *Educational Researcher*, 15 (2), 4-14. Edic. cast.: El saber y el entender de la profesión docente. *Estudios públicos*, 99 (2005), 195-224.
SHULMAN, L. S. (1987). Knowledge and teaching: Foundations of the new reform. *Harvard Educational Review*, 57 (1), 1-22. Edic. cast.: Conocimiento y enseñanza: fundamentos de las nueva reforma. *Profesorado. Revista de Currículum y Formación del Profesorado*, 9 (2), 2005, 30 pp.
SHULMAN, L. S. (1988a). Disciplines of inquiry in education: An overview. En R. Jaeguer (Ed.), *Complementary methods for research in education*. Whashington, DC: AERA, 3-17.
SHULMAN, L. S. (1988b). The dangers of dichotomous thinking in education. En P. P. Grimmet y G. L. Erickson (Eds.), *Reflection in teacher education*. Nueva York: Teachers College Press, 31-39.
SHULMAN, L. S. (1989). Paradigmas y programas de investigación en el estudio de la enseñanza: Una perspectiva contemporánea. En M. C. Wittrock (Ed.).

La investigación de la enseñanza, I: Enfoques, teorías y métodos. Barcelona: Paidós/MEC, 8-90.

SHULMAN, L. S. (1993). Renewing the pedagogy of teacher education: The impact of subject-specific conceptions of teaching. En L. Montero Mesa y J. M. Vez (Eds.): *Las didácticas específicas en la formación del profesorado*. Santiago de Compostela: Tórculo, 53-69.

SHULMAN, L. S. (1998a). Theory, practice, and the education of professionals. *The Elementary School Journal*, 98 (5), 511-526.

SHULMAN, L. S. (1998b). Course anatomy: The dissection and analysis of knowledge through teaching. En P. Hutchings, (Ed.), *The course portfolio: How faculty can examine their teaching to advance practice and improve student learning*. Washington, D. C.: American Association for Higher Education, 5-13.

SHULMAN, L. S. (1999). Taking teaching seriously. *Change*, 31 (4), 11-17.

SHULMAN, L. S. (2004a). *The wisdom of practice: Essays on teaching, learning, and learning to teach*. Ed. de Suzanne M. Wilson. San Francisco, CA: Jossey-Bass.

SHULMAN, L. S. (2004b). *Teaching as community property: Essays on higher education*. Ed. de Pat Hutchings. San Francisco, CA: Jossey-Bass.

SHULMAN, L. S. y QUINLAN, K. M. (1996). The comparative psychology of school subjects. En Berliner, D. C. y Calfee, R. C. (Eds.): *Handbook of Educational Psychology*. Nueva York: Macmillan, 339-422.

SLATTERY, P. (2000). Postmodernism as a challenge to dominant representations of curriculum. En J. Glanz y L. S. Behar-Horenstein (Eds.), *Paradigm debates in curriculum and supervision*. Westport, CT: Bergin & Garvey, 132-151.

SOUTHWORTH, G. (1996). Improving Primary Schools: shifting the emphasis and clarifying the focus. *School Organisation*, 16 (3), 263-280.

STENHOUSE, L. (1986). El legado del movimiento curricular. En Galton, M. y Moon, B. (Eds.): *Cambiar la escuela, cambiar el curriculum*. Barcelona. Martínez Roca, 363-372.

STENHOUSE, L. (1984). *Investigación y desarrollo del curriculum*. Madrid: Morata.

STEVENS, R.; WINEBURG, S.; HERRENKOHL, L. R. y BELL, Ph. (2005). Comparative understanding of school subjects: Past, present, and Future. *Review of Educational Research*, 75 (2), 125-157.

STODOLSKY, S. S. (1991). *La importancia del contenido en la enseñanza: Actividades en las clases de matemáticas y ciencias sociales*. Barcelona: Paidós/MEC.

TABA, H. (1974). *Elaboración del currículo. Teoría y práctica*. Buenos Aires/México: Troquel.

TANNER, D. (1982). Curriculum history. En H. Mitzel (Ed.): *Encyclopedia of Educational Research*. Nueva York: Macmillan & Free Press, 412-420 (vol I).
TARDY, M. (1995). La transposition didactique. En J. Houssaye (Ed.), *La pédagogie: une encyclopédie pour aujourd'hui*. Paris: ESF, 51-60.
TAYLOR, Ch. (1997). *Argumentos filosóficos. Ensayos sobre el conocimiento, el lenguaje y la modernidad*. Barcelona: Paidós.
TEDESCO, J. C. (1995). *El nuevo pacto educativo. Educación, competitividad y ciudadanía en la sociedad moderna*. Madrid: Anaya/Alauda.
TERHART, E. (2003). Constructivism and teaching: A new paradigm in general didactics? *Journal of Curriculum Studies*, 35 (1), 25-44.
THORNTON, S. J. y FLINDERS, D. J. (Eds.) (1997). *The curriculum studies reader*. Londres: Routledge.
TITONE, R. (1966). *Metodología didáctica*. Madrid: Rialp.
TORRES SANTOMÉ, J. (1990). *El curriculum oculto*. Madrid: Morata.
TORRES SANTOMÉ, J. (1991). La reforma educativa y la psicologización de los problemas sociales. En AA.VV.: *Sociedad, cultura y educación. Homenaje a Carlos Lerena* Madrid: CIDE-Universidad Complutense, 481-503.
TOULMIN, St. (1997). *La comprensión humana. I: El uso colectivo y la evolución de los conceptos*. Madrid: Alianza Ed.
TRILLA, J. (2007). Educational discourse and educational practice. *Encounters on Education*, 8, 127-142.
TRÖHLER, D. (2003). The discourse of German *geisteswissenschaftliche Pädagogik* – A contextual reconstruction. *Paedagogica Historica*, 39 (6), 759-778.
TYACK, D. y CUBAN, L. (2000). *En busca de la utopía. Un siglo de reformas en las escuelas públicas*. México: FCE.
TYLER, R. W. (1949). *Basic principles of curriculum and instruction*. Chicago: University of Chicago Press. Chicago (Ed. cast.: *Principios básicos del currículo*. Buenos Aires: Troquel, 1973, 2ª ed., 1977).
TYLER, R. W. (1973). The father of behavioural objectives criticizes them: an interview with Ralph Tyler. *Phi Delta Kappan*, 55 (1), 55-57.
TYLER, R. W. (1987). The five most significant curriculum events in the twentieth century. *Educational Leadership*, december 1986-january 1987, 36-38.
ULJENS, M. (2001). On General Education on discipline. *Studies in Philosophy and Education*, 20, 291-301.
VAN MANEN, M. (1998). *El tacto en la enseñanza. El significado de la sensibilidad pedagógica*. Barcelona: Paidós.
VÁSQUEZ-LEVY, D. (2002). *Bildung*-centered Didaktik: a framework for examining the educational potential of subject matter. *Journal of Curriculum Studies*, 34 (1), 117-128.

VISALBERGHI, A. (1978). *Pedagogia e scienze dell'educazione*. Milán: Mondari. Recogido ("Teoría y práctica del currículo") en Franco Frabboni (2002): 133-136.

WALKER, D. F. (1981). What curriculum research? En Giroux, Penna y Pinar (Eds.): 281-295.

WALKER, D. F. (1990). *Fundamentals of curriculum*. San Diego: Harcourt Brace Javanovich.

WENIGER, E. (2000). Didaktik as a theory of education. En I. Westbury, S. Hopmann y K. Riquarts (Eds.): *Teaching as a reflective practice: The German Didaktik tradition*. Mahwah, NJ: Lawrence Erlbaum Associates, 111-125 (original de 1952).

WESTBURY, I. (1999). The burdens and the excitement of the "new" curriculum research: A response to Hlebowitsh's "The burdens of the new curricularist", *Curriculum Inquiry*, 29 (3), 355-364.

WESTBURY, I. (Compl.) (2002). *¿Hacia dónde va el currículum? La contribución de la teoría deliberadora* (Anuario 2001: Revista de Estudios del Currículum). Barcelona: Pomares.

WESTBURY, I. (2005). Reconsidering Schwab's "Praticals": a response to Peter Hlebowitsh's Generational ideas in curriculum: a historical triangulation. *Curriculum Inquiry*, 35 (1), 89-101.

WESTBURY, I. (2007). Making curricula. Why do states make curricula, and how. En M. Connelly, M. F. He, y J. Phillion (Eds.), *Handbook of curriculum and instruction*. Thousand Oaks, CA: Sage, cap. 45-65.

WESTBURY, I.; HOPMANN, S. y RIQUARTS, K. (Eds.) (2000). *Teaching as a reflective practice: The German Didaktik tradition*. Mahwah, NJ: Lawrence Erlbaum Associates.

WHITTY, G. y POWER, S. (2008). ¿Más allá del Estado y el mercado? La evolución de los modos de gobierno. En M. Fernández Enguita y E. Terrén (Coords.). *Repensando la organización escolar. Crisis de legitimidad y nuevos desarrollos*. Madrid: Akal, 89-112.

WILSON, S. M.; SHULMAN, L. S. y RICHERT, A. E. (1987). "150 different ways" of knowking: Representations of knowledge in teaching. En J. Calderhead (Ed.): *Exploring teacher' thinking*. Londres: Cassell, 104-124.

WRAGA, W. G. (1999). "Extracting Sun-Beams out of Cucumbers": The retreat from practice in Reconceptualized Curriculum Studies. *Educational Researcher*, 28 (1), 4-13.

YOUNG, M. F. D. (Ed.) (1971). Knowledge and control. New directions for the sociology of education. London: Collier Macmillan. Una selección ("Conocimiento y control") en M. Fernández Enguita y J. M. Sánchez (Eds.): *Sociología de la educación*. Barcelona: Ariel, 1999, 630-639.

YOUNG, M. F. D. (1991). Currículum y democracia. Lecciones de la crítica de la "nueva sociología de la educación". *Educación y Sociedad*, 6, 7-21.

YOUNG, M. F. D. (1998). *The curriculum of the future: from the "new sociology of education" to a critical theory of learning.* Londres: Falmer Press.

YOUNG, M. F. D. (1999). Knowledge, learning and the curriculum of the future. *British Educational Research Journal*, 25 (4), 463-477.

ZABALZA, M. A. (1987). *Diseño y desarrollo curricular.* Madrid: Narcea.

ZABALZA, M. A. (1990). Fundamentación de la Didáctica y del conocimiento. En A. Medina, M. L. Sevillano (Coords.): *Didáctica-Adaptación. El curriculum: Fundamentación, diseño, desarrollo y evaluación.* Madrid. UNED, vol. I, 85-220.

ZABALZA, M. A. (1991). Currículum y Reforma educativa. Prólogo a la 4ª edición *Diseño y desarrollo curricular.* Madrid: Narcea, pp. I-XXIII.

ZABALZA, M. A. (1998). De la genealogía a la biografía: ¿Qué ha pasado con la Didáctica en estos últimos 25 años? *Profesorado*, 2 (2), 51-71.

ZAIS, R. S. (1976). *Curriculum: Principles and foundations* Nueva York: Harper and Row.

ZUFIAURRE, B. (2007). Education and schooling: from modernity to postmodernity. *Pedagogy, Culture and Society,* 15 (2), 139-151.

ZUFIAURRE, B. y GABARI, M. I. (2000). *Didáctica para maestras.* Madrid: CCS.